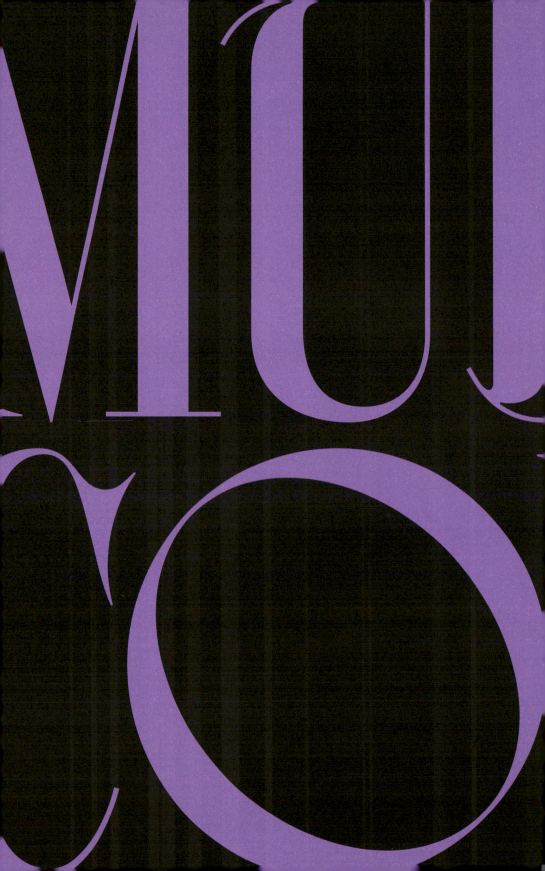

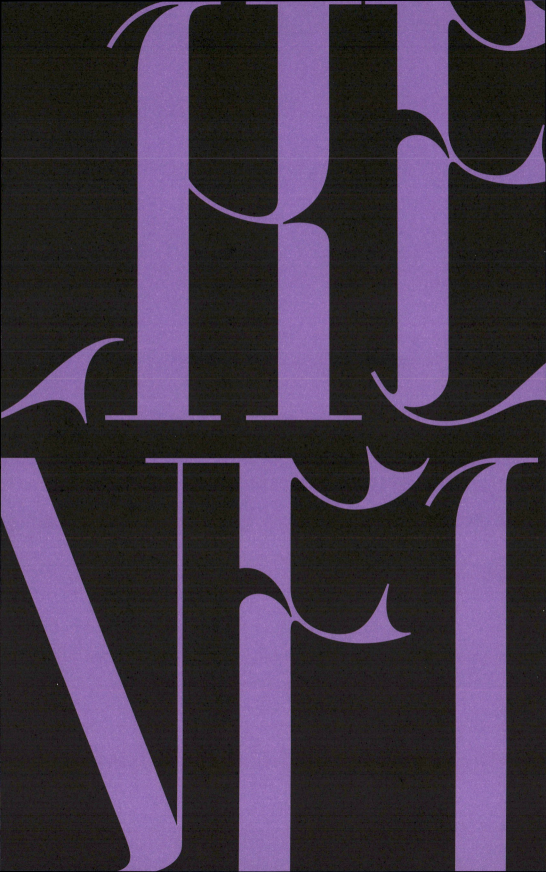

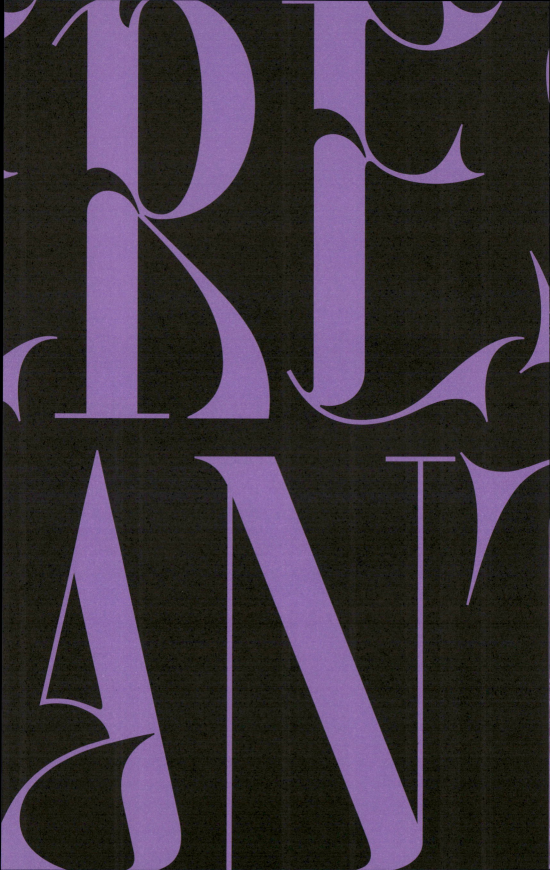

TORI TELFER

MULHERES CONFIANTES

GOLPES, TRAPAÇAS E OUTRAS ARTIMANHAS DA PERSUASÃO FEMININA

Tradução de **Paula di Carvalho**

HarperCollins

Rio de Janeiro, 2021

ILUSTRAÇÕES
Carolina Abreu

Copyright © 2021 by Tori Telfer. All rights reserved.
Copyright de tradução © 2021 por HarperCollins Brasil
Título original: *Confident Women: Swindlers, Grifters, and Shapeshifters of the Feminine Persuasion*

Todos os direitos desta publicação são reservados à Casa dos Livros Editora LTDA. Nenhuma parte desta obra pode ser apropriada e estocada em sistema de banco de dados ou processo similar, em qualquer forma ou meio, seja eletrônico, de fotocópia, gravação etc., sem a permissão do detentor do copyright.

Diretora editorial: Raquel Cozer
Gerente editorial: Alice Mello
Editor: Ulisses Teixeira
Copidesque: Marina Góes
Preparação de original: Anna Beatriz Seilhe
Revisão: Laura Folgueira
Projeto de capa e miolo: Anderson Junqueira

Dados Internacionais de Catalogação na Publicação (CIP)
(Câmara Brasileira do Livro, SP, Brasil)

Telfer, Tori
    Mulheres confiantes : golpes, trapaças e outras artimanhas da persuasão feminina / Tori Telfer ; tradução Paula Di Carvalho. -- 1. ed. -- Duque de Caxias, RJ : Harper Collins Brasil, 2021.

    Título original: Confident Women
    ISBN 978-65-5511-131-6
    1. Ficção norte-americana I. Título.

21-60721   CDD-813

Índices para catálogo sistemático:
1. Ficção : Literatura norte-americana 813
Aline Graziele Benitez - Bibliotecária - CRB-1/3129

Os pontos de vista desta obra são de responsabilidade de seu autor, não refletindo necessariamente a posi¬ção da HarperCollins Brasil, da HarperCollins Publishers ou de sua equipe editorial.

HarperCollins Brasil é uma marca licenciada à Casa dos Livros Editora LTDA. Todos os direitos reservados à Casa dos Livros Editora LTDA.
Rua da Quitanda, 86, sala 218 — Centro
Rio de Janeiro, RJ — CEP 20091-005
Tel.: (21) 3175-1050
www.harpercollins.com.br

Para Cecil

*De um jeito deturpado, ela lembra
um esquiador ou um alpinista.
Dá para imaginá-la perguntando:
"Será que vou conseguir de novo?".*
— **Dr. William A. Frosch**

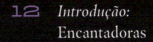

| 12 | *Introdução:* Encantadoras |

AS GLITTERATI

21	Jeanne de Saint Rémy
41	Cassie Chadwick
61	Wang Ti

AS VIDENTES

79	As Espiritualistas
99	Fu Futtam
115	Rose Marks

AS FABULISTAS

137	As Anastásias
153	Roxie Ann Rice
171	As *Tragediennes*
191	Bonny Lee Bakley

AS FUGITIVAS

211	Lauretta J. Williams
227	Margaret Lydia Burton
243	Sante Kimes

269	Conclusão: Confiante
271	Agradecimentos
275	Notas

INTRODUÇÃO
ENCANTADORAS

M 1977, O *DAILY NEWS* DE NOVA YORK publicou um artigo sobre uma golpista linda e jovem chamada Barbara St. James. (Pelo menos, esse era um dos nomes que ela usava.) "Se conhecê-la, você vai gostar dela", dizia o texto. "Ela vai convencê-lo a falar sobre sua história de vida, preocupações e conquistas. Parece abastada, uma mulher de importância e classe. Esbanja sinceridade."

Parece era a segunda palavra mais importante do parágrafo, mas a primeira era *gostar*. *Você vai gostar dela*. A história de vida da bela Barbara já foi esquecida há muito tempo, mas a frase poderia ser usada para descrever quase todas as golpistas que existiram antes e depois. *Se conhecê-la, você vai gostar dela*. O carisma de uma golpista é sua ferramenta mais importante, certeira como a faca de um chef e falsa como uma máscara de teatro. Sem carisma, ela não seria nada. Se gostar dela — e você *vai* gostar —, o trabalho dela ficará muito mais fácil. Acabará depressa. Você nem vai perceber.

O fato de gostarmos de golpistas é provavelmente o maior golpe de todos os tempos. Como elas conseguem, essas criminosas, criar um mundo no qual as chamamos de "artistas da enganação" enquanto outras criminosas são simplesmente chamadas de "ladra" e "traficante"? Por que chamamos seus crimes de "truques" como se falássemos de uma criança travessa? Quando jornalistas, advogados e amantes falaram sobre as mulheres deste livro, pareciam rememorar a imagem de uma artista brilhante que, infelizmente, perdeu o jeito. "Ela teria sido um ser humano incrível se tivesse sido bem orientada e recebido uma educação de qualidade", escreveu um jornalista sobre certa golpista canadense. O irmão de uma golpista britânica insistiu que, se não fosse por uma "infeliz peculiaridade" em sua personalidade, "ela seria uma pessoa muito, muito maravilhosa. Na verdade, ela ainda assim é uma pessoa maravilhosa". O amante de uma golpista francesa alegou: "Sem consciência do perigo, eu admirava esse espírito corajoso, que não se deixa abalar por nada". O cunhado de uma golpista norte-americana declarou: "Ela é uma das pessoas mais gentis que já conheci".

Não há por que negar: as mulheres deste livro são extremamente encantadoras. A maioria seria uma companhia de bar fantástica. Muitas tinham extremo bom gosto para moda. As bolsas de grife! Os *casacos de pele*! Algumas sabiam fazer sotaques divertidos, outras previam o futuro das pessoas. Uma dirigia um carro cor-de-rosa e outra tinha uma placa de trânsito na qual se lia 1RSKTKR [*Number 1 Risk Taker*, que significa Número 1 em Correr Riscos]. As mais perigosas tinham o hábito de distribuir notas de cem dólares só porque estava a fim. Esplêndido! Sim, seria divertido conhecê-las, desde que você caísse na graça delas. Mas a pergunta é: por que nos sentimos tão à vontade em admirá-las? Ninguém pode sair por aí clamando que a cunhada assassina em série é "uma pessoa muito, muito maravilhosa" e um "espírito corajoso, que não se deixa abalar por nada", mas a internet está lotada de artigos como "Por que somos tão obcecados por trapaceiras" e "Como se fantasiar de sua golpista favorita no Halloween".

Uma explicação simples para essa adulação toda é que golpistas são criminosas conhecidas por não serem violentas. Raramente se vê uma com a cabeça de alguém no freezer. As vítimas quase nunca acabam mortas. Quase! O que torna a questão absurdamente conveniente para nós, porque podemos reduzir essas vítimas a idiotas-ingênuos-que-saíram-praticamente-ilesos e focar nossa bajulação naquilo que torna essas artistas — quer dizer, criminosas — tão *fabulosas.*

Mas talvez haja um motivo mais sombrio para celebrarmos essas mulheres: lá no fundo, nós queremos *ser* elas. A maioria das pessoas, em especial mulheres, passa a vida presa entre milhares de barreiras sociais. Por meio de alguma alquimia misteriosa de talento e criminalidade, a golpista é a figura que rompe essas barreiras, como Houdini escapando de uma de suas famosas camisas de força suspensas. Uma golpista não sente necessidade de usar o número de identidade verdadeiro, manter o nome de batismo ou cadastrar a cor verdadeira dos olhos na carteira de motorista. Ela não se importa em falsificar. Não teme um pouquinho de bigamia. Sairá de um estacionamento com um carro chique ou roubará um colar de 647 diamantes sem se importar com quem vai pagar o preço por seus crimes. E por mais que as pessoas adorem transformar essa mulher em metáfora — para empreendedorismo, para falcatrua capitalista, para o Sonho Americano, para os próprios Estados Unidos, para o Diabo ou, simplesmente, para a vida levemente dissimulada da mulher comum —, ela não dá a mínima para essas figuras de linguagem. A única pessoa a quem a golpista responde é a si. Esse egoísmo nu e cru não é chocante? E não parece meio delicioso?

É tentador pensar que *poderíamos* ser essa mulher... se fôssemos melhores em imitar sotaques e tivéssemos algumas perucas e nos entregássemos por completo à satisfação de nossos desejos sociais mais básicos: status, poder, prestígio, dinheiro, admiração, controle. Embora possam parecer crassos, esses desejos são inerentes à nossa natureza. Um recente estudo psicológico descobriu que as pessoas almejam uma posição social elevada não apenas para satisfazer uma necessidade latente de pertencimento, mas porque isso traz uma sensação de controle, maior autoestima e benefícios até para a reprodução. (Até os animais querem ser importantes. Um estudo de 2016 sobre fêmeas de macacos-rhesus demonstrou que o sistema imunológico delas melhorava quando ascendiam socialmente.) A maioria de nós satisfaz esses desejos de maneiras tímidas; a diferença é que nossos golpes minúsculos e deprimentes nunca vão parar nos jornais. Nós nos reinventamos no Ano-Novo, editamos nossas histórias de vida para parecer mais interessantes e tentamos com todas as forças ser carismáticos — quando isso nos beneficia. Mas raramente nos permitimos ir até o fim, seja por ética, pressão social ou pelo bom e velho desejo de não ser preso. Quando lemos sobre essas golpistas sendo celebradas, é tentador nos colocar não no lugar da vítima (somos espertos demais para isso, pensamos), mas no delas. E se agíssemos assim? E se pudéssemos ser encantadoras assim? E se mandássemos para longe a ética, a sociedade e a responsabilidade coletiva e nos permitíssemos... *a satisfação*?

Mas jamais poderíamos agir como elas. Há muitas coisas no nosso caminho. Muitas regras para seguir. Muitos contratos sociais a serem cumpridos. De modo geral, tudo isso é bom, seguir e cumprir... é até bonito, mesmo que seja compreensível reprimir um suspiro de decepção ao chegar a essa conclusão. E talvez seja tão fácil para essas golpistas nos convencerem a gostar delas. Elas precisam se valer do charme, é evidente, mas estamos ali, esperando por isso boquiabertos e com os olhos brilhando. Enquanto ela faz seu show, nós pensamos "que ser humano incrível" e "que pessoa muito, muito maravilhosa" e "e se, e se, e se?". Essa mulher nos coloca exatamente onde quer. E está prestes a nos fazer uma proposta irrecusável.

JEANNE DE SAINT-RÉMY
CASSIE CHADWICK
WANG TI

MISCELÂNEA Um balão de ar quente ∼ Um balão de ar quente — Produto Inspirado ∼ Oito pianos de cauda ∼ 647+ diamantes ∼ Uma rainha falsa ∼ Dois pais falsos ∼ Um desmaio verdadeiro ∼ Vários desmaios falsos ∼ Um soldado que ama caligrafia ∼ Um idoso que vai parar no leito de morte em choque ∼ Um monte de atletas olímpicos enganados ∼ Um bigode falso ∼ Uma rosa cheia de significado

JEANNE DE SAINT-RÉMY

1756-1791

pseudônimo:
Condessa de La Motte

E RA UMA VEZ UM REI DA FRANÇA QUE decidiu comprar para sua amante o colar de diamantes mais bonito do mundo.

Foi em 1772. O rei era o tímido e sem jeito Luís XV, e sua amante era Madame du Barry, cujas bochechas coradas e o colo de pele branca como leite eram lendários. Ela precisava de um colar digno de sua beleza, então os joalheiros da realeza foram ao trabalho, buscando diamantes em países tão distantes quanto Rússia e Brasil. O resultado, com seus 647 diamantes somando 2.800 quilates, ficou estupendo e um pouco agourento. A joia foi desenhada para envolver o pescoço e descer suavemente pelo busto, com tiras de diamantes derramando-se pela nuca. Havia alguns frívolos lacinhos azuis distribuídos pelo colar, que não foram suficientes para suavizar aquele efeito impressionante. O estilo foi chamado de *collier d'esclavage*: um "colar de escravo".

Deveria ter sido a joia mais cobiçada do mundo, mas Madame du Barry nunca teve a oportunidade de experimentá-la. Antes que conseguisse desembolsar as 2 milhões de libras francesas necessárias para comprá-la — mais de 17 milhões de dólares na cotação atual —, Luís XV morreu de varíola, deixando a amada sem esse mimo e os joalheiros apavorados sem um tostão. Durante um tempo, os joalheiros se arrastaram pela Europa, balançando o colar sob vários narizes reais, mas ninguém se encantou por seu brilho malicioso, e, mesmo que se encantasse, essa pessoa não poderia pagar.

Então os joalheiros voltaram para casa a fim de tentar uma última opção. Havia uma moça nova na cidade. Uma jovem rainha da Áustria, famosa por seu pescoço elegante. Ela era conhecida por ser bem frívola, obcecada por qualquer coisa que brilhasse. Talvez se interessasse pela joia. Afinal, que mulher não gostaria de colocar as mãos em algo tão... precioso?

Dezesseis anos antes, uma menininha obstinada nasceu em um mundo sem diamantes. Seu pai era alcoólatra, sua mãe lhe dava surras com gravetos e sua família havia torrado toda sua patética fortuna gerações antes. Mas o nome dela! O nome dela era Jeanne de Saint-Rémy, orgulhosa descendente da Casa de Valois, e esse nome significava *tudo* para ela. O pai de Jeanne era, teoricamente, o tataraneto de Henrique II, regente da França em meados dos anos 1500 como o décimo rei da Casa dos Valois — no entanto, era um tataraneto ilegítimo, descendente da amante de Henrique II, e por mais que seus antecessores tivessem recebido *alguns* favores da realeza, os descendentes sofreram. Por gerações, os antecessores bastardos de Jeanne tinham vivido como ladrões e caçadores ilegais em um terreno rural dilapidado nos arredores da vila Bar-sur-Aube, em Champagne. Aos poucos, a maioria de suas terras foi vendida para pagar vários débitos, e quando enfim Jeanne e seus três irmãos nasceram, não havia sequer uma pedrinha brilhante dos Valois para contar história. Na verdade, as crianças eram tão magras e selvagens que os moradores locais achavam difícil até olhar para elas. Havia um buraquinho na parede do barraco em que moravam por onde as pessoas enfiavam a comida que lhes alimentava, tudo para não precisar olhar para seus rostos famintos.

Mas Jeanne cresceu acreditando que havia dinheiro dos Valois esperando por ela nas coxias, desde que conseguisse convencer alguém importante a escutá-la. Com seus próprios jeitinhos venenosos, os pais incentivavam essa fantasia. Quando as dívidas ficaram graves demais, a família inteira fugiu para Paris, onde a mãe de Jeanne forçou-a a mendigar, espancando-a cruelmente quando ela não voltava para casa com dinheiro o suficiente. Jeanne vagava pelas ruas gritando: "Tenham piedade de uma pobre órfã com sangue dos Valois!". Em Paris, o pai morreu em virtude do alcoolismo, e Jeanne alega que as últimas palavras dele para ela incluíam a exortação: "Independentemente de qualquer desventura, eu imploro que se lembre de que é uma VALOIS!".

Quando ela tinha oito anos, o grito chegou aos ouvidos de uma dama generosa chamada Marquesa de Boulainvillier, que colocou Jeanne e os irmãos sob sua asa, limpou atrás de suas orelhas e os mandou para um internato. (A essa altura, a mãe de Jeanne tinha fugido com outro homem.) A marquesa conseguiu até autenticar a linhagem Valois das crianças e descolou uma pequena pensão real para elas, o equivalente a 8 mil dólares por ano hoje em dia. Deveria ter sido uma grande coisa para Jeanne — o verdadeiro reconhecimento de que ela era quem alegava ser —, mas a ambiciosa menina ficou quase que ofendida com o gesto. Ela queria dinheiro de verdade. Queria as terras dos Valois de volta. Queria que as pessoas a olhassem com admiração.

Apesar de a França estar desmoronando internamente — investindo dinheiro a rodo na Revolução Americana para desestabilizar o inimigo inglês e a apenas uma década do banho de sangue de sua própria insurreição —, a classe alta do país ainda tinha glamour o bastante para deslumbrar até a jovem mais sensata. No centro de todo esse glamour estava a jovem rainha Maria Antonieta, que gastava valores descaradamente acima do orçamento em roupas, usava enormes penteados esculpidos, mantinha seu próprio *chocolatier* de plantão e contratara alguém para garantir que os cômodos do palácio estivessem sempre cheios de flores frescas. Com uma rainha dessas, quem não iria querer um pouco de glamour para si mesma? Todos no país lutavam para ter mais, pisando sem o menor pudor na cabeça de quem estivesse abaixo nem que fosse para se erguer mais meio centímetro. E ninguém naquele país faminto e desesperado queria subir mais alto do que Jeanne.

Charles Boehmer estava rodeado por tantos diamantes que queria se matar.

Ele e seu parceiro de negócios, Paul Bassenge, eram os joalheiros da realeza que haviam idealizado o colar de 647 diamantes que, no fim das contas, se provou o pior erro de sua carreira. Aquele troço estava amaldiçoado. Amaldiçoado! Os dois tinham passado os últimos dez anos implorando para que Maria Antonieta tirasse o colar de suas mãos, e a rainha até então não demonstrara qualquer interesse pela joia. Em certo ponto, Boehmer se jogou aos pés dela e falou, aos soluços, que se ela não comprasse o colar, ele se jogaria no rio. A rainha respondeu calmamente que, com certeza, não se sentiria responsável por sua morte.

Devia ter ficado evidente para Boehmer que ele estava dando murro em ponta de faca. Maria Antonieta quase nunca usava colares, que desviavam a atenção da simplicidade graciosa de seu longo pescoço. Mas Boehmer estava afundado demais em dívidas para pensar em estética. Ele e Bassenge tinham apostado todo seu sustento naquela joia, e para quê? Era como um fardo pendurado em seu pescoço. Temiam ter que carregá-lo para sempre.

Enquanto os joalheiros reais arrancavam os cabelos, Jeanne tinha 23 anos e sonhava com um futuro grandioso. Apesar da extrema generosidade da marquesa, Jeanne começava a se cansar de sua supervisão. A marquesa não parava de tentar transformá-la em uma trabalhadora — costureira, talvez? — gentil e bem-comportada, mas Jeanne ficava ofendidíssima com a sugestão de se tornar qualquer coisa menos do que a maior dama de todos os tempos. Finalmente, depois de muito sofrimento, a marquesa mandou Jeanne e a irmã para um convento, talvez encorajada pela suspeita de que Jeanne andava seduzindo seu marido. Como era de se esperar, Jeanne não tinha qualquer interesse em devotar a vida à pobreza, à castidade e à caridade e, no outono de 1779, ela já estava farta de freiras. Com alguns trocados nos bolsos, ela e a irmã escaparam do convento e correram de volta para a terra natal, torcendo para impressionar os locais que se lembravam delas apenas como duas pivetinhas mortas de fome.

A volta de Jeanne não foi o espetáculo com o qual ela sonhara. Alguns moradores da cidade pensaram que ela meio lunática, inclusive a mulher que a hospedou, que a chamava de "demônio". (O fato de que Jeanne estava seduzindo o marido *dela* também não ajudava.) Mas outras pessoas caíram em seus encantos. Dentre todas suas alarmantes qualidades, Jeanne tinha três características marcantes: o sorriso, os olhos brilhantes e o poder de persuasão. Ela não recebera muita instrução, mas contava com uma compreensão instintiva do funcionamento da sociedade e não tinha medo de quebrar regras quando lhe eram inconvenientes. "Sem consciência do perigo, eu admirava esse espírito corajoso, que não se deixa abalar por nada", escreveu um jovem advogado chamado Jacques Beugnot, que se apaixonou perdidamente por ela. Beugnot achava encantador que Jeanne "contrastasse de maneira tão curiosa com a personalidade tímida e limitada das outras damas da cidade".

Jeanne se interessava por Beugnot mais por seu auxílio jurídico do que por seu amor, pensando que ele poderia ajudá-la a recuperar a fortuna dos Valois. Ela buscou amor em outro lugar, e, aos 24 anos, conheceu outro homem: um oficial do exército sem talento chamado Antoine de La Motte. Quando ela engravidou, casaram-se às pressas para salvar a reputação de Jeanne. (Ela não tinha medo de quebrar as regras da sociedade, mas só quando isso a beneficiava. Ser mãe solteira poderia ter atravancado sua escalada social.) À meia-noite de 6 de junho de 1780, os dois estavam casados e, imediatamente, começaram a se chamar de *comte* e *comtesse* de La Motte, ou seja, conde e condessa. Na verdade, havia alguns nobres La Motte, sem qualquer parentesco com eles, morando em outro canto da

França, e Jeanne e Antoine devem ter pensado que poderiam pegar carona na linhagem. Afinal, *finja até virar verdade* sempre fora a política de Jeanne.

Infelizmente, foi impossível fingir a linha do tempo da gravidez. Um mês depois do casamento, Jeanne deu à luz dois meninos gêmeos, que morreram dias depois. Ela mal teve tempo de sentir seu luto. Os recém-casados estavam morando com uma tia de Antoine, que logo se deu conta de que Jeanne engravidara fora do casamento e, escandalizada, os expulsou de casa. De uma hora para a hora, Jeanne e Antoine ficaram sem dinheiro. E sem ter onde morar. E sem apoio. Um pouco de poder também não faria mal.

Em setembro de 1781, Jeanne descobriu que sua antiga benfeitora, a marquesa, estava hospedada com uma pessoa muito importante: Louis de Rohan, que ocupava o altíssimo cargo oficial de *grand veneur* da Casa do Rei de França e era de uma das mais antigas e melhores famílias francesas. *Interessante*, pensou Jeanne. Rohan era cheio de potencial. Era um homem bonito, alto e grisalho de quase cinquenta anos, que gastava dinheiro como se desse em árvore (o que, na França de 1780, não era verdade mesmo). Seus jardins eram gigantescos, seu palácio era a joia daquela zona rural e ele possuía 52 éguas inglesas.

Mas Rohan não era tão elegante por dentro quanto por fora. "Fraco, vaidoso e crédulo até a raiz dos cabelos; tudo menos devoto e louco por mulheres", escarneceu um historiador. Rohan estava atolado em dívidas, e a própria Maria Antonieta não o suportava. Ser desprezado pela rainha era uma sentença de morte social e profissional — Rohan se convencera de que tal desprezo era o único obstáculo para sua meta de se tornar primeiro-ministro. Então tentava desesperadamente fazer com que a rainha se afeiçoasse — em certa ocasião, chegou a usar um disfarce e entrar de penetra em uma de suas festas —, mas nada funcionou. Ele estava ficando desesperado. Teria dado tudo para que a rainha gostasse dele. *Tudo.*

Quando Jeanne o conheceu, viu um homem consumido por um único e óbvio desejo. Como ela bem sabia, o desejo torna as pessoas indefesas. O desejo é uma rachadura na armadura. Uma oportunidade. Uma portinha implorando para ser atravessada.

Se Jeanne e Rohan dormiram juntos ou não é uma questão aberta para debate, mas fato é que Jeanne o seduziu magistralmente. Sempre que Rohan estava por perto, ela usava seus melhores vestidos e se certificava de que seu perfume dominasse o ambiente. Ela encantava, provocava e elogiava, e ele comprava toda a cena, recompensando-a com presentes generosos e uma promoção para seu marido. Jeanne era tão convincentemente encantadora que chegou até a aplicar um golpe no golpista pessoal de Rohan: um vigarista chamado conde Alessandro di Cagliostro, que morava no palácio de Rohan, contratado como uma espécie de *coach* de vida. Cagliostro era famoso por seu suposto conhecimento do oculto e já cativara muitos parisienses com suas sessões espíritas e poções do amor. Mas, para a felicidade de Jeanne, ele não era bom o suficiente em reconhecer outros de sua laia. Na verdade, enquanto Cagliostro era um charlatão espalhafatoso, Jeanne era uma artista sofisticada. Claro, ele sempre poderia fabricar um "elixir egípcio" ou falar baboseiras pomposas sobre "cargas elétricas" e "maçonarias demoníacas", mas, no fim das contas, tudo não passava de truques de fumaça e espelhos — às vezes literalmente. A área de expertise de Jeanne era muito mais impressionante: a eterna vulnerabilidade do coração humano.

Com um novo benfeitor às ordens, o mundo estava da palma da mão de Jeanne. Ela e Antoine alugaram quartos em Paris e Versalhes, e Jeanne começou a fingir que era muito mais rica do que era de verdade. Ela torrava sua pensão em roupas extravagantes. Comprava talheres caros para impressionar os convidados e os penhorava no dia seguinte. Tentava se esgueirar cada vez mais para perto do centro de toda a riqueza: o rei e a rainha da França, que poderiam realizar todos os seus sonhos com apenas um estalar de dedos. Maria Antonieta era famosa por sua generosidade, e Jeanne tinha certeza de que, se tivesse a oportunidade de explicar a ela toda a situação dos Valois, a rainha restauraria a antiga glória a ela e sua família.

O problema era que todo o resto de Versalhes tinha uma missão parecida. Não dava para jogar um tijolo dentro do palácio sem acertar a cabeça de um nobre desesperado por um encontro com a rainha. Por isso, Jeanne precisou ser criativa para atrair a atenção de Maria Antonieta. Começou a vagar sorrateiramente por Versalhes, torcendo para esbarrar "acidentalmente" com a rainha em um de seus muitos corredores. Depois, começou a desmaiar dramaticamente na frente de várias mulheres da nobreza, pensando que comentários sobre a pobre e faminta órfã dos Valois pudesse chegar aos ouvidos impressionáveis da rainha. Nada funcionou. A única coisa que ela ganhou foi a reputação de ser um incômodo — um incômodo estranho e de olhos brilhantes que vivia desmaiando sem motivo.

No início de 1784, Jeanne e Antoine estavam quase falidos, e ela precisou bolar um novo plano. Se Versalhes já era um antro de fofoca, pensou, por que não tirar vantagem disso? Sua estratégia era simples, mas ousadamente genial: Jeanne começou a dizer às pessoas que ela e Maria Antonieta eram amigas. *Melhores* amigas, para ser mais exata. Na verdade, dizia ela, Maria Antonieta se interessara *pessoalmente* por sua situação, e as duas agora trocavam confidências em encontros noturnos secretos.

Para tornar essa narrativa ainda mais crível, Jeanne fez amizade com o guarda dos portões que levavam às terras particulares de Maria Antonieta em Versalhes, o Petit Trianon. Jeanne passou a se certificar de que as pessoas a vissem se esgueirando para fora dos portões tarde da noite, como se tivesse acabado de tomar um chocolate quente e tido conversas íntimas com sua amiga da realeza. A partir desse ponto, os fofoqueiros assumiram o trabalho pesado. Em pouco tempo, havia nobres visitando a própria Jeanne, implorando-a para usar sua influência sobre a rainha para ajudá-los. Jeanne assentia graciosamente, aceitava o dinheiro que colocavam na palma de sua mão e prometia ver o que podia fazer. Não demorou até que Rohan escutasse o boato e ficasse animado. Que conveniente que sua melhor amiga, Jeanne, estivesse tão próxima de sua futura melhor amiga, Maria

Antonieta! Ele implorou que Jeanne pedisse à rainha para lhe dar uma segunda chance.

Como um tubarão faria com um rastro de sangue, Jeanne sentiu o cheiro do desespero de Rohan à distância. Disse que falaria com a rainha, então retornou com a melhor notícia do mundo: Maria Antonieta estava aberta à reconciliação. Inclusive, queria que Rohan lhe mandasse uma carta...

As cartas que começaram a voar entre Cardeal Rohan e "a rainha" eram calorosas, amigáveis e um pouco sexuais. (Há boatos de que ele a chamava de "mestra" e se referia a si mesmo como "escravo".) Às vezes, a rainha lhe escrevia em papéis com margens estampadas de flores azuis, outras, em papéis adornados com fios de ouro. Suas cartas frequentemente mencionavam, sem preâmbulos, que Rohan deveria dar um presentinho a Jeanne como agradecimento por ter reunidos os dois. Rohan obedecia, com imensa alegria. Em pouco tempo, ele começou a implorar à rainha para que pudesse visitá-la, mas Maria Antonieta continuava respondendo que não era o momento certo... ainda.

Rohan morreria de vergonha se descobrisse que as cartas não eram escritas por Maria Antonieta, mas por um soldado desonesto com forte apreço por caligrafia. Jeanne estava mancomunada com o sujeito, um velho amigo do marido, do exército. Rétaux de Villette era tanto seu amante quanto seu falsificador oficial. Jeanne ditava os textos para Villette, que os escrevia obedientemente e assinava com um floreio. A letra não era nada parecida com a da rainha, mas Rohan estava extasiado demais para notar.

Por um tempo, as cartas saciaram Rohan, mas Jeanne não conseguiria enrolá-lo para sempre respondendo *agora não, querido*. Ele insistiu com tanta veemência para se encontrar com a rainha pessoalmente que Jeanne percebeu que precisaria criar uma rainha. Então, mandou o marido zanzar pelas ruas à caça de alguém que pudesse se passar por Maria Antonieta, e Beugnot voltou com uma bela e ingênua prostituta chamada Nicole le Guay. Jeanne disse a Nicole que era amiga da rainha e que esta queria que Nicole lhe fizesse um favor em troca de uma pequena recompensa. Feito isso, Jeanne disse a Rohan que a rainha o encontraria à meia-noite, nos Jardins de Versalhes, onde ela lhe entregaria uma única rosa. O esquema todo era dolorosamente erótico: a escuridão da noite, o sigilo, a flor e tudo o que isso poderia significar. Rohan estava nas nuvens.

Quando a fatídica noite chegou, Jeanne se escondeu nos arbustos e observou. Uma Nicole muito nervosa segurava a rosa com força, trêmula em seu vestido branco bufante de modelagem *gaulle* — exatamente o tipo de vestido de verão ligeiramente escandaloso que Maria Antonieta adorava usar. Estava escuro quando Rohan entrou no jardim e, avançando pelo breu, logo avistou a leve silhueta de uma mulher de branco. Ela lhe entregou a rosa, e ele teve bastante certeza de ouvi-la dizer: "Pode acreditar que o passado será esquecido." A coisa toda foi um borrão glorioso e que acabou rápido demais, porque subitamente Jeanne apareceu ao seu lado dizendo que eles precisavam ir embora antes que fossem descobertos.

Foi a ilusão do século. Nicole realmente se parecia com a rainha, ainda mais no escuro, e Rohan ficou tão exultante que foi para casa e nomeou um dos passeios de seu palácio de verão de "Esplanada da Rosa". E Jeanne? Jeanne estava no auge. Um vigarista profissional como Cagliostro podia usar velas e lenços para conjurar visões, mas a pequena Jeanne de lugar nenhum acabara de conjurar a própria rainha da França. Ela era poderosa agora, aos olhos de Rohan, e fez uso desse poder. Nas cartas, "a rainha" começou a pedir emprestadas quantias cada vez maiores de dinheiro, o que Rohan acatava alegremente. Jeanne pegou o dinheiro e se presenteou com uma casa de campo na vila onde cresceu. Sempre que estava lá, vestia seus melhores vestidos e organizava jantares luxuosos. *Olhem para mim*, parecia dizer aos locais que a conheceram quando era apenas uma criança magricela, selvagem e eternamente faminta. *Eu disse que era especial.*

Graças às fofocas de Versalhes, o rumor sobre a amizade entre Jeanne e a rainha acabou chegando aos joalheiros reais, que ficaram de orelha em pé. Talvez *eles* não conseguissem convencer Maria Antonieta a comprar uma joia cara e chamativa, mas a *melhor amiga* de Maria Antonieta conseguiria. Então, certo dia, os dois levaram o colar para Jeanne e perguntaram se ela, com toda a bondade de seu coração, poderia arrumar um tempo para ajudá-los a vender aquela maldição.

Jeanne olhou para o colar: a coisa mais linda e pesada do mundo. Viu os diamantes perfeitamente redondos, vindos de todos os cantos do mundo. Os lacinhos decorativos, uma tentativa desesperada de suavizar o terrível peso da joia. Os diamantes gigantescos em formato de lágrimas no centro, tão formidáveis e inescrutáveis quanto o coração de uma rainha. Marquesas, e cardeais, e golpistas foram facilmente enganados por ela. Mas aquilo? Aquilo era um desafio digno de seu intelecto, sua coragem, seu sangue Valois. Então Jeanne concordou em ajudá-los.

Em pouquíssimo tempo, as cartas de "Maria Antonieta" para Rohan começaram a insinuar que ela gostaria muito da ajuda dele em um assunto delicado. Era, em suas palavras, "uma negociação secreta de interesse pessoal e que me recuso a confidenciar a qualquer um exceto você". Rohan precisaria ser *extremamente* discreto porque, bem, havia esse colar, e por mais que ela não pudesse se envolver *abertamente* na compra, a joia era tão *bela*, tão adequada ao seu longo pescoço, que ela *precisava* tê-la. Rohan poderia ser um anjo e providenciar a compra? Ela o pagaria de volta, é claro. Um dia.

De alguma forma, o pedido não pareceu suspeito a Rohan, provavelmente porque a Maria Antonieta de verdade era conhecida por acumular enormes dívidas. O problema era que o próprio Rohan estava afundado em dívidas e o colar era excepcionalmente caro. Desse modo, ele visitou os joalheiros e negociou um desconto e um plano de pagamento: 1 milhão e 600 mil libras francesas, a serem pagas em quatro parcelas. Os joalheiros sentiram que não seria necessário um contrato — quem precisa de contrato quando a compradora é a rainha? —, mas Rohan insistiu. Jeanne então fingiu entregar um contrato à rainha e o devolveu com um *Marie Antoinette de France* rabiscado no rodapé. Foi um erro amador — a rainha assinava apenas como *Marie Antoinette* —, mas todo mundo estava empolgado demais para notar. E assim, depois de treze anos de agonia, o colar foi vendido.

Rohan levou a joia até o apartamento de Jeanne, que prometeu entregá-lo à rainha assim que possível. Mas, quando Jeanne e o marido ficaram sozinhos com a peça brilhante, pegaram uma faca... e começaram a destrinchá-lo.

Durante os dias que se seguiram, Rohan e os joalheiros esperaram ansiosamente. Toda vez que Maria Antonieta aparecia em público, os três entravam em pânico. Por que ela não estava usando o colar? Por que sequer sorria para eles de forma sugestiva? Boehmer enviou uma carta melosa, dizendo a ela como estava feliz com o fato de que o colar estava prestes a ser "usado pela maior e melhor rainha de todas", mas de nada adiantou. (Maria Antonieta não fazia ideia do que ele estava falando e comentou com sua aia: "Esse homem nasceu para ser meu tormento, ele sempre tem algum plano maluco na cabeça.") Finalmente, Jeanne tranquilizou os homens, dizendo que a rainha apenas não se sentia confortável para usar o colar até que tivesse terminado de pagar por ele, em especial devido à situação de endividamento do país. Então, os homens se resignaram a esperar, enquanto Jeanne enviava o marido a Londres com uma bolsa de diamantes avulsos para vender.

Nesse ínterim, as pessoas começaram a notar que Jeanne estava muito mais rica do que antes. Seus vestidos eram melhores, ela comprava objetos absurdamente extravagantes como um pássaro mecânico que sabia voar de verdade, e sua carruagem tinha o formato de um balão de ar quente. (Balões de ar quente estavam muito em alta na época. Um jornal chamou o fenômeno de "febre do balão".) Na verdade, ela estava torrando mais dinheiro do que a maioria dos nobres franceses gastava em um ano, por mais que tentasse dar a desculpa de que havia, hum, ganhado muito dinheiro na corrida de cavalos. Mas o tempo corria e Jeanne estava ciente de que não demoraria muito para que os joalheiros exigissem a primeira parcela ou para que Rohan contatasse Maria Antonieta diretamente, perguntando por que ela não estava agarrada ao pescoço dele em gratidão por tê-la ajudado a comprar o colar, ou ambos.

Então, como de costume, Jeanne decidiu partir para a ofensiva. Ela se reuniu com Bassenge e disse, solenemente, que a assinatura de Maria Antonieta no contrato fora falsificada. Rohan tinha inimigos, alegou ela, e alguém estava usando o colar para tentar destrui-lo. Em outras palavras: a situação toda era um golpe — planejado por outra pessoa, evidente. Ela disse ao estupefato joalheiro que a melhor coisa a fazer seria pedir a Rohan o pegamento integral *imediatamente* de modo a manter a discrição.

Era uma jogada de xadrez tão audaciosa que poderia ter funcionado. Rohan poderia ter engolido seu orgulho e pagado, simplesmente para evitar escândalo e humilhação. Só havia um problema: as fofocas. Boehmer ouvira pelas aias de Maria Antonieta que a rainha nunca comprara o colar. Rohan teve acesso a um exemplo da verdadeira caligrafia da rainha e percebeu, em choque, que a letra nas cartas que *ele* recebera eram diferentes. Ansiosos, os joalheiros foram diretamente até a rainha em busca de explicações. Ela havia comprado o colar?

Não, respondeu Maria Antonieta. Com essa simples palavra, o elaborado ardil de Jeanne foi desvendado, e a coisa toda desinflou com velocidade nauseante, como um balão de ar quente despencando do céu.

No dia 17 de agosto de 1785, Jeanne estava em um restaurante chique perto de sua cidade natal quando ficou sabendo que Rohan fora preso momentos depois de sair de uma reunião com o rei. "Houve uma conversa sobre um colar de diamantes que ele deveria ter comprado para a rainha e não comprou", disse o homem que deu a notícia; ninguém sabia, àquela altura, como a transação tinha sido mais complicada do que aquilo. Àquela altura ex-amante de Jeanne, o advogado Beugnot estava à mesa e viu quando ela empalideceu. E derrubou o guardanapo. E disse que precisava ir embora. Beugnot a levou para casa, onde ela começou a queimar documentos. Depois de anos tentando chamar a atenção da rainha sem sucesso, ela jamais imaginara que isso de fato fosse acontecer naquele momento.

Na manhã seguinte, Jeanne foi presa e levada para Bastilha. Rohan já estava lá; durante sua prisão, ele conseguiu passar um bilhete para um amigo implorando que corresse até sua casa e queimasse todas as cartas escritas em papel com margens douradas ou estampadas com flores azuis. Aos dois, logo se juntaram Nicole e Villette, a rainha falsa e o falsificador. Jeanne, sempre na ofensiva, declarou que Cagliostro e sua esposa eram os responsáveis pelo plano, e os dois também foram presos. O único que não foi preso foi seu marido, Antoine, que ainda estava na Inglaterra, distraído pela intimidadora tarefa de vender 647 diamantes.

Cinco meses depois, o julgamento estava em andamento. A pergunta principal era: quem fora o *verdadeiro* culpado? Será que o caso todo havia sido arquitetado por Rohan em uma tentativa de prejudicar a reputação da rainha e beneficiar seus próprios ganhos políticos nefastos? Ou será que, na realidade, ele — membro de uma das famílias mais poderosas da França — era a *vítima*? Seria possível que o verdadeiro cérebro por trás daquele esquema audacioso fosse aquela antiga pivetinha que vivia nas ruas de Paris, aquela ninguém de belos olhos, aquela... *mulher*?

Nicole e Villette testemunharam sobre o escandaloso encontro noturno no jardim, que sustentava a insistência de Rohan no fato de que ele realmente acreditara estar se correspondendo com a rainha verdadeira. Os dois depoimentos fizeram com que Rohan parecesse um idiota; mas um idiota inocente. Em resposta, Jeanne tentou todos os truques existentes para amparar sua história. Quando Nicole testemunhou, Jeanne piscou para ela a fim de tentar fazer com que mudasse a versão que contava. Durante o depoimento de Cagliostro, ela atirou um candelabro em sua cabeça. Jeanne riu como se isso fosse ajudá-la; chorou quando pareceu mais apropriado. Negou que já tivesse alegado ser melhor amiga de Maria Antonieta. Disse que o único motivo pelo qual ela e o marido andavam vendendo diamantes soltos era que Rohan lhe dera umas joias antigas. Mordeu o braço do carcereiro. Escondeu-se nua embaixo da cama para evitar ser levada para o tribunal. E defendeu seu caso com o vigor de mil advogados. O quão louca eles achavam que ela era, gritou Jeanne, para tentar aplicar um golpe maluco como aquele?

Do lado de fora da sala de tribunal, o povo francês não conseguia acreditar no que escutava. A história toda era tão maravilhosamente imoral. Era delicioso — *delicioso!* — ver pessoas como o velho e pomposo Rohan e a materialista Maria Antonieta envolvidos em um esquema tão sórdido. E, no centro de tudo, um colar de diamantes: não mais apenas um belo penduricalho no pescoço de damas ricas, mas uma arma sinistra que cheirava a ambição, cobiça, status, sexo e ruína. No decorrer do julgamento, toda uma pequena indústria informal de mercadorias temáticas sobre Jeanne surgiu nas ruas. Vendedores exibiam pratos pintados com imagens do colar e de Jeanne transando com Rohan, ou de Jeanne transando com Villette, ou de Rohan transando com a rainha. Jeanne podia estar na cadeia, sem um centavo e ocupada mordendo o braço das pessoas, mas ao menos alcançara um de seus objetivos da infância: seu nome estava na boca de todos.

Por mais que Maria Antonieta fosse inocente, o caso todo prejudicou mais sua reputação do que Jeanne jamais poderia ter imaginado. Uma reputação que já era frágil antes do sumiço do colar, e que agora estava sendo arrastada pela lama. As pessoas sussurravam sobre como Rohan *realmente* a seduzira nos arbustos de Versalhes, como ele lhe prometera o colar em troca de acesso ao que ficava embaixo do seu *gaulle* bufante. Pornógrafos foram à loucura, chegando a criar um sarcástico panfleto chamado *The Royal Bordello*, ou "O bordel real", no qual Rohan era até mesmo pai de alguns dos filhos da rainha. Mesmo que o papel desta em toda a história tivesse sido inventado por Jeanne, quase toda a França fora convencida de que sua rainha era uma vadia louca por diamantes... e que a monarquia era uma piada que deveria ser destruída.

Maria Antonieta não conseguia parar de chorar quando ficou sabendo que Rohan fora solto.

"Venha chorar comigo, venha consolar minha alma", escreveu para sua amiga, a Duquesa de Polignac. "O veredito que acabei de receber é um insulto pavoroso. Estou banhada em lágrimas de pesar e desespero." Ao libertar Rohan, a corte francesa admitia que ele podia ter acreditado que a rainha estaria disposta a encontrá-lo nos arbustos. Em outras palavras: a reputação dela já era tão péssima, tão *desprezível*, que o único erro do pobre Rohan fora acreditar nela. Em retaliação, Maria Antonieta o exilou de sua corte, mas isso não suavizou o baque do veredito. Mais tarde, sua própria aia relembrou o caso com horror, escrevendo em seu diário: "Naquela conjuntura, a felicidade da rainha chegava ao fim".

Cagliostro e sua esposa também foram soltos. Nicole foi liberada por falta de evidências. Villette foi banido. Antoine, que nunca apareceu para o julgamento, foi sentenciado *in absentia* a trabalhar como remador em porões de navios para o resto da vida. Mas a punição principal foi reservada para a menininha obstinada de lugar nenhum, aquela que fora identificada como verdadeiro cérebro por trás do que começava a ser conhecido como o "caso do colar". Todas as propriedades de Jeanne foram tomadas pelo rei. Ela foi açoitada. Foi marcada com um V em cada ombro — de *voleuse*, "ladra" —, apesar de ter se contorcido tanto durante a marcação que o metal incandescente errou um dos ombros e aterrissou em seu peito. Depois disso, foi presa com sentença perpétua.

Mas nada disso condizia com a autonomeada *condessa*, que parecia pensar que seria declarada inocente e mandada de volta à alta sociedade em uma carruagem de ouro. Ela reagiu à sua sentença com fúria, gritando: "É o sangue dos Valois que vocês ultrajam!". Mas não precisou tolerar a prisão por muito tempo. Dentro de um ano, Jeanne começou a receber mensagens anônimas de alguém que queria ajudá-la a escapar e, em junho de 1787, com quase 31 anos, ela fugiu da prisão disfarçada de homem. Ninguém sabe exatamente quem a ajudou, mas era provável que fosse alguém que odiava a rainha. Para aqueles que desprezavam a monarquia, uma Jeanne livre era uma Jeanne útil. Quem saberia o que aquela mulher imprudente diria quando estivesse de volta às ruas?

Para o horror de Maria Antonieta, Jeanne tinha *muito* a dizer. Ela fugiu para a Inglaterra a fim de se encontrar com o marido e, a uma distância segura, anunciou que publicaria um livro de memórias. A notícia foi recebida com tremores em Versalhes — ou deleite, dependendo do lado em que estivesse. Quando Jeanne começou a escrever, não conseguiu mais parar. Ela escreveu tanto que até compôs uma espécie de metamemória *sobre* seu livro de memórias, intitulado "Um discurso ao público explicando os motivos que até o momento atrasaram a publicação das memórias da condessa de Valois de la Motte". Seu livro de memórias de fato era abarrotado de palavras furiosas em letras maiúsculas, itálicos dramáticos e declarações grandiosas de sua própria inocência — exemplo: "O público em algum momento precisa se pronunciar entre SUA MAJESTADE e *o átomo que ela esmagou*".

Jeanne não era átomo nenhum, mas também estava longe de ser invencível. Em agosto de 1791, aos 34 anos, foi visitada por homens que a assustaram tanto que ela chegou a pular de uma janela para fugir. Os jornais reportaram que os visitantes eram meirinhos que tinham ido prendê-la por um pequeno débito, talvez ligado às apostas do marido. O marido dela diz, no livro de memórias *dele*, que Jeanne achou que os visitantes tivessem sido mandados pela rainha para arrastá-la de volta à prisão. Fossem quem fossem, Jeanne fugiu em pânico... e sua aterrisagem no concreto causou-lhe uma fratura exposta na perna, um braço quebrado e um olho arrancado da cabeça. Ela nunca se recuperou. Dois meses depois, os jornais locais anunciaram: "A conhecida condessa de la Motte, de *Memórias do colar*, e que mais tarde pulou de uma janela do segundo andar para fugir dos meirinhos, morreu na última terça-feira à noite, às 23 horas, em seu alojamento, próximo à Astley's Riding School".

Assim como em seu nascimento, as circunstâncias de sua morte foram tristes e inglórias, mas ao menos os jornais usaram o título que ela se dera no dia do casamento: *condessa*.

A Revolução Francesa começou em 1789, três anos depois do julgamento de Jeanne e dois anos antes de sua morte. Cabeças aristocráticas começaram a rolar, intelectuais contemporâneos como Johann Wolfgang von Goethe e Edmund Burke analisaram longa e friamente o esquema de Jeanne e concluíram que toda a questão com os diamantes havia desempenhado um papel importante na derrubada da monarquia. (Assim como aconteceu com Maria Antonieta, a reputação de Jeanne teve altos e baixos ao longo dos anos; depois da Revolução, estudiosos passaram a minimizar sua participação, mas, nos anos 1980, começaram a notá-la de novo. Em 2003, o caso foi chamado de "catalisador da Revolução Francesa" por um historiador.) Até Napoleão sabia quem era Jeanne e a culpava ao menos por parte do caos. Quando perguntaram sua opinião sobre o "caso do colar", ele respondeu: "A morte da rainha deve ser datada a partir daí".

Ninguém que lidou com o colar teve um final feliz. Nicole, a rainha de mentira, morreu jovem. Rohan morreu pobre. Villette foi para a Itália e acabou sendo enforcado por algum outro crime, segundo boatos. Cagliostro morreu na cadeia por praticar maçonaria. Antoine entrou e saiu da prisão até finalmente perecer, miserável, em 1831. Boehmer e Bassenge morreram sem nunca serem pagos integralmente por seu trabalho. (O colar foi, enfim, quitado pelas terras de Rohan nos anos 1890, mais de cem anos depois de sua criação.) E dois anos depois da morte de Jeanne, Maria Antonieta foi levada em uma carroça suja em meio à uma horda de súditos clamantes. Foi interrogada diante de um tribunal formado exclusivamente por homens desdenhosos, que lhe perguntaram, entre outras coisas, sobre Jeanne. A rainha disse, pela última vez, que nunca conhecera a mulher, que nada tivera a ver com todo o escândalo. Não importou. Ela tivera muitas outras joias. Em 16 de outubro de 1793, a lâmina da guilhotina desceu sobre seu famoso pescoço desnudo.

É difícil imaginar que Jeanne poderia ter previsto como seu

golpe acabaria. A mulher que simplesmente desejara restaurar a honra da família contribuiu para uma das maiores e mais sangrentas reviravoltas da história. Por outro lado, talvez Jeanne não tenha se surpreendido com nada disso. Se já houve alguém que acreditava em seu extraordinário destino, esse alguém era Jeanne. Ela era uma Valois, afinal. Nascida para brincar com diamantes.

CASSIE CHADWICK

1857-1907

nascida: Elizabeth Bigley
pseudônimos: Madame Lydia De Vere,
Florida G. Blythe, Mary D. Laylis,
Maxie De Laylis, Lydia Brown,
Lydia Cingan, Lydia D. Scott,
D.C. Belford, sra. Bagley, sra. Scott,
sra. Wallace, Alice M. Bestedo,
Elizabeth Springsteen

QUANDO OS ESTADOS UNIDOS AINDA ERAM um país jovem — por cujas ruas vagavam livremente vigaristas com seus panfletos prometendo a febre do ouro, ou a febre do petróleo, ou a febre da ferrovia pelo Oeste —, houve uma época em que todo mundo secretamente queria ser como uma golpista de meia-idade e aparência simples chamada Cassie Chadwick. Cassie sequer era americana, mas mesmo assim o país a amava. As pessoas estampavam o rosto dela em notas falsas de vinte dólares e substituíam o lema *e pluribus unum* pelo "lema de Cassie": *eu preciso do dinheiro*. Um farmacêutico vendia garrafas de "Tônico para os nervos Cassie Chadwick", criado para proporcionar ao comprador a mente equilibrada, as mãos firmes e os nervos de aço da tal. Cassie era a prova de que mesmo a mulher mais comum poderia se tornar alguém verdadeiramente memorável se apenas blefasse bem o suficiente. Quem não gostaria de engarrafar seu incrível espírito e bebê-lo de um gole só?

Cassie Chadwick nascera Elizabeth Bigley em 1857, em uma pequena vila canadense perto de Woodstock, Ontario. Tinha seis irmãos e pais pobres que nunca aprenderam a ler. Tinha problemas de audição, língua presa e o estranho hábito de ficar olhando para o nada por horas a fio. Não tinha dote, herança ou esperança no futuro. Mas, do seu próprio jeitinho esquisito, era inteligente. Era determinada. E, mesmo que estivesse longe de ser uma beldade, tinha um atributo sobre o qual as pessoas comentariam por décadas: os olhos. Eram olhos que pareciam ter um estranho poder próprio, e quando ela encarava alguém... especialmente um homem... especialmente um *banqueiro*... esse alguém com frequência sentia os joelhos fraquejarem.

Desde nova, era óbvio que Cassie — ou "Betty", como era conhecida naquela época — gostava das coisas boas da vida. Seu pai nunca pôde comprar as roupas e joias que ela desejava, então, ela concluiu que precisaria arranjar o dinheiro para comprá-las por conta própria. Esse desejo por dinheiro virou um dos princípios centrais de sua personalidade; um anseio determinante, uma obsessão. Décadas depois, quando Cassie estava famosa e morta, sua irmã se recusaria a falar com os repórteres, exceto para dizer que Cassie "estivera possuída desde criança por uma fixação por ficar muito rica, muito rápido".

Havia o jeito antigo e tradicional de obter riqueza — trabalhar com afinco por muito tempo e torcer para ser recompensado algum dia —, mas também havia jeitos mais novos, rápidos e modernos. E Cassie, acima de tudo, era uma mulher moderna. Aos 21 anos, ela entrou calmamente em uma barbearia e pediu para o barbeiro cortar todo seu cabelo, um pedido incomum para uma jovem daquela época. O homem obedeceu, mas ficou nervoso quando ela pediu um bigode falso e, quando ela sacou o relógio de ouro do pai e tentou penhorá-lo em troca do bigode, ele se perguntou o que aquela estranha jovem poderia estar tramando, entrou em pânico e chamou a polícia. O pai de Cassie teve que aparecer para levar a filha selvagem para casa, onde ele lhe "repreendeu severamente".

Imperturbável, ela se dedicou a um novo esquema. Datilografou uma carta assinada pelos "advogados" do tio, alegando que ele havia morrido e deixado uma farta herança para Cassie. As cartas foram tão convincentes que até os pais dela acreditaram, especialmente quando ela imprimiu um monte de cartões de visitas nos quais se lia: "Srta. Bigley, herdeira de 15 mil dólares". Cassie era jovem, mas já absorvera uma lição importante: documentos de aparência oficial são meio caminho andado.

Mas uma cidade pequena do Canadá não era o lugar ideal para trapaças. As pessoas comentavam, encaravam, notavam. Em pouco tempo, Cassie foi presa por comprar diversos itens — incluindo um órgão — usando notas falsas. Foi julgada por falsificação, mas suou a camisa para parecer "excêntrica" no tribunal e foi julgada inocente por insanidade. Em vez de ser mandada para um hospício, voltou para casa para ser vigiada pela mãe.

A experiência foi um susto para Cassie, mas, pior do que isso, foi um *saco*. Deve ter ficado evidente que ela precisava de um palco maior. Precisava de um país obcecado pela próxima moda, um país que não conseguia deixar de se impressionar com herdeiras, um país onde as fronteiras entre sonhos e trapaças eram contínuas e empolgantemente imprecisas. Então, ela fez as malas e partiu para os Estados Unidos para morar com a irmã casada, Alice, em Cleveland.

Não passou muito tempo até que Alice se desse conta de que cometera um grande erro. Cassie era — não havia como negar — um *problema*. Quando Alice saiu de férias, Cassie decidiu por conta própria hipotecar os móveis da casa, apresentando-se como "Alice M. Bestedo" e fingindo ser dona de todos os divãs e armários da irmã. O cunhado logo descobriu a falcatrua e expulsou Cassie de casa, então, ela pulou de pensão em pensão por um tempo, continuando seu esquema de hipotecar móveis e acumulando todo tipo de dívida. Alice — a verdadeira Alice — preocupada com a irmã, tentava pagar as contas de Cassie sempre que podia. "Naquela época", disse Alice, "comecei a achar que ela era desequilibrada".

A hipoteca dos móveis era um golpe efetivo, mas mesquinho, no fim das contas. Quanto *realmente* dava para conseguir em um divã hipotecado? Para aumentar sua renda, Cassie começou a ficar de olho nos homens mais abastados de Cleveland e, em pouco tempo, estava noiva de um médico chamado Wallace S. Springsteen. Ela contou a ele sobre todos os seus diversos problemas — reais ou imaginados, quem saberia —, então explicou que estava prestes a receber uma *bolada*. Era a tática perfeita para agarrar um marido: uma história triste atenuada por promessas de grande riqueza, calculada para amolecer o coração e inflamar a ganância. Os dois se casaram no final de 1883. Doze dias depois, quando o dr. Springsteen descobriu que Cassie estava mentindo sobre absolutamente tudo, divorciaram-se.

Como sempre, Cassie saiu por cima. Voltou para casa, escreveu cartas para todos os amigos dizendo que "Elizabeth Springsteen" — seu nome de casada — tinha morrido, então voltou para os Estados Unidos, determinada a ficar rica depressa.

Em Erie, Pensilvânia, Cassie disse a todos que estava morrendo e que precisava desesperadamente de dinheiro para um médico. Ela aprendera a fazer as gengivas sangrarem quando queria — a técnica em si se perdeu na história, embora uma fonte tenha dito que ela furava as gengivas com uma agulha — então, vagava por aí, com a boca sangrando feito um vampiro tresloucado, dizendo sofrer de uma "hemorragia nos pulmões". Quando pessoas solícitas emprestavam dinheiro, ela desaparecia sem pagar, pulmões e gengivas perfeitamente saudáveis. Em Buffalo, Nova York, ela disse a todo mundo que era uma clarividente chamada "La Rose" e passou um tempo afanando dinheiro de pessoas desesperadas em troca de prever o que o futuro lhes guardava. Em dado momento, acabou retornando a Cleveland, onde fundou um estabelecimento misterioso descrito mais tarde por um jornalista como "algum tipo de resort semissocial e duvidoso onde homens, possivelmente cidadãos influentes, entravam e saíam".

Seria essa apenas uma maneira tortuosa de descrever um bordel? Talvez. Há décadas, as pessoas vêm cochichando sobre a vida sexual de Cassie, se perguntando se ela transava com as vítimas de modo a enganá-las melhor. Ela tinha uma estranha influência sobre homens, tão palpável que seus contemporâneos debatiam seriamente se Cassie detinha poderes hipnóticos. Mas seus golpes sempre envolviam fantasias, simulações, histórias mentirosas e fachadas. Cassie nunca foi do tipo que optava pela solução óbvia. E sexo era tão... *óbvio*. Seja como for, independentemente do que se passava em seu "resort duvidoso", o negócio permitiu que ela ficasse bem pertinho de homens poderosos, escutasse seus segredos e aprendesse a desgostar deles. Foi aí, segundo o mesmo jornalista, que Cassie começou a sentir um "profundo desprezo por homens e por suas fraquezas e vaidades". Quer transasse ou não com eles, ela "sentia sua superioridade intelectual (...) sobre eles". Todos os seus esquemas, até aquele momento, haviam lhe ensinado uma lição simples e poderosa: "Para ela, nenhum homem era notável, e a maioria era tola".

Por falar em homens, nessa época, ela trocava de marido como quem trocava de roupa e deu à luz um menino chamado Emil (corriam boatos de que o pai fosse um importante político em Cleveland). Quando entrou na casa dos trinta anos, estabeleceu-se em Toledo, Ohio, onde trabalhava como Madame Lydia De Vere: cartomante, vidente, hipnotista, médium. Além da cartomancia tradicional, Madame De Vere oferecia um serviço um pouco mais incomum: por uma taxa extra, ela dava dicas sobre o mercado de valores. Seus clientes eram homens de boa formação, banqueiros e médicos, mas sua instrução não era páreo aos olhos fascinantes de Madame De Vere. Quando ela pedia empréstimos, eles lhes davam de bom grado; quando falsificava assinaturas de homens ricos, os bancos as aceitavam. Em pouco tempo, Cassie acumulara o singelo valor de 40 mil dólares em notas falsas.

Infelizmente, essa linha de trabalho a levou ao tribunal pela segunda vez e, por mais que ela tenha tentado escapar do problema com uma história elaborada sobre como era, na verdade, uma herdeira chamada Florida G. Blythe, o juiz não se convenceu. A ré foi acusada de falsificação e condenada a nove anos na penitenciária estadual de Ohio. Atrás das grades, ela se mostrou uma prisioneira modelo, costurando para os prisioneiros e levianamente prevendo futuros. Até o carcereiro quis que Cassie lesse seu futuro, o que ela fez, informando que ele perderia 5 mil dólares em um negócio e então morreria de câncer. Para a infelicidade do carcereiro, ambas predições se realizaram.

Apenas dois anos depois, Cassie recebeu liberdade condicional por bom comportamento, mas não antes de a penitenciária escrever uma descrição detalhada de sua aparência: 1,66 metro de altura, orelhas furadas, testa alta, sobrancelhas "arqueadas e questionadoras", orelhas "grandes e notáveis", nariz médio e reto, queixo "pequeno e redondo" e uma cicatriz no cotovelo direito. A descrição, acompanhada de uma foto de rosto, não passava de algumas folhas de papel enfiadas em uma gaveta em algum canto. Mas documentos — como Cassie bem sabia — frequentemente eram muito mais importantes do que pareciam à primeira vista. Agora, independentemente de onde ela fosse, em Ohio sempre existiria um arquivinho perigoso contendo seu rosto.

De volta a Cleveland, Cassie estava livre e solteira e pronta para sossegar de vez. E não demorou até ela conhecer seu tipo favorito de homem: abastado, bem-intencionado e suscetível a um par de olhos fascinantes.

As pessoas discordam sobre como exatamente Cassie conheceu o dr. Leroy S. Chadwick, o viúvo. As lendas mais lascivas dizem que foi em seu bordel de Cleveland. Dr. Chadwick, no entanto, sempre insistiu que Cassie não o seduziu. Ele tinha um problema incômodo com a perna, segundo o próprio, e Cassie sugeriu que tentasse uma massagem. Depois de seguir seu conselho e encontrar alívio, Chadwick também descobriu que estava se apaixonando por ela. Seja como for, os Chadwick eram uma das famílias mais respeitáveis de Cleveland, então, todos ficaram chocados quando, em 1896, Leroy apareceu de repente com uma noiva novinha em folha. Quem diabo era, tal Cassie? O que Leroy via nela? Uma mulher de quase quarenta anos, um tanto sem graça. As fofocas locais simplesmente não conseguiam identificar qual era seu apelo; bem, exceto por seus olhos. Todos concordavam sobre os olhos.

Se Cassie sonhara com riqueza na juventude, agora, ela estava oficialmente vivendo seu sonho. O dr. Chadwick tinha rios de dinheiro e não parecia se importar que Cassie o gastasse insanamente. Então, com uma aliança do dedo e um sobrenome chique, ela foi às compras. Comprou um órgão de tubos gigantesco para sua sala de música. Comprou um conjunto de cadeiras douradas que cantava quando os convidados se sentavam. Comprou pratos de prata decorados com rubis. Comprou esmeraldas, pele de arminho, noventa pares de luvas, gastou 1.200 dólares em lenços. Outras damas compravam joias por peça, mas ela comprava a bandeja inteira. Os comerciantes de Cleveland passaram a amar ver Cassie e seus serventes se aproximando pela rua. Ela usava fios e mais fios de pérolas ao redor do pescoço. Nunca perguntava o preço de nada. "Tinha obsessão por relógios chiques", lembrou um comerciante afetuosamente.

Ela era tão extrema em sua generosidade quanto em seu consumismo. Se a alta sociedade de Cleveland não queria aceitá-la, ela *compraria* seu afeto. Então, encomendou oito pianos de cauda e mandou entregá-los para oito amigos. Em outra ocasião, levou doze jovens socialites para a Europa e pagou pela viagem toda, lhes dando tudo do bom e do melhor, inclusive um retrato minúsculo de cada garota pintado em porcelana e emoldurado em ouro maciço. E essa generosidade não era só uma forma de ascensão social. Ela comprou um guarda-roupas inteiramente novo para sua criada; deu um casaco de pele de foca para o cozinheiro; encomendou ternos sob medida para o açougueiro local. (No futuro, quando as coisas degringolassem, seus dedicados empregados permaneceriam ao seu lado até o fim.) Cassie comprou brinquedos para todos os órfãos do orfanato local, soterrou famílias pobres com presentes e comida. Sabia como era ser pobre, e nem todas as cadeiras douradas do mundo a fariam esquecer. Como escreveu um repórter: "Nenhum pedinte que batesse em sua porta era mandado embora".

Seu consumismo era tão exacerbado que parecia uma compulsão. Ela comprava muito mais do que fazia sentido, muito mais do que conseguiria usar. Comprou uma pintura de um "Grande Mestre" e nunca pendurou. Comprou um piano Steinway e o deixou guardado. Cassie fazia compras como se tivesse passado a vida inteira prendendo o fôlego e agora finalmente conseguisse respirar. Em uma véspera de Natal, ela levou o marido para passear e, quando retornaram, ele foi surpreendido por uma casa totalmente redecorada. Todos os tapetes, todos os móveis, todos os quadros, todos os mais minúsculos enfeites tinham sido substituídos por um item mais novo e mais fabuloso. "E esse é o seu presente de Natal", disse, entregando a ele um sobretudo com forro de pele que valia 1.100 dólares. Em outra ocasião, saiu em uma viagem de carro pelo país, vendendo o veículo a cada parada e comprando outro só por diversão.

"Ela era alguém que tinha tudo o que queria", lembrou a irmã, Alice. Mas ainda assim queria mais.

Por mais que estivesse em um casamento feliz com um homem rico, Cassie continuava trapaceando banqueiros. E, assim, entrava em bancos locais usando seu melhor vestido parisiense, fazendo o papel da esposinha rica e tola. Ela chorava simulando estar envergonhada, dizendo que tinha sido um pouco irresponsável com o talão de cheques do marido e que precisava desesperadamente de um empréstimo para que ele não descobrisse. Em troca da discrição cavalheiresca do banqueiro, ela ficaria feliz em lhe dar um generoso bônus. Para convencê-lo, sacava uma pilha de documentos de aparência oficial: bilhetes de homens importantes jurando que seus ativos eram reais, papéis informando que ela era herdeira de milhões de dólares, pilhas de notas promissórias. O efeito da papelada podia ser um pouco exagerado, um pouco impactante, mas deixava o banqueiro ciente de uma coisa: uma mulher com aquele tipo de documentação definitivamente conseguiria pagar um empréstimo.

Na realidade, os bilhetes eram falsificados, a herança não existia e as notas promissórias eram basicamente imitações prensadas entre duas notas legítimas. Mas quando os banqueiros ouviam a história, viam duas coisas: uma mulher que *parecia* ter dinheiro e uma mulher oferecendo uma forma fácil de *fazer* dinheiro. Suposições tradicionalistas afastavam metade de suas apreensões e a ganância cuidava do resto.

Por um tempo, Cassie se divertiu pegando empréstimos desse jeito, mas, em 1902, aos 45 anos, decidiu apostar mais alto em seus golpes. Ela queria mais; mais dinheiro e, talvez, um desafio maior. Então, inventou uma nova história para si mesma. E, visto que ela era Cassie, o tipo de mulher que nunca comprava só um piano se poderia comprar oito, decidiu dizer às pessoas que era filha de Andrew Carnegie, um dos homens mais ricos do mundo.

De certas maneiras, Andrew Carnegie e Cassie Chadwick eram parecidos. Ambos eram imigrantes que haviam desembarcado nos Estados Unidos vestindo trapos e acabaram cercados de gente rica. Carnegie era escocês, empresário independente que fizera fortuna com aço; na verdade, ele tinha vendido sua empresa no ano anterior, o que o deixara ainda mais rico. Só o nome dele valia por mil documentos falsificados, e nenhum de seus ativos era imaginário. Cassie sabia que não havia um banqueiro nos Estados Unidos que recusaria a filha de Andrew Carnegie.

O problema era que Andrew Carnegie só tinha uma filha, que então estava com cinco anos. Cassie precisou bolar uma história crível para explicar por que ninguém no mundo sabia que ela também era uma Carnegie. Foi preciso convencer outras pessoas a espalhar a história *por* ela; e essas pessoas precisavam ser sutis para que o próprio Carnegie não descobrisse. Era um desafio, mas Cassie estava pronta para aceitá-lo. Piscando seus olhos hipnóticos, ela "acidentalmente" deixou escapar para um importante advogado de Cleveland que era a filha ilegítima de Carnegie e que ele lhe reservara um fundo de 11 milhões de dólares. Ela chegou até a levar esse advogado consigo durante uma "visita" ao seu "pai" na cidade de Nova York, explicando que provavelmente seria melhor ele ficar na carruagem enquanto ela entrava na mansão dos Carnegie para dar um oi.

Apropriadamente intrigado, o advogado observou Cassie desfilar para dentro da casa dos Carnegie como se fosse dona do lugar. Ela saiu meia hora depois com um pacote cheio de documentos impressionantes, incluindo duas notas assinadas pelo próprio Carnegie no valor de dezenas de milhões de dólares. O advogado ficou chocado: a mulher realmente *era* uma Carnegie!

Ele não fazia ideia de que a papelada era toda falsa e que Cassie já estava com tudo aquilo quando entrou na casa. Não sabia que ela não chegara nem perto de Andrew Carnegie; só ficara no hall de entrada, papeando com a empregada. Tudo que o advogado sabia era o que tinha visto com seus próprios olhos, e — como Cassie sabia havia anos — as aparências importavam muito mais do que a verdade. Gengivas sangrando fazem a pessoa parecer doente. Vestido parisienses fazem a pessoa parecer rica. E sair da casa de Andrew Carnegie com ares confiantes de filha faz a pessoa parecer filha de Andrew Carnegie.

Como Cassie previra, a história toda foi sensacional demais para que o advogado guardasse aquilo para si. Em pouco tempo, todos os magnatas de Cleveland sabiam que Cassie era a filha ilegítima secreta do barão do aço. Ninguém, é claro, ousaria perguntar a Carnegie se a história escandalosa era verdadeira, o que significava que a mentira de Cassie estava a salvo. Na verdade, os homens que escutavam a história tendiam a assumir uma postura um pouco protetora sobre Cassie, a pobre menina rica desconhecida. Como disse um banqueiro, com ar galanteador: "Considerei meu dever protegê-la diante da história que ela me contou sobre seu nascimento".

Esse banqueiro ingênuo e galanteador se chamava Iri Reynolds, e um dia Cassie lhe perguntou se poderia guardar um pacote em seu cofre no banco. Ela chegou até a mostrar o conteúdo do pacote: uma pilha de notas e contratos assinados por "Andrew Carnegie", todos demonstrando que ela valia milhões e milhões de dólares. Sob o olhar de Reynolds, Cassie guardou a papelada em um envelope, selou-o com cera, colocou o envelope no cofre, então entregou a ele uma lista de tudo contido lá dentro.

Mais tarde naquele dia, Reynolds recebeu uma ligação agitada de Cassie. Ela tinha se esquecido de fazer uma cópia da lista para si! Será que ele se importaria muito em lhe mandar uma cópia da cópia *dele*? Reynolds ficou feliz em ajudar. Ele copiou a lista dos ativos de Cassie em um papel oficial do banco e assinou. E, simples assim, Cassie tinha uma *prova* de que valia milhões e milhões de dólares. Estava em posse de uma lista de seus ativos falsos escrita em um papel verdadeiro do banco, com uma assinatura verdadeira de um banqueiro. Era a sua carta branca para entrar em qualquer banco dos Estados Unidos e pegar um empréstimo gigantesco. Era o melhor documento com aparência oficial de todos os tempos porque, pela primeira vez, ele *era* oficial. Seus ativos como uma Carnegie eram imaginários, mas ela os tinha transformado em algo tangível usando seu melhor atributo: a audácia.

A única grande falha no plano de Cassie era que ele não poderia durar para sempre. O Banqueiro A em algum momento iria querer seu empréstimo de volta, então, ela precisaria roubar do Banqueiro B para pagá-lo, aí, quando o Banqueiro B quisesse o dinheiro *dele* de volta, ela teria que fazer uma visita ao Banqueiro C. A boa notícia era que ela era excelente nesse tipo de joguinho. A má notícia era que um de seus banqueiros estava começando a ceder.

Esse banqueiro em particular era um velhinho simpático chamado Charles T. Beckwith, presidente do Citizens National Bank of Oberlin. Ele confiava totalmente em Cassie. Não havia mais ninguém em todo o país mais convencido de que ela era de fato filha de Andrew Carnegie. Mas Beckwith emprestara milhares e milhares e *milhares* de dólares para Cassie e, a cada mês que se passava, ele não ficava nem um pouco mais perto de ser pago. Sua maravilhosa amiga sempre tinha uma desculpa para o dinheiro não estar disponível. Às vezes ela chorava e lhe dizia que Carnegie não estava deixando que ela gastasse seu fundo no momento porque fora um pouco irresponsável com ele nos últimos tempos. Às vezes gritava com ele. A certa altura, Beckwith chegou a desmaiar aos pés dela e, quando acordou, disse a Cassie que iria se matar se aquela situação continuasse. Cassie respondeu secamente que suicídio não consertaria nada.

Quando se tratava de manter credores sob controle, Cassie sempre tinha muitas cartas na manga, e a maioria envolvia demonstrações extravagantes de riqueza. Às vezes buscava banqueiros irritados em sua luxuosa carruagem e os levava para sua bela casa, onde a convicção dos tais em seus ativos seria renovada. Convidava advogados desconfiados para seu quarto de hotel, onde se certificava de deixar joias espalhadas de forma que vissem as pedras preciosas e concluíssem, aliviados, que Cassie era obviamente rica o suficiente para ser uma Carnegie. Organizava festas para empresários preocupados, nas quais vestia as empregadas com roupas caras e alegava que eram esposas de locais ricos. Esses homens saíam do evento murmurando alegremente que Cassie era tão bem relacionada que jamais poderia estar aplicando um golpe neles. Em uma ocasião, quando uma de suas vítimas estava muito aborrecida, ela chegou a contratar um ator para interpretar um representante de Andrew Carnegie e tranquilizá-lo.

A própria Cassie já devia saber que a bolha de suas trapaças acabaria estourando algum dia, porque vinha providenciando um plano B: fugir para a Bélgica, um país onde ficaria segura contra extradição caso seus crimes fossem descobertos. E ela estava muito perto de sair impune de tudo. Em 1904, já enviara o marido para Bruxelas e ela mesma estava prestes a atravessar o oceano.

Mas Cassie nunca sabia a hora de parar. Ela não conseguia comprar um par de luvas; precisava comprar noventa. Não conseguia comprar uma bela joia; precisava ter a bandeja inteira. Sendo assim, não aguentou deixar passar um último golpe. Ainda estava nos Estados Unidos, tentando roubar 500 mil dólares de dois empresários de Pittsburgh, quando uma de suas muitas vítimas não aguentou mais. Surpreendentemente, não foi Beckwith, mas um empresário furioso chamado Herbert B. Newton que, no dia 22 de novembro de 1904, processou Cassie pelos 190 mil dólares que ela lhe devia.

O processo foi parar nos jornais. As outras vítimas de Cassie encararam a notícia com horror. E a cidade de Cleveland — como disse um artigo — "acordou".

Os homens da vida de Cassie entraram em pânico. O que tinha acabado de acontecer? Quem era a mulher dos colares de pérola? E por que eles estavam se sentindo tão atordoados?

"Ah, isso é terrível, terrível, terrível", disse o dr. Chadwick ao ficar sabendo sobre a prisão da esposa por um jornal de Bruxelas.

"Tortura e transações e transações e tortura", comentou o pobre Charles T. Beckwith.

"Toda vez que ela olhava para mim, eu ficava tonto", disse um xerife.

"Eu não sei nada sobre essa mulher ou suas tramoias", declarou Andrew Carnegie.

Assim que a história de Cassie Chadwick foi parar nos jornais, o país inteiro passou a acompanhá-la. Herbert B. Newton e seus advogados começaram a desenterrar o passado de Cassie e descobriram algo terrivelmente interessante: a elegante sra. Chadwick se parecia muito com uma golpista de segunda categoria chamada "Madame Lydia De Vere", que passara dois anos na penitenciária estadual de Ohio no início dos anos 1890. Por mais que Cassie tenha negado os boatos com indignação — a *audácia* de certas pessoas! —, a semelhança entre a foto na ficha de Madame De Vere e os retratos formais de Cassie era difícil de ignorar. Além disso, havia a descrição detalhada, cortesia dos arquivos da penitenciária: *1,66 metro de altura, orelhas furadas, testa alta, sobrancelhas "arqueadas e questionadoras"...*

Em Cleveland, a alta sociedade sofreu um baque. Os boatos não podiam ser verdadeiros: Cassie Chadwick das cadeiras douradas, cujo marido era um médico respeitável, era uma *fraude*? Cassie, a mesma que lhes dera pianos de cauda, que fora tão bondosa com órfãos, que levara aquelas doze adoráveis garotas para a Europa e pagara por tudo? Se Cassie era uma fraude, em *quem* podíamos confiar? No vizinho? No marido? No banco? Quanto mais golpes de Cassie eram revelados, mais pessoas da cidade, nervosas, tentavam cortar relações com seus bancos, e quatorze presidentes de bancos precisaram divulgar uma "declaração antipânico" para impedir que toda a infraestrutura financeira de Cleveland colapsasse. O pobre Beckwith ficou de cama, tamanho o choque, quando seu banco fechou; nas ruas, empresários começaram a perguntar uns aos outros: "Quanto ela conseguiu de você?".

Cassie encarou a comoção como uma verdadeira dama. Agiu de forma calma e levemente ofendida, e se certificou de que pessoas importantes a vissem entrar no escritório do advogado de Andrew Carnegie como se estivesse fazendo uma visita casual, a fim de resolver aqueles boatos bobos. (Ela nunca se encontrou com o advogado de fato. Entrou no prédio, subiu correndo até o sexto andar, engatinhou para fora de uma janela e pulou no telhado do prédio vizinho para escapar.) À medida que os jornais se enchiam com boatos cada vez mais ultrajantes, como uma história de que Cassie tinha se matado, ela respondia tranquilamente com declarações do tipo: "Por favor, desmintam o suicídio relatado e aproveitem para dizer que não tenho qualquer intenção de cometer tal ato". Aqueles que não tinham sido financeiramente afetados por seus golpes logo se viram entretidos e até impressionados por ela. Um jornal insinuou que Andrew Carnegie deveria parar o trabalho filantrópico que vinha desenvolvendo e, em vez disso, dar uma medalha para Cassie "pela audácia".

Para a infelicidade de Cassie, essa audácia não poderia mais salvá-la. No dia 7 de dezembro de 1904, Cassie foi presa em Nova York. Permaneceu encenando seu papel até o último minuto possível. O marechal que a prendeu encontrou-a deitada na cama, apoiada em dois travesseiros, vestida modestamente com um vestido de renda branco.

Depois da prisão, Cassie foi levada de volta para Cleveland e mantida no centro de detenção enquanto aguardava julgamento. Uma intrépida jornalista canadense chamada Kit entrou furtivamente na prisão para entrevistá-la e descobriu que, por mais que Cassie se recusasse a falar sobre seu caso, não conseguia deixar de falar sobre dinheiro. "Era estranho como a mente daquela mulher sempre ia parar nos números", escreveu Kit. Mas o detalhe mais notável — sobre o qual a própria Kit não conseguia deixar de falar — eram os olhos de Cassie. Praticamente a cada dois parágrafos de sua matéria, Kit voltava a mencioná-los, obcecada por eles, incapaz de desviar a atenção.

"Eu olhei fixamente para aqueles olhos hipnóticos", escreveu Kit, "e posso dizer com toda honestidade que, naquele encontro, me pareceram maravilhosamente belos, maravilhosamente meigos, às vezes investigativos, outras apelativos, e é esse apelo dos grandes olhos castanhos que hipnotizam... se é que a palavra se aplica. Consigo imaginar com facilidade qualquer pessoa minimamente impressionável sendo afetada por esse tom apelativo que de tempos em tempos surgia nos olhos de Cassie L. Chadwick." De modo geral, Kit saiu da entrevista convencida de que Cassie era dona de um grande — embora criminoso — talento. Ela comparou as sobrancelhas de Cassie com "as de um inventor, um músico, um financista".

Cassie até poderia ter a habilidade de um inventor, um músico ou um financista, mas, na prisão e no tribunal, continuou desempenhando o papel de esposa rica e injustiçada. Logo depois de ser presa, divulgou uma declaração arrogante: "Chegará o momento em que essas pessoas verão que fui muito caluniada e perseguida. Quando penso pelo que passei nas últimas semanas, me pergunto como não enlouqueci". No julgamento, ela se certificou de desmaiar várias vezes, como se para indicar que o processo todo era devastador demais para sua compleição delicada e inocente. Em dado momento, ela alegou que sentia tamanha câimbra no braço direito que não conseguia mais mexê-lo; algumas horas mais tarde, ela já teria se esquecido totalmente disso e começaria a acenar com o mesmo braço.

O próprio Andrew Carnegie compareceu ao julgamento, o que deve ter sido muito estranho para Cassie. No entanto, não estava tão furioso quanto algumas pessoas esperavam que estivesse; não tinha intenção de abrir queixa contra ela e disse a jornalistas que a trapaça toda só provava como seu crédito era bom. ("Você não ficaria satisfeito em saber que alguém conseguiu 2 milhões de dólares simplesmente assinando seu nome em um pedaço de papel?", comentou com uma risadinha.) Carnegie não perdera um único dólar por causa de Cassie, é claro, mas suas outras vítimas, sim, e nenhuma delas estava dando risadinhas. Apenas doze se pronunciaram, mas muita gente suspeitava de que Cassie tivesse enganado mais homens e que eles simplesmente estariam envergonhados demais para admitir que tinham levado um golpe de uma mulher sem instrução de uma cidadezinha do Canadá. "Sem dúvida, [Cassie] permitiu e contou com isso", escreveu um jornalista. "Nunca saberemos quanto dinheiro ela pegou emprestado." Ninguém nunca descobriu onde esse dinheiro foi parar também. Um boato alegava que Cassie tinha 1 milhão de dólares guardados na Bélgica. Ou talvez já tivesse gastado tudo em pianos de cauda e cadeiras douradas.

Em 11 de março de 1905, um júri rapidamente a considerou culpada de conspirar para defraudar os Estados Unidos por meio de fraude bancária. Cassie afundou na cadeira e chorou até soluçar, então ficou de pé, foi andando para fora do tribunal com o filho e o delegado encarregado e gritou com a voz esganiçada: "Me soltem! Me deixem ir! Ah, meu Deus, me soltem! Eu não sou culpada, estou dizendo! Me deixem ir!". Então desmaiou de novo, bem no momento em que o juiz estava passando. Sua encenação, como sempre, foi impecável.

A sentença de Cassie não foi nenhuma novidade: dez anos na penitenciária estadual de Ohio, mesmo lugar onde tantos anos antes ela fora trancafiada. Ela podia estar atrás das grades, mas também estava na primeira página de vários jornais pelo país. Jornalistas a batizaram de "Bruxa das Finanças", a "Rainha dos Golpistas". Um jornal chamou-a de "a mulher mais falada do mundo". Outros enfatizaram sua misteriosa habilidade de influenciar o sexo masculino. "Sem instrução ou beleza, sra. Chadwick fascinava os homens" foi uma manchete canadense. Outra falou sobre seu "estranho poder" e a "impressionante ingenuidade dos banqueiros".

Nesse meio-tempo, outros golpistas olhavam para Cassie com admiração. Em Nova York, uma cidade já transbordando de negócios escusos, os golpistas passaram a ser chamados de "Cassies" e, assim como sua rainha, eles sabiam o poder de um vestido chique ou um belo terno. "Roupas boas são a ferramenta dos fraudulentos, e o traije [sic] dos 'Cassies' que agora lotam os lobbies dos hotéis deixariam Salomão com inveja", dizia um artigo. Em Cleveland, um farmacêutico vendia tônico e, na capital Washington, golpistas usavam notas falsas de vinte dólares impressas com o rosto de Cassie para enganar turistas desavisados. A quantidade dessas notas falsas foi tamanha que o Serviço Secreto precisou intervir para "reprimi-las".

Atrás das grades, no entanto, a vida de Cassie não era mais digna de inveja. Não havia mais colares de pérola, relógios chiques, quartos de hotel cheios de joias espalhadas. Em vez disso, ela costurava casas de botão, e de vez em quando, fingia estar doente. Portanto, todos ficaram céticos quando, três anos depois de sua sentença, ela adoeceu de vez; mas, pela primeira vez na vida, Cassie não estava fingindo. Quando sua saúde começou a se deteriorar, ela surpreendeu a todos na prisão ao pedir para ser batizada na fé católica. Um gesto inusitado para Cassie, que sempre tivera mais interesse pela esfera material. "Essa foi a única ocasião conhecida em que sra. Chadwick professou interesse pela religião", declarou um jornal. O médico da prisão culpou seu gosto por comidas ricas pela doença; um eco fantasmagórico de seu eterno desejo por prosperidade.

Cassie estava sozinha quando morreu, em 10 de outubro de 1907. Seu filho e duas de suas irmãs tinham sido chamados ao seu leito de morte, mas não conseguiram chegar à penitenciária a tempo. Estava com cinquenta anos. Ironicamente, o médico da prisão alegou que ela morreu de neurastenia, um conceito hoje arcaico que significa "exaustão dos nervos". Seu corpo retornou à cidade natal canadense, onde suas irmãs receberam de volta a estranha e fugitiva irmã pela última vez. Pareceram assumir certo senso de proteção por sua pequena Betty, que ficara afastada por tanto tempo. Não deixaram o público vê-la, mesmo que muitas pessoas quisessem ter um vislumbre daqueles famosos olhos, agora fechados para sempre.

Por anos depois da captura de Cassie, trapaceiras, e até alguns trapaceiros, foram chamados de "Cassies" ou "Cassie Chadwicks". Manchetes bradavam sobre uma "Cassie Chadwick chinesa", uma "Cassie Chadwick romena", uma "Cassie Chadwick russa", uma Cassie Chadwick italiana", uma "Cassie Chadwick alemã", uma "competente pupila da sra. Chadwick", e assim por diante. Assim como futuros investidores-filantrópicos se viam sendo comparados a Andrew Carnegie, esses golpistas menores eram postos lado a lado com o grandioso espectro de Cassie Chadwick. Mas nenhum conseguiu alcançar a mesma fama. Por um tempo, nos Estados Unidos, ela permaneceu a golpista original — todos que vieram depois eram inevitavelmente menos interessantes.

Ao tentar entendê-la, a mídia se agarrava ao contraste entre sua história de vida comum e sua carreira extraordinária. "Como uma mulher sem qualquer brilhantismo ou aprendizado em particular, e numa idade em que qualquer possível atrativo na juventude já havia sido anulado pelo tempo, pôde arrancar centenas de milhares de dólares de banqueiros e empresários calejados sem oferecer a eles nada em troca?", ponderou um jornalista. Cassie fizera o impossível: tirar dinheiro do nada. "Ela nunca teve nenhuma propriedade tangível de valor confiável para oferecer como garantia para seus credores", escreveu outro jornalista. "Suas garantias sempre foram, em quase todas as instâncias, míticas." E assim permaneceram. A maioria das vítimas jamais recuperou seu dinheiro. Até o marido médico acabou falindo em certo momento.

Sua habilidade impressionante, ao que parecia, era algo que só podia ser compreendido de verdade pessoalmente. Apenas lendo sobre ela na seção financeira ou vendo seu retrato não muito atraente impresso na primeira página de algum jornal, qualquer um poderia se perguntar qual era o motivo de todo aquele fuzuê. Porque era preciso estar no mesmo cômodo que Cassie, encarar seus olhos magnéticos e sentir toda a força de sua audácia inacreditável para entender como ela se safou de tudo. Muitos que *já* tinham estado no mesmo cômodo que Cassie foram marcados por sua influência para sempre; como o pobre Charles T. Beckwith, que mesmo em seu leito de morte insistia que Cassie *era* filha de Andrew Carnegie, apesar de ela ter arruinado seu banco e acabado com sua saúde. Ou como Kit, a jornalista canadense que visitara Cassie na prisão. "Dava pra ver que existia um estoque imenso de força vital adormecida no cérebro e na alma daquela mulher", escreveu ela. "Ela teria sido um ser humano incrível se tivesse sido bem orientada e recebido uma educação de qualidade." Então, na linha seguinte, Kit já parecia ter mudado de opinião, talvez se lembrando daqueles olhos. *Teria sido* incrível? Não, concluiu Kit. "Ela *era* incrível, mesmo de uma forma maléfica, do jeito que era."

WANG TI

CHINA, 2008. DOIS GINASTAS olímpicos vão se casar na ilha de Hainan, e as festividades foram precisamente calibradas para exibir sua juventude, prosperidade e seus corpos ágeis e esculpidos. A noiva chega ao local em um balão de ar quente e arremessa uma corda ao chão. O noivo escala a corda usando nada além da própria força, aperfeiçoada nas argolas, no cavalo e nas paralelas. De volta à terra, durante a cerimônia, os dois brincam sobre as medidas adoráveis de seus tórax, cintura e quadris, e ela pergunta, em tom de flerte, se ele vai comprar uma BMW Mini Cooper para ela quando estiverem casados. Dinheiro. Beleza. *Grifes*. Mais tarde, ela troca o vestido de noiva por um feito de fibra de ouro verdadeira avaliado em quase 4,5 milhões de dólares. Depois, os dois irão para a suíte de núpcias, que custa mais de 4 mil dólares por noite.

Mas, primeiro, há champanhe e fogos de artifício. O evento todo é uma fantasia, e todos os convidados são *alguém*: importante, rico, deslumbrante, ou todas as alternativas anteriores. Exceto um. Trata-se de uma moça da classe trabalhadora que nasceu a centenas de quilômetros dali. Mas ninguém sabe disso. As pessoas acham que ela é uma igual. E, se suspeitam, ficam de boca fechada. Melhor não saber. Champanhe, por favor.

Wang Ti era uma garota comum de Dalian, uma cidade portuária no extremo sul da província chinesa Liaoning. O pai dela era faz-tudo. A mãe era caixa de banco.

Havia muita gente igual a ela em sua cidade natal. Havia muita gente igual a ela por todo o mundo, na verdade. Pessoas comuns, nascidas em famílias comuns. Mas então havia os outros... os sortudos. Os atletas que ganhavam medalhas por seu país e eram recompensados com fama, roupas de ouro e balões de ar quente. As atrizes com seus rostos perfeitos que levavam para casa cem vezes mais dinheiro do que suas conterrâneas comuns. Na China, talvez os mais sortudos fossem o grupo de pessoas conhecido como "princelings": os filhos e filhas hiperprivilegiados da antiga Guarda Vermelha. Essas pessoas eram a nata da nata, a "nobreza vermelha", e eram tão impressionantemente ricos e tão infinitamente poderosos que nunca cometiam erros; ou, ao menos, nenhum que não pudesse ser acobertado pelas conexões de seus pais. Eles estavam tão acima de pessoas como Wang Ti que daria no mesmo se morassem na estratosfera.

Quando jovem, Wang Ti se casou com um jogador de futebol profissional chamado Wang Sheng — o que significava que seu estilo de vida se tornou mais glamouroso do que aquele no qual ela nascera. Wang Sheng, que jogava pelo time Dalian Shide, ganhava um bom dinheiro, especialmente se contássemos com seu generoso bônus anual, e, como sua esposa, Wang Ti podia tirar proveito disso. Não demorou até que ela começasse a se encaixar no papel da esposa do jogador de futebol. Ela comprou um carro chique e uma bolsa de marca. Os dois se mudaram para uma casa cara. Wang Ti descobriu que levava jeito para a coisa: as roupas chiques, a ostentação. As esposas do time se chamavam de "Grupo das Sras.", e mesmo que todas tivessem dinheiro, Wang Ti se destacava como a mais elegante.

Ela e o marido tiveram uma filha, mas, em 2008, o casamento apresentava sinais de desgaste. Wang Sheng já não jogava tanto; fora transferido para outro time que estava atolado com questões legais. E talvez os problemas do casal fossem ainda mais profundos. Talvez Wang Ti quisesse mais, muito mais do que o marido podia lhe dar. O relacionamento foi ruindo até que Wang Ti saiu de casa definitivamente. Ela correu para a capital da China, uma cidade que prometia perigo, romance e empolgação — e tantas grifes quanto o dinheiro pudesse comprar.

Pequim era uma cidade bifurcada. Por um lado, era tão sufocada pela fuligem dos veículos, das usinas de carvão e da expansão urbana que podia ser perigoso até pisar fora de casa. ("Pequim não é uma cidade habitável", declarou seu prefeito em 2015.) Por outro lado, era uma metrópole gloriosa e irresistível a qualquer jovem ambiciosa, uma terra dos sonhos onde se podia comprar tudo com dinheiro — até ar limpo. (Em 2014, as escolas privadas mais exclusivas começaram a construir domos gigantes em volta de seus edifícios para proteger os pulmões dos alunos.) Quando Wang Ti se mudou para lá, a poluição era tão ruim que cobria até o sol. Mas quem precisa do sol quando Pequim tinha acabado de ser anfitrião do evento mais glorioso e brilhante de todos: os Jogos Olímpicos de Verão de 2008?

Para uma mulher que amava atletas, a Pequim enlouquecida pelas Olimpíadas devia ser um paraíso. As festividades foram as mais caras de todos os Jogos Olímpicos até então, totalizando 6,8 bilhões. Só a cerimônia de abertura foi uma orgia de excesso futurístico: um ginasta correu pelo ar, suspenso por fios, para acender a Pira Olímpica, enquanto tecnologias de modificação meteorológica literalmente impediram a chuva de chegar. Quando a competição começou, a China continuou impressionando o mundo, levando mais medalhas de ouro do que qualquer outro país. E depois que o espetáculo todo acabou, muitos dos atletas permaneceram em Pequim para se recuperar — e celebrar.

Wang Ti alugara uma casa em uma área prestigiada da cidade e estava pronta para começar a socializar. Por mais que não se desse bem com o marido, ainda se beneficiava de seu status de atleta profissional e, em outubro, compareceu a um casamento repleto de celebridades na casa dele. Lá, descobriu que os convidados eram muito de seu gosto. Estava cercada de atletas olímpicos — vitoriosos, festeiros e belos — e, durante a cerimônia, se viu sentada ao lado de um particularmente satisfatório.

O vizinho de assento era um ginasta sexy chamado Xiao Qin, radiante pelo sucesso depois de conquistar duas medalhas de ouro para seu país. Ele era tão bom no cavalo com alças que as pessoas o chamavam de "Deus do Pônei". Suas vitórias recentes tinham sido especialmente saborosas, já que era esperado que Xiao Qin levasse o ouro nas Olimpíadas de 2004, mas ele perdera a chance ao tropeçar durante a primeira etapa da competição. Em Pequim, depois de vencer, ele bradou: "Mereço umas férias!".

Wang Ti olhou para Xiao Qin — agora de férias — e gostou do que viu. Encará-lo era como ver o sol em um dia sem poluição, se o sol tivesse bíceps torneados e maçãs do rosto deslumbrantemente proeminentes. Xiao Qin olhou para Wang Ti e também gostou do que viu. Quem não gostaria de se sentar de frente para uma bela garota em uma festa de casamento, radiante pelo sucesso (e talvez por uma ou duas taças de champanhe), sentindo o calor daquele olhar sobre si? Era uma época idílica para ele; era adorado pelo país e considerado deslumbrante por mulheres de todo canto. Ele pediu o telefone de Wang Ti.

Três dias depois, Wang Ti estava em um karaokê com suas amigas quando Xiao Qin apareceu. Os dois bateram papo, flertaram. Ele tentou segurar a mão dela por baixo da mesa. "Nós dois tínhamos bebido um pouco", contaria ela mais tarde, "e eu o achava bonito, então deixei." Wang Ti disse que estava tendo problemas no casamento, e Xiao Qin escutou, empático. Ela se viu deslumbrada pela forma como o Deus do Pônei se movia pelo mundo. Ficou especialmente impressionada no final da noite, quando ele chamou um carro blindado para buscá-lo. Começaram a se ver mais e mais. Chegou um momento em que ele a levou para uma concessionária da BMW e perguntou que cor de carro ela preferia. *Vermelho*, disse ela. Ele respondeu: "Então aquele vermelho vai ser seu".

Claramente, Xiao Qin era um homem que não se comparava ao péssimo jogador de futebol que ela deixara em Dalian. Era um homem que valia a pena conhecer. Então Wang Ti foi para casa e fez uma transformação no visual.

Agora que tinha um atleta olímpico no alvo, tornou-se vital que Wang Ti parecesse abastada e importante. Precisava de grifes... e de uma bela história de vida. A primeira coisa era mais fácil de resolver. Sua convivência com o Grupo das Sras. lhe ensinara a importância de parecer glamourosa, então agora, toda vez que via Xiao Qin, ela se certificava de estar portando uma bolsa cara, usando um relógio chique e dirigindo um elegante Audi TT. Carros eram um enorme símbolo de status pelo país — a China era um lugar onde a maioria dos cidadãos nunca sonhara em ter um automóvel até o início dos anos 1980 —, e Audis em particular eram tão populares que havia um dizer: "Homens amam Audi como mulheres amam Dior". Wang Ti conhecia o poder de ambos. Eram marcas que acobertavam uma multitude de pecados e preveniam uma multitude de perguntas.

A história por trás, no entanto, era mais problemática. Wang Ti estava pagando pelos carros e pelas bolsas com dinheiro enviado pelo marido distante, que não fazia ideia de que ela voltara a sair em encontros. Por mais que os cheques dele a ajudassem a manter certo nível de extravagância, eles eram uma fonte de riqueza um tanto quanto constrangedora. *Essa besteirinha? Comprei porque eu e meu marido não estamos nos dando bem.* Para realmente se misturar com Xian Qin e seus amigos celebridades, Wang Ti não podia ser uma esposa de um jogador de futebol qualquer de Dalian. Ela precisava ser especial.

Com esperteza e cuidado, começou a sussurrar para seus novos amigos que tinha um segredo. Um segredo que envolvia sua linhagem. Wang Ti disse que era filha do político Li Changchun, integrante do Comitê Permanente do Politburo, o grupo de liderança política mais poderoso da China. Sua mãe era Lu Xin, vice-governadora da Província de Liaoning; e amante secreta de Li Changchun. Esse pedigree de fato a tornava alguém muito especial: uma *princeling*.

Os *princelings* da China tinham uma reputação de influentes, arrogantes, mimados e intocáveis, pois seus pais tinham lutado na revolução. Eles dirigiam carros chiques, saíam com modelos e escondiam sua riqueza em misteriosas empresas além-mar. Era como ser um Kennedy ou um Trump — o mundo simplesmente se abria para você. Quando um dos *princelings* da China bateu sua Ferrari, matando a si mesmo e ferindo duas modelos seminuas que estavam no carro com ele, seu pai arquitetou uma forma de acobertar todo o incidente, calando a mídia e enviando grande somas para silenciar a família das garotas. Esse era o tipo de poder de ser um *princeling*: mesmo depois de morrer, bastava um aceno da varinha de condão do papai para o passado ser apagado.

E agora ali estava Wang Ti, alegando ser um deles. Era uma jogada arriscada, mas um detalhe servia como uma rede de proteção muito inteligente. Ninguém poderia conferir a veracidade da sua história sem constranger seriamente dois políticos de alto escalão. O que eles fariam, chegariam para Li Changchun e lhe perguntariam se ele tinha mesmo uma filha ilegítima? "Uma questão muito delicada", definiu um de seus amigos mais tarde.

As grifes e a história funcionaram, e não demorou até que Wang Ti e o Deus do Pônei estivessem dormindo juntos; e então morando juntos. A notícia sobre o relacionamento se espalhou depressa pelos círculos esportivos da cidade e o novo casal começou a andar lado a lado com a nata dos olímpicos de Pequim. Jantavam com o time de mergulho. Tornaram-se melhores amigos dos ginastas Yang Yun e Yang Wei, que estavam noivos e tirando fotos de noivado ostentadoras para a *Cosmopolitan China*. Wang Ti e Yang Yun se deram bem de cara, e em pouco tempo ela estava ajudando a jovem ginasta a planejar o casamento, ao qual a noiva pretendia chegar num balão de ar quente. Como sinal de sua amizade, Wang Ti comprou uma BMW para a nova colega. Um gesto deveras extravagante, mas que ajudava a consolidar uma posição na constelação de amigos importantes de Yang Yun.

Mesmo que os amigos fossem mais abastados que Wang Ti, ela se sentia superior a todos eles. Era como estar novamente no Grupo das Sras.; em pouco tempo ela se viu no topo. "Eu achava que aqueles atletas se vestiam com mau gosto", comentou ela mais tarde. "Algumas de suas roupas eram até falsificadas." Em contraste, os amigos atletas achavam que Wang Ti era o suprassumo da sofisticação e importância. "Ela não era deslumbrante e suas roupas não eram espetaculares, mas dava para ver que eram muito caras", declarou um deles. "Sempre estava ao celular quando nos encontrávamos, falando de negócios ou grandes transações de propriedades. Achei que ela devia ter alguma posição de alto nível, bem longe da minha vida normal." Às vezes, ela aparecia dirigindo um Bentley conversível, o que nunca deixava de impressionar. Um de seus conhecidos lembrou que seus celulares eram sempre de última geração.

O conversível e as ligações criaram uma cortina de fumaça de riqueza que os amigos de Wang Ti nunca se deram ao trabalho de levantar para espiar. Afinal, quem não queria ser amigo de uma *princeling*? Por que se esforçar para procurar furos em sua narrativa? Naquele mundo rarefeito, não havia razão para bisbilhotar demais a vida financeira de ninguém. Bastava saber que eram todos jovem, ricos e belos. E, assim, as pessoas compraram a história de Wang Ti.

Conforme a relação progredia, Wang Ti descobriu que o Deus do Pônei tinha um gosto irritante por coisas caras. Ele gostava de carros, então Wang Ti comprou um Audi e uma Mercedes-Benz C200 para ele. Gostava de fazer compras com dinheiro em espécie, então Wang Ti sempre mantinha duas sacolas enormes de notas no apartamento. Na verdade, Xiao Qin era extremamente mimado, o tipo de pessoa que dá chilique quando não ganha o que quer. Se Wang Ti se recusasse a comprar alguma coisa, ele choramingava que sua *outra* namorada compraria. "Quando você compra coisas para mim, mostra que é uma namorada melhor", dizia, "e minha família vai ficar mais disposta a aprovar nosso relacionamento."

O apetite por itens de luxo criou um problema maior para Wang Ti: ela estava gastando tanto que o marido, ainda em Dalian, logo quis saber para onde estava indo aquele dinheiro todo. Ela disse que andava comprando presentes para os amigos, mas é claro que não podia lhe dizer que também comprava presentes para um namorado novinho em folha, com o qual morava junto. Em pouco tempo, Wang Ti se deu conta de que precisaria encontrar uma nova fonte de renda — e depressa, antes que Xiao Qin exigisse outro carro.

No meio-tempo, Wang Ti continuava cercada de todos os lados por uma opulência de outro mundo. Quando sua amiga Yang Yun finalmente se casou com o noivo ginasta, a coisa toda foi tão extravagante que atraiu críticas da imprensa. Do lado de fora do evento, as pessoas morriam de fome, mas dentro havia bolo, champanhe, fogos de artifício, um vestido feito de ouro de verdade. Para Wang Ti, comparecer àquele casamento — como amiga próxima da noiva, além do mais! — deve ter sido como estar em um conto de fadas. O ar que seus amigos respiravam era literalmente melhor do que o da maioria de seus conterrâneos. Agora que ela sabia qual era a sensação de estar tão perto do coração pulsante da riqueza chinesa, como poderia abrir mão de tudo?

Então, um dia, Wang Ti casualmente comentou com a amiga recém-casada que sabia de um pequeno apartamento disponível em uma vizinhança *muito* boa, e que ficaria feliz em negociar sua venda por uma fração do que o lugar de fato valia. Yang Yun reconhecia uma boa oportunidade de investimento quando via uma — ou assim pensava —, então deu a Wang Ti um pesado bolo de dinheiro em troca das chaves. O apartamento ainda não estava disponível, mas Wang Ti garantiu à amiga que o processo de compra e venda de propriedades como aquela era sempre muito lento. Havia papelada para preencher, a transferência de titularidade era demorada; detalhes entediantes, nada com que se preocupar.

Felizmente, Yang Yun não se incomodou com a espera. Na verdade, o negócio era tão bom que ela resolveu comprar uma segunda propriedade de Wang Ti, e então uma terceira.

Aí estava o novo esquema de Wang Ti para fazer dinheiro, e era terrivelmente simples. Ela dizia aos amigos que suas conexões de *princeling* permitiam que arranjasse carros de última linha e propriedades a preço de custo, então ela "vendia" para eles os carros e as propriedades, que ela não possuía — apenas alugava. Os amigos pagavam Wang Ti, que por sua vez continuava a pagar o aluguel aos verdadeiros proprietários por trás dos panos.

É claro, havia alguns momentos estranhos — como quando uma de suas vítimas notou que uma das "propriedades" de Wang Ti estava registrada no nome de outra pessoa —, mas ela sabia como reconquistar a confiança das pessoas. Ela as acalmava citando nomes importantes de oficiais do governo, ostentando sua Louis Vuitton e as lembrando de que era namorada do Deus do Pônei. Em seu nervosismo, para aqueles novos proprietários de imóveis, a visão do belo rosto de Xian Qin valia por mil transferências de titularidade aprovadas por advogados. As grifes eram sua armadura, e Xiao Qin era a melhor grife de todas.

Wang Ti vivia dias de luxo, mas também de ansiedade. À medida que o dinheiro entrava aos borbotões vindo de seus amigos famosos, ela continuava a comprar para seu igualmente famoso namorado tudo o que ele queria, e até o ajudou a quitar dívidas colossais com cartões de créditos. Estava desesperada para mantê-lo feliz. Quando Xiao Qin decidiu que queria abrir uma concessionária de carros de luxo, ela obedientemente patrocinou esse sonho. Mas as mentiras constantes estavam acabando com ela. Certos dias, tinha dificuldades para definir o que era real e o que não era. Wang Ti era proprietária daquele apartamento ou não? Ela estava com o Deus do Pônei ou com o jogador de futebol? Era filha de um faz-tudo ou a filha *princeling* bastarda de um dos políticos mais poderosos do país?

Enquanto mentia, e comprava e alugava mais e mais propriedades, Wang Ti não trabalhava sozinha. Ela arrumara uma cúmplice chamada Zhu Shuangshuang: uma agente com um caderninho de telefone repleto de celebridades, uma mina de vítimas em potencial. Na verdade, Zhu Shuangshuang havia comprado um imóvel de Wang Ti no final de 2009, então, depois de aparentemente ficar ciente do esquema, escolheu *não* ir à polícia e, em vez disso, começou a apresentar vários de seus clientes famosos à falsa *princeling*. Toda vez que Wang Ti fechava uma "venda", Shuangshuang recebia uma porcentagem dos lucros. As vítimas se estendiam para além dos atletas e incluíam celebridades como a atriz Wang Likun.

Então, de repente surgiu outra fonte de urgência na vida de Wang Ti: ela engravidou. Xiao Qin era o pai. (Ou, ao menos, foi o que ela alegou. Mais tarde, o bebê sumiria completamente do histórico.) Tecnicamente, Wang Ti ainda estava casada com o marido — eles se divorciariam em 2011 —, mas, com essa gravidez, ela adentrava mais e mais em sua nova vida. E Xiao Qin, apesar do papo de outras namoradas, planejava se casar com ela. Ela não poderia revelar sua história de vida verdadeira agora. Era tarde demais.

Em meados de 2009, Yang Yun já se cansara das infinitas táticas de enrolação de Wang Ti. A jovem ginasta queria se mudar para o fabuloso novo apartamento e, quando o fabuloso novo apartamento não se materializou, ela pediu o dinheiro de volta. Wang Ti conseguiu enrolar por mais um tempo fazendo-a se mudar para outro apartamento, que alegou pertencer à mãe; mas, em março de 2010, Yang Yun estava oficialmente de saco cheio. Estava decidida a se mudar e, quando não conseguiu entrar em contato com Wang Ti, ligou para o administrador da propriedade, que, por sua vez, ligou para o *verdadeiro* proprietário. O homem chegou e se apresentou. Yang Yun nunca o vira antes, mas uma coisa era certa: ele não era Wang Ti.

Quando Yang Yun contou às outras pessoas sobre o estranho encontro, o golpe da amiga rapidamente começou a ser desvendado. Em 20 de maio, diversas vítimas de Wang Ti a confrontaram em sua casa, exigindo ressarcimento. Essas pessoas a mantiveram refém por 24 horas, recusando-se a deixá-la comer ou beber enquanto ela implorava que tivessem misericórdia, dizendo estar grávida de sete meses. Depois que foi liberada, Wang Ti deu um jeito de pagá-los vendendo seu carro, suas bolsas de grife e até alguns ativos dos pais; mas, àquela altura, mais vítimas começavam a se dar conta de que tinham sido enganadas e começaram a exigir seu dinheiro de volta. Wang Ti se viu diante de uma espiral interminável de dívidas e celebridades furiosas. Então, implorou para que fossem em frente e a entregassem para a polícia, pedido recusado por todos. Ninguém queria envolver as autoridades. Queriam o dinheiro, e já.

O problema é que o dinheiro não *existia* mais. Wang Ti gastara quase 8 milhões de yuans em roupas, carros e presentes, enquanto Xiao Qin gastara 12 milhões, sobretudo em sua concessionária, que nunca se materializou. Era impossível restituir o dinheiro das vítimas. A situação era tão terrível que Wang Ti pensou em se matar; mas, em vez disso, continuou aplicando golpes, "vendendo" mais propriedades alugadas a fim de pagar os amigos e, com isso, criando novas vítimas no processo. O golpe não servia mais para comprar roupas novas; era um metaesquema que ela aplicava, exaustivamente, a fim de aplacar os furiosos. Era uma cobra comendo o próprio rabo.

Quando a polícia enfim bateu à porta, ela a recebeu com alívio.

Sete anos antes, uma golpista russa de cabelo bagunçado chamada Anna Sorokin havia sido presa na Califórnia. Sorokin vinha fingindo ser uma herdeira alemã chamada Anna Delvey, passeando pela cidade de Nova York com roupas de grife, comendo nos melhores restaurantes e comentando sobre como abriria uma fundação de arte. Toda essa persona era uma mentira, embasada em pouco mais do que seu guarda-roupa (Gucci, Yves Saint Laurent etc.), seus presentes generosos (gorjetas de cem dólares, refeições caras para os amigos) e sua pose confiante. Ela era uma ninguém da classe trabalhadora que queria ser uma alguém da classe alta. Alguém que, em meio à poluição de Manhattan, queria respirar ar rarefeito.

As semelhanças entre ela e Wang Ti eram espantosas. Suas histórias de vida humildes, as personas extravagantes, o uso de grifes famosas tanto como fantasia quanto como armadura. Mas, quando a mídia norte-americana começou a falar sobre o caso Sorokin — uma cobertura exaustiva de manchetes hiperbólicas como "Será que algum dia nos cansaremos de Anna Delvey?" —, ele era classificado muitas vezes como uma clássica história do Sonho Americano que dera errado. Matérias e mais matérias usaram Delvey para argumentar que os golpes eram um fenômeno distintamente americano, um subproduto da obsessão nacional por excepcionalidade e individualidade. "Em algum momento entre a Grande Recessão, que começou em 2008, e a terrível eleição de 2016, os golpes pareceram se tornar a lógica dominante do modo de vida americano", dizia uma matéria da *New Yorker*. A *New York Times Magazine* se referiu à "boa e velha trapaça" como "engenhosidade americana" em uma matéria, e aos trapaceiros como donos de um "espírito distintamente americano" em outra.

Os Estados Unidos certamente têm uma rica história de trapaças, mas há um quê de solipsismo na insistência da imprensa americana em tomar o fenômeno dos golpes para si. Qual é a diferença entre Wang Ti pendurando sua Louis Vuitton e Anna Sorokin afivelando sua Gucci? Ambas eram mulheres espertas e ambiciosas, que mentiram a fim de adentrar espaços nos quais, de outro modo, nunca seriam aceitas. Ambas sabiam o poder de uma bolsa cara, mas seu real poder ia muito além de uma familiaridade com nomes de grifes. As duas tinham uma sinistra consciência dos pontos fracos dos endinheirados: a ganância, a superficialidade, a recusa a questionar a narrativa de alguém que afirma ser *alguém*. E, é claro, ambas foram presas por isso. (Dando a ela seu crédito, Wang Ti era uma golpista melhor: ela fez trinta vezes mais dinheiro do que Sorokin, e sua sentença acabou sendo muito mais dura.)

Sim, era possível interpretar ambas como metáforas de seus países — Anna Sorokin como o Sonho Americano que descamba para a criminalidade, Wang Ti como o produto da obsessão chinesa por carros estrangeiros e *princelings* —, mas, no fim das contas, as duas eram representantes não de um desejo específico de um país, mas do desejo humano de maneira geral. Eram espelhos nada lisonjeiros de todos nós. Refletiam nossa necessidade de escalar a hierarquia social, nossa ânsia por ser adorado por pessoas importantes, nosso desespero por ser visto como *alguém*. Enquanto Wang Ti e Anna Sorokin mentiam sobre sua riqueza e vestiam suas armaduras de grife, elas infringiam a lei, mas, ao mesmo tempo, obedeciam a um ímpeto profundo e universal que desconhece barreiras.

A prisão de Wang Ti aconteceu em Dalian, sua antiga cidade natal. Uma de suas vítimas foi à polícia e, em março de 2011, os agentes foram buscá-la. (Sua cúmplice, Zhu Shuangshuang, fora presa no mês anterior.) Quando o julgamento de Wang Ti começou, os números expostos eram alarmantes: ela era acusada de roubar 60 milhões de yuans (mais ou menos 8,5 milhões de dólares) de 27 vítimas, a maioria extremamente famosa.

A princípio, Wang Ti assumiu uma fachada alegre, acenando para repórteres no tribunal enquanto Zhu Shuangshuang chorava desesperadamente às suas costas. Mas, quando chegou a hora de testemunhar, Wang Ti também começou a chorar. Disse que vinha praticando uma boa e necessária dose de autorreflexão no último ano e chegara à conclusão de que não *havia* conclusão. Ela não conseguia explicar o próprio comportamento. Por mais que seus golpes tivessem começado por um motivo concreto — o desejo de impressionar o namorado novo —, eles tinham saído de controle. A situação toda descambara para uma espiral de glamour e mentiras; um vórtice interminável e exaustivo.

"Estou muito envergonhada", disse ela. "Não consigo pensar em uma explicação razoável para o que fiz. Passei todos esses anos vivendo em um mundo de fantasia que criei para mim mesma. Uma mentira contada várias vezes acaba virando verdade e, no fim das contas, eu já não sabia mais distinguir uma coisa da outra." Wang Ti havia conseguido transformar seu mundo da fantasia em realidade, mas, no fim das contas, descobriu que, ainda assim, ele era terrivelmente insuficiente. "Passei todos esses anos tendo que mentir todo santo dia para as pessoas", confessou ela. "Foi exaustivo. Desde que fui presa, minha maior alegria é poder falar a verdade. Não preciso mais mentir."

Quando o promotor a pressionou para explicar por que seu golpe funcionara, Wang Ti ficou sem palavras. Mesmo que fosse o cérebro por trás de tudo, ela não conseguia descrever direito como conseguira se safar. Parecia perplexa com a ingenuidade da natureza humana, com nossa vulnerabilidade ao status social, nosso desejo desesperado de fugir da poluição. "Por que essas pessoas famosas acreditaram em você?", perguntou o promotor, e Wang Ti olhou para baixo antes de responder: "Não sei".

No fim das contas, suas vítimas não eram os únicos atletas chineses sendo vítimas de golpes. Na verdade, aplicar golpes nesse grupo específico se tornara uma espécie de fenômeno nacional. As pessoas especulavam que esses rapazes e moças eram vulneráveis a trapaças porque seu treinamento os havia isolado do restante da sociedade desde muito jovens. (Xiao Qin, por exemplo, começou a treinar aos cinco anos de idade.) Muitos deles nunca aprenderam como o mundo funciona fora do ginásio. Seu sucesso os deixara ricos, mas eram pessoas ingênuas. Quando uma das vítimas de Wang Ti falou com a imprensa logo depois do fim do julgamento, mencionou que o dinheiro que perdera era especial para ele. "Eu ganhei todo esse dinheiro vencendo as Olimpíadas", disse, com tristeza. "Foi um dinheiro suado."

Em 20 de novembro de 2013, Wang Ti foi condenada à prisão perpétua. Toda sua propriedade privada foi confiscada. Zhu Shuangshuang foi sentenciada a oito anos tanto pelo papel que desempenhou na fraude quanto por um terrível acidente de carro que provocou no início de 2010, no qual duas pessoas morreram. Ambas acabaram tendo a sentença reduzida por bom comportamento. Zhu Shuangshuang foi solta em 2018, enquanto a data de soltura de Wang Ti está agendada para 11 de novembro de 2035.

Xian Qin foi convidado a testemunhar no tribunal, mas não compareceu. Na verdade, o Deus do Pônei desapareceu por completo dos olhos do público. Ele foi rejeitado por seus amigos influentes. Vinha frequentando uma universidade pública, mas abandonou as aulas. Quatro anos depois do julgamento, uma foto dele surgiu na internet, e seu ganho de peso foi motivo de piada. "Um gorducho levando uma vida deprimente", alardeou uma manchete. Hoje em dia, Xian Qin faz pequenos trabalhos para se sustentar. As grifes foram vendidas, a purpurina desceu pelo ralo e a fantasia chegou ao fim.

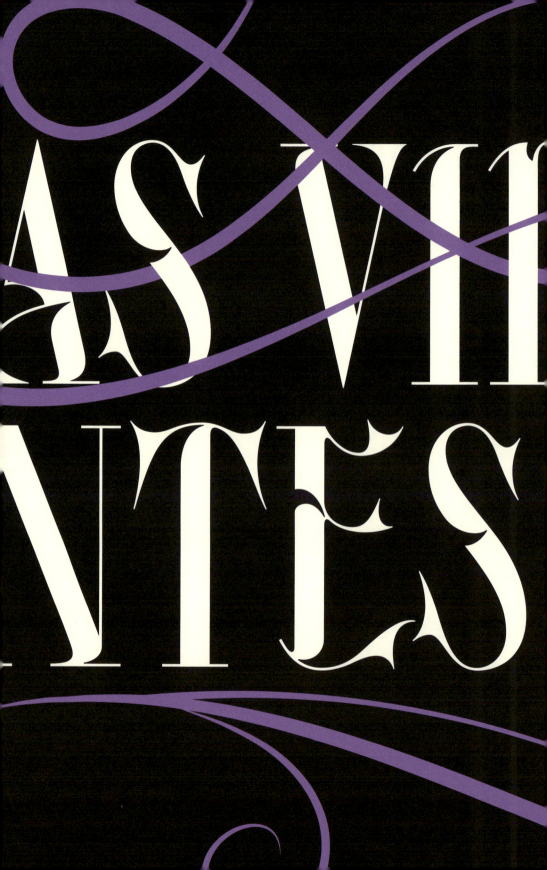

AS ESPIRITUALISTAS
FU FUTTAM
ROSE MARKS

MISCELÂNEA Dois lençóis ∾ Um quarto amarelo ∾ Numerosos feitiços ∾ 1.884.630 dólares em moedas de ouro ∾ Uma peruca dourada ∾ Muitos recados vindos do além ∾ A suposta fórmula do banho de espuma de Cleópatra ∾ Um juramento roubado de uma sociedade secreta ∾ Um tigre-de-bengala ∾ Três premonições aterrorizantes ∾ Um e-mail yahoo.com ∾ Uma referência bizarra a uma orquídea ∾ Uma propaganda começando com "A vida é um problema?"

AS ESPIRITUALISTAS

M UMA NOITE DE PRIMAVERA DE 1848, duas meninas entediadas decidiram fazer uma pegadinha com a mãe. Kate e Maggie Fox, de onze e catorze anos, eram bobas e criativas, mas moravam em uma cidade minúscula no norte de Nova York e só tinham a imaginação para entretê-las. Então, naquela noite, elas começaram a derrubar uma maçã no chão e arrastá-la por aí com um barbante. Descobriram que a técnica fazia a fruta emitir um som estranho. Um tipo de *clunk* suculento. Um som de impacto na noite. O tipo de barulho não identificável que apavorou a mãe delas. "Mamãe era uma mulher tola", disse Maggie décadas depois. "Era fanática. Digo isso porque é verdade. Ela acreditava nessas coisas."

Era empolgante ver a mãe ficar cada vez mais confusa em relação à origem do som misterioso, então as irmãs foram desenvolvendo novos truques: batucar na cabeceira da cama, estalar as articulações tão alto que parecia que os barulhos vinham das paredes. O fato de terem uma aparência pálida e frágil, exatamente o tipo de jovens etéreas que atrairiam companhias sobrenaturais, ajudou. A cada barulho, a mãe ficava mais e mais convencida de que estava na presença de... *outra coisa*.

Maggie e Kate a convenceram de que sabiam se comunicar com uma presença sombria: elas faziam perguntas, e o espírito respondia sim ou não com certo número de batidas. Outras vezes, elas soletravam frases recitando o alfabeto e esperando que o espírito batucasse em certas letras. Vizinhos apareciam aos montes para escutar e ficavam chocados quando o espírito parecia saber seu nome e quem eram, e ficavam ainda mais chocados quando o espírito explicava quem *ele* era. "Sou o espírito de um vendedor ambulante", dizia o suposto, alegando se chamar Charles, "morto há anos por um morador local e enterrado nesse mesmo porão!". Alguns homens corajosos desceram até lá em busca de evidências e voltaram horrorizados depois que suas pás reviraram fragmentos de ossos e mechas de cabelo. Simplesmente assim, eles acreditaram.

Quarenta anos depois, as irmãs Fox sucumbiram. Tinham acidentalmente iniciado uma religião que já alcançara milhões de seguidores e, por mais que fingissem se comunicar com os mortos, eram os vivos que não as deixavam em paz. "Nós éramos apenas criancinhas inocentes", alegou Maggie. "O que sabíamos? Ah... Acabamos sabendo demais!" Seus benfeitores vinham enviando caixas de champanhe para as duas havia décadas, e décadas de champanhe gratuito as transformara em alcoólatras. Kate e Maggie estavam cansadas das sessões espíritas, cansadas dos barulhos "misteriosos", cansadas de fingir que tinham acesso a outro mundo. A ironia era que agora, quando tentavam explicar seus truques às pessoas, ninguém dava ouvidos. Desde o início, o esquema fora bom demais. No começo, os vizinhos haviam revirado a casa de cima a baixo para descobrir de onde os barulhos vinham. Não encontraram nada, sequer uma maçã.

OS MORTOS

Faz séculos que humanos vêm tentando se comunicar com os mortos, mas quando se trata do Espiritualismo Moderno — nome da religião acidental das irmãs Fox —, 1848 foi o ano perfeito para uma ressurgência na popularidade da tentativa. Foi um ano de expansão, consumismo e invenções crepitantes, quando os americanos se afastavam de organizações religiosas e se aproximavam de ideias de ciência, progresso e materialismo. Foi o ano da Corrida do Ouro na Califórnia. O ano em que os Estados Unidos venceram a Guerra Mexicano-Americana e passaram a controlar todo o Sudoeste. Muitos americanos não se contentavam mais com a ideia de se sentar em bancos duros e rezar; eles queriam correr pessoalmente para o futuro, construir seus próprios deuses usando aços e fiações.

Mas isso era só metade da história, porque todo o aço do mundo nunca bastou para estancar o desejo desesperado da humanidade de acreditar em *alguma coisa*. Aqueles que abandonaram Deus se viam encontrando-o em lugares estranhos e novos; ou, se não estivessem exatamente procurando por Deus, estavam em busca de algo ainda mais incerto. Um sentimento de esperança. Um senso de conforto. O que os Estados Unidos precisavam para mitigar essas pessoas era um novo produto: algo tranquilizante, místico e quem sabe aplicável a um grande grupo.

Era o ano perfeito para os mortos acordarem.

No norte de Nova York, a notícia sobre como duas garotas da região tinham começado a falar com os mortos se espalhou depressa. A irmã mais velha, Leah, se deu conta de que era possível fazer muito dinheiro nesse negócio de comunicação com espíritos e, quase da noite para o dia, transformou as irmãzinhas de amadoras a profissionais. As garotas começaram a cobrar por sessões espíritas e logo se mudaram para a cidade de Nova York, a fim de alcançar um público maior. Quando começaram a ganhar muito dinheiro, outras pessoas milagrosamente começaram a descobrir que também sabiam se comunicar com os mortos. Em pouco tempo, esses médiuns espiritualistas brotavam por todo país, e depois pelo mundo. Era uma verdadeira corrida espiritual.

No período curto de quatro anos, havia 2 mil psicógrafos só nos Estados Unidos — ou seja, médiuns que escreviam recados dos espíritos —, além de uma variedade de médiuns especializados em coisas como pintura de espíritos, fotografia de espíritos e música de espíritos. Outros conseguiam fazer móveis flutuar ou produzir figuras pálidas que espreitavam de um canto do salão. Todos explicavam que cada nova técnica era um "dom" dos espíritos, e, à medida que esses "dons" tornavam-se mais e mais elaborados, as plateias tornavam-se mais e mais cativadas. Era muito bom quando os mortos se pronunciavam para dizer que sentiam saudades, mas era ainda mais empolgante quando faziam uma mesa levitar ou começavam a tocar o banjo inexplicavelmente.

Havia muitos médiuns espiritualistas do sexo masculino, mas, desde o início, o movimento parecia ser projetado para mulheres. Foi inventado por duas garotas, afinal, e era baseado em emoção e intuição, totalmente diferente do mundo da ciência dominado pelos homens. Médiuns deveriam ser canais passivos para os espíritos, e isso se encaixava com a ideia da época de que as mulheres eram entes vazios. Em um nível puramente estético, o Espiritualismo Moderno passava uma impressão suave e feminina: crentes se reuniam para as sessões em salas iluminadas por velas, davam as mãos, choravam quando recebiam recados dos seus amados. As performances podiam ser um tanto eróticas também, ao menos de acordo com os padrões da época. Em um mundo em que rapazes eram incentivados a cortejar mulheres com "as roupas de linho limpas e arrumadas, o colarinho abotoado e a gravata no lugar", essas sessões eram uma chance de se libertar de tamanho rigor ao menos por uma noite. Em que outro momento você teria a oportunidade de se sentar em um cômodo abafado e escuro e pressionar a perna contra a da vizinha enquanto vozes desencarnadas ressoam ao redor, substâncias misteriosas jorram por todo lado e, se você tivesse sorte, um dedo gelado poderia acariciar sua nuca? Com empolgações como essa, quem se importava se o tio morto estava assistindo do canto da sala?

Por tudo isso, o Espiritualismo se provou não apenas uma fonte de conforto para almas enlutadas, mas uma fantástica forma de moças confiantes realizarem seus sonhos.

"UMA MULHER RESPONSÁVEL POR LARES DESTRUÍDOS E VIDAS ARRUINADAS"

No fim dos anos 1800, uma fazenda de laticínios em Rhode Island começou a repercutir graças aos reveladores sons de batidas que só poderia significar uma coisa: havia um espírito por perto. A única pessoa da fazenda capaz de se comunicar com ele era uma pequena e destemida empregada chamada Mary Ann Scannell, uma irlandesa com uma queda por vestidos caros e homens bonitos. Em pouco tempo, Mary Ann estava organizando sessões e invocando espíritos que sempre pareciam estranhamente interessados em melhorar a vida dela. Em uma dessas sessões, o espírito disse a um integrante da plateia para dar um vestido novo a Mary Ann. Em outra, insistiu que ela deveria se casar com o sobrinho bonitão do padre local. (Mary Ann era infame por sua obsessão por rapazes. Sua patroa, uma tal de sra. Kenyon, lembrou: "Ela tinha o costume de escrever cartas para si mesma com pedidos de casamento... Mantinha correspondência frequente com um jovem que ela alegava morar no Brooklyn. Temo que ele não fosse real".)

O sobrinho bonitão escapou das garras de Mary Ann, então ela deu continuidade às suas sessões, determinada a usar os espíritos para conseguir o que queria. À medida que sua fama crescia, ela começou a plantar amigos na plateia e então chocar a todos ao revelar detalhes íntimos de suas vidas. Além disso, como muitos colegas médiuns, Mary Ann pesquisava sobre a plateia de antemão para descobrir quem estava viúvo, quem acabara de se casar, quem acabara de perder a mãe, e assim por diante. Espiritualistas tinham uma palavra em inglês para esse tipo de coleta de informação: *medicine*.

Naquele momento, a melhor maneira de fazer dinheiro como uma médium era assumir qualquer tipo de cliché feminino desejado pela plateia. As sessões não eram lugar para uma mulher com um terno elegante e uma atitude forte. Ah, não! Algumas médiuns adotavam uma estética frágil e doente, como se falar com fantasmas drenasse a vida de seus delicados corpos. Outras enfatizavam a sensibilidade e a inteligência emocional:

Kate Fox passou meses fazendo consultas individuais com um banqueiro que sofria pela morte da esposa. Mary Ann pareceu optar pela estética da materialista alegre; ou ao menos ela não se dava ao trabalho de esconder seu materialismo. Percebendo a expansão do Espiritualismo pelo país, a jovem empregada deve ter achado que poderia usar seus autoproclamados "dons psíquicos" para conquistar uma vida confortável, e usou desavergonhadamente seu trabalho como médium para encher o bolso. Por exemplo, disse a todo mundo que tinha uma "guia espiritual" nativo-americana chamada Olhinhos Brilhantes que — apesar de ser um espírito! — era capaz de falar no telefone, montar em um cavalo chamado Charley, comer doces e... depositar cheques. A ideia parecia ser a seguinte: se você preenchesse um cheque para Olhinhos Brilhantes, Mary Ann ficaria feliz em, hum, entregá-lo a ela.

À medida que a *"medicine"* de Mary Ann a ajudava a ganhar mais e mais dinheiro, ela arrumou tempo para seu outro hobby: correr atrás de homens. Às vezes esses homens já eram casados. (Um furioso grupo de espiritualistas locais declarou que ela era "responsável por lares destruídos e vidas arruinadas por toda a área da Nova Inglaterra onde morou".) Outras vezes eram deliciosamente solteiros. No começo dos anos 1900, Mary Ann já estava morando na cidade de Nova York e trabalhando como pastora na Primeira Igreja Espiritualista do Brooklyn, onde seus caminhos se cruzaram com o de um magnata chamado Edward Ward Vanderbilt; um *daqueles* Vanderbilt que acumularam fortunas com as ferrovias. Edward era viúvo, então Mary Ann começou a mandar para ele recados da falecida esposa. (Estranhamente, todas as cartas eram escritas com a letra de Mary Ann e continham selos de qualquer que fosse o local onde ela estivesse hospedada no momento.) Então, ela o apresentou a Olhinhos Brilhantes, que começou a incentivá-lo a encher Mary Ann de presentes: 5 mil dólares em espécie, mil dólares em joias e duas casas. Chegou um momento em que tanto Olhinhos Brilhantes quanto a falecida esposa de Edward começaram a insistir, de além-túmulo, que Edward deveria se casar com a jovem e alegre médium. (Era lindo ver dois espíritos tão unidos no mesmo objetivo!) Edward diligentemente se casou com Mary Ann em segredo e chegou a alterar seu testamento de forma a torná-la a única herdeira de sua fortuna de Vanderbilt.

Infelizmente, a vida real logo se meteu na fantasia fantasmagórica de Mary Ann. Quando os filhos adultos de Edward descobriram sobre o casamento, ficaram lívidos. A filha arrastou Mary Ann para o tribunal e tentou fazer o pai declarar insanidade e anular a união. Embora o julgamento tenha sido concluído a favor de Mary Ann, isso destruiu sua reputação, e ela nunca foi aceita na alta sociedade. Nunca teve a chance de herdar toda aquela riqueza também, pois morreu em 1919, sete anos antes de Edward.

Ainda assim, ela chegara bem longe em comparação à vida pregressa lavando baldes de leite em uma fazenda de laticínios. Depois de sua morte, seus seguidores lançaram uma lisonjeira biografia intitulada *Mary S. Vanderbilt: A Twentieth Century Seer* [Mary S. Vanderbilt: uma vidente do século XX], que declarava, em letras garrafais: "NA GRANDE LUTA ENTRE A LUZ E A ESCURIDÃO, MARY S. VANDERBILT ERA UM FAROL". Algo que ela *realmente* não fora, visto que sua luz tendia a iluminar apenas a própria carteira. Mas o simples fato de que ganhara uma biografia — com o sobrenome "Vanderbilt" na capa, ainda por cima — era um sinal extraordinário de como ela curvara os espíritos aos seus objetivos mundanos.

"A PASSAGEM GENITAL NÃO FOI USADA COMO ESCONDERIJO"

Apesar de milhares e milhares de pessoas acreditarem que essas novas espiritualistas diziam a verdade, havia outras determinadas a expô-las como fraudes. Os desmascaramentos começaram em 1852 e continuaram por décadas, frequentemente mais dramáticos do que as próprias sessões espíritas. Em 1853, um marceneiro admitiu que vinha fazendo mesas especiais com pernas ocas para médiuns havia anos, o que permitia que elas realizassem um dos truques mais icônicos: a mesa flutuante. Às vezes, esses desmascaramentos eram causados por furor religioso, como nas ocasiões em que grupos de irlandeses católicos irados invadiram sessões espíritas para perseguir os médiuns. Em 1887, um banqueiro cético organizou uma sessão em casa com o único propósito de desmascarar uma médium tresloucada chamada Elsie Reynolds. Quando um fantasma apareceu na escuridão e começou a dançar pela sala, o banqueiro acendeu a luz; e todos viram que o "fantasma" era a própria Elsie vestida com um lençol. Na verdade, o negócio dos desmascaramentos cresceu tanto que os médiuns começaram a contratar guarda-costas, chamados de "rebatedores", cuja principal função era ficar na escuridão e impedir as pessoas de descobrir seus truques.

Em 1894, uma nova e empolgante invenção invadiu o mundo do Espiritualismo: o "ectoplasma", uma substância pálida e gosmenta que frequentemente emergia do corpo dos médiuns. O ectoplasma era descaradamente sexual, ao menos na penumbra. Parecia, sendo sincera, sêmen. Se o dedo curioso de alguém da plateia cutucasse esse ectoplasma, o médium poderia choramingar ou tremer em resposta. A realidade do ectoplasma era bem menos atraente: alguns médiuns o produziam vomitando gaze ou papel mastigado, e houve um que escondeu o "ectoplasma" no próprio reto. Mas, se fossem crédulos de verdade, assistir ao ectoplasma emergir de seu médium favorito podia ser desesperadamente erótico.

Uma das médiuns geradoras de ectoplasma mais famosas foi Eva Carrière, conhecida por suas performances impressionantes. Eva tinha uma assistente, e possivelmente amante, chamada Juliette Bisson, que a ajudava a produzir um espetáculo um tanto homoerótico para salas cheias de homens alvoroçados. Antes de todas as sessões, Juliette informava os visitantes que cada cantinho e buraquinho do corpo de Eva — *cada* um deles — fora examinado para garantir que ela não estivesse escondendo nada. Então, na escuridão, Eva ficava nua. Sob o olhar da plateia que entoava *"donnez, donnez"* ("dê, dê"), Eva estremecia e respirava depressa, até finalmente produzir o muito aguardado ectoplasma, que poderia se derramar pela boca, escorrer dos seios ou emergir de seu genital como uma serpente se erguendo do cesto de um encantador.

Existem até registros fotográficos de Eva, nua, imersa em seu transe. Em 1913, um pesquisador psíquico e fotógrafo chamado barão Albert von Schrenck-Notzing publicou-as em um livro chamado *Der Kampf um die Materialisations-Phänomene*, que esconde seu âmago levemente erótico por baixo de uma fachada de inquérito científico. Juliette Bisson adorou fornecer a Schrenck-Notzing detalhes íntimos sobre o corpo de Eva, como se as particularidades sobre os ciclos menstruais da médium fossem ajudá-lo a descobrir se os mortos podiam ou não falar com os vivos. Em uma carta, ela descreveu uma ocasião em que assistiu a uma porção de ectoplasma ("parecida com uma orquídea") entrar na vagina de Eva e desaparecer. Eva também ficava feliz em reforçar o erotismo da "investigação" e uma vez perguntou a von Schrenck-Notzing se ele gostaria de lhe fazer um exame ginecológico para garantir que ela não estava fingindo nada. Foi o que ele fez, escrevendo a seguir: "Eu introduzi o dedo do meio da minha mão direita bem no fundo da vagina dela [...] Desse modo, é certo que a passagem genital não foi usada como esconderijo". Nas fotos das sessões de Eva, fica bem óbvio que ela está usando gaze e papel machê para conjurar seu ectoplasma e seus fantasmas, mas para homens como von Shrenck-Notzing, era bem mais excitante simplesmente se sentar na sala escura e acreditar.

Sim, para verdadeiros fiéis, todos os desmascaramentos do mundo não importavam. Portanto, com plateias dispostas a perdoá-las por quase tudo, essas médiuns detinham um poder. Ganhavam um bom dinheiro, se casavam com pessoas ricas e às vezes até se aventuravam pela política. Espiritualistas tendiam a ser bem progressistas, e médiuns davam sermões a favor da abolição da escravidão, da formação de sindicatos, dos direitos das mulheres e das crianças — alegando, como sempre, que os espíritos estavam falando por meio deles, de forma que, se você discordasse de sua visão política, deveria se entender com os mortos. Era uma amostra inteligente de subterfúgio diplomático. Os ectoplasmas eram nojentos, e o truque dos lençóis era bobo, mas, em muitas daquelas sessões, uma revolução fascinante estava em andamento.

"MÉDIUNS ESTRITAMENTE GENUÍNOS, HONESTOS E MUITO QUALIFICADOS"

Hattie Wilson era uma jovem negra que reconhecia uma oportunidade de negócio quando via uma. No final dos anos 1850, ela já se reinventara de maneira poderosa, saindo de um sistema de servidão por contrato para se tornar magnata dos tratamentos capilares. Seus produtos prometiam "recuperar o cabelo caído, acabar com a caspa, recuperar a cor original dos fios, curar inteiramente as dores de cabeça mais dolorosas; e, em algumas instâncias, os piores humores", e Hattie encheu os jornais da Costa Leste dos Estados Unidos com propagandas de "Mrs. Wilson's Hair Regenerator" e "Mrs. Wilson's Hair Dressing".

Mas cuidado capilar não bastava para a ambiciosa Hattie. Em 1859, ela publicou sozinha um romance de 131 páginas (só a autopublicação já teria sido uma enorme façanha naquela época). O livro era semiautobiográfico e foi intitulado *Our Nig; or, Sketches from the Life of a Free Black, in a Two-Story White House, North. Showing that Slavery's Shadows Fall Even There* [Nosso preto, ou esboços da vida de uma negra livre numa casa branca de dois andares no Norte. Mostrando que as sombras da escravidão chegam até lá]. Infelizmente, o livro não vendeu bem, visto que nortistas brancos não gostaram de toda a parte de "as sombras da escravidão chegam até lá". O verdadeiro nome de Hattie não estava na capa, então a maioria dos leitores presumiu que o livro tivesse sido escrito por uma pessoa branca, provavelmente homem. Por mais de um século, ninguém soube que Hattie era a verdadeira autora, até que o acadêmico Henry Louis Gates Jr. revelou seu nome, em 1982. Hoje em dia, o livro é reconhecido como uma conquista monumental: o primeiro romance publicado por uma mulher negra nos Estados Unidos.

Mas, naquela época, com o fracasso de vendas do livro, Hattie precisava encontrar outra fonte de renda. Por sorte, ela encontraria uma indústria que recebesse mulheres de braços abertos, uma indústria progressista dentro da qual uma mulher negra poderia criar seu próprio nicho. Então, nos anos que sucederam à Guerra Civil, Hattie sondou um país abalado, notando um mercado crescente para médiuns espiritualistas, onde decidiu ocupar um lugar à mesa. (De uma perspectiva morbidamente empresarial, a era pós-Guerra Civil foi uma época ótima para ser médium. A guerra custara algo em torno de 620 mil homens, então não existia uma só cidade americana onde alguém não desejasse falar pela última vez com um filho, irmão ou marido falecido.)

De 1867 até a década de 1880, Hattie se apresentou e deu palestras como médium, alegando ter descoberto seus dons ao se comunicar com o falecido pai e construindo um nome de peso nos círculos espiritualistas. Seu nome aparecia em publicações da área e ela se apresentava ao lado de espiritualistas homens e brancos. Parece evidente, a partir dos poucos registros históricos restantes que a mencionam, que Hattie Wilson era reconhecida e acolhida pelo movimento espiritualista. Um escritor incluiu-a em uma lista de "médiuns estritamente genuínos, honestos e muito qualificados" que demonstravam competência em "materialização de formas": um dos truques mais difíceis da profissão, onde um médium faria um espírito inteiro se materializar e interagir com a plateia. No começo de 1875, Hattie organizou uma festa de arromba de Ano-Novo, com jantar, dança e uma apresentação mística dela mesma. Um jornalista convidado declarou que "o espírito empreendedor e a generosidade de Hattie foram elogiados por todos que tiveram a sorte de estar na ocasião". Muitos anos depois, Hattie chegou até a fundar uma escola espiritualista para crianças, embora o empreendimento não tenha durado muito. Ela recebeu "círculos" em casa até 1898, dois anos antes de morrer.

Mas médiuns espiritualistas negros, como Hattie, nunca foram tão imortalizados, fosse positiva ou negativamente, quanto médiuns brancos. Sim, o movimento espiritualista podia ser bem progressista, mas ainda havia divisões internas. A National Spiritualist Association of Churches [Associação Nacional Espiritualista das Igrejas] foi fundada em 1893, mas logo segregada internamente, e, em 1922, os espiritualistas negros formaram a National Colored Spiritualist Association of Churches [Associação Nacional Espiritualista de Cor das Igrejas]. Os dois movimentos avançaram por caminhos paralelos, porém distintos, e médiuns negros caíam no esquecimento após o fim da carreira.

Isso explica por que sabemos pouquíssimo sobre Hattie Wilson como médium hoje em dia. Sabemos apenas que ela era boa.

Ainda assim, é notável imaginá-la se dirigindo a salas repletas de homens brancos, atraindo sua atenção ao fazer espíritos inteiros surgirem do nada. Era quase certo que estivesse usando truques para enganar a plateia — afinal, o Espiritualismo Moderno em si nascera de um truque —, mas, de certos ângulos, esse tipo de enganação não parecia tão sinistro. Seria de alguma forma algo muito pior do que as indústrias vagamente espirituais contemporâneas, com suas lojas de cristais e leituras de cartas de tarô? Importava de verdade que as pernas da mesa fossem ocas e o ectoplasma fosse gaze mastigada, desde que as pessoas encontrassem consolo verdadeiro durante as sessões? Não era meio incrível que esse movimento permitisse uma melhoria de vida às mulheres?

Sim, às vezes, os truques eram inofensivos. Positivos, até. Mas havia também as outras vezes.

"DA FORMA MAIS CRUEL"

Ann O'Delia Diss Debar chegou nesta terra com pouca celebração e desapareceu sem deixar traços. Mas, durante os anos em que *esteve* nas notícias, ela estava *sempre* nas notícias. Sinceramente, era uma mulher que dificilmente passava despercebida. Era muito baixa, muito corpulenta e tinha uma queda por roupas extravagantes, então, estivesse atendendo como Vera P. Ava, ou Swami Viva Ananda, ou Madame Laura Horos, era possível vê-la se aproximando a mais de um quilômetro de distância com suas togas brancas e perucas douradas. Também era possível saber exatamente onde ela estivera. O ilusionista Harry Houdini, que era cético em relação aos espiritualistas, escreveu que Ann "deixava um rastro raras vezes comparável de tristeza, carteiras vazias e moral abalado".

Ann vivia alegando ser alguém que não era. Apesar de ser uma ninguém branca e pobre nascida no Kentucky, dizia ser filha do rei Luís da Baviera com a famosa dançarina Lola Montez. Na vida adulta, saiu à solta pelo país, tapeando qualquer um que caísse em suas garras. Fingiu ser da realeza europeia, mentiu para uma série de maridos, passou um tempo num hospital (onde tentou matar um médico), foi jogada num manicômio, puxou o cabelo de alguém na Filadélfia, ganhou a reputação de "beberrona de cerveja" em Kansas City, fingiu estar morta em Dayton — e essa foi só a ponta do iceberg Diss Debar. Não é preciso dizer que ela vivia fugindo de uma ou outra cidade, perseguida por hordas furiosas de moradores locais, homens da lei e amantes.

Apesar de absurdos como esse, foi só perto dos quarenta anos que Ann foi parar no jornal. Na cidade de Nova York ela se apresentou como uma médium espiritualista para um advogado famoso chamado Luther R. Marsh que sofria pela morte tanto da esposa quanto da amante. Ann conquistou a confiança de Luther entregando recados das duas falecidas e amadas mulheres, então o impressionou criando "pinturas de espíritos": pinturas a óleo que ela comprava de um mercador, cobria com uma camada de giz branco, e que então "pintava" com a ajuda de "espíritos" anciãos ao esfregar uma esponja encharcada de fluído removedor. Seus truques funcionaram maravilhosamente bem na mente suscetível de Marsh, e aos poucos ela o convenceu de que os espíritos *realmente* queriam que ele lhe desse uma mansão. Ele acatou, transferindo as escrituras da própria casa para Ann, mas detetives locais começaram a suspeitar de seu comportamento. Em abril de 1888, ela foi presa por conspiração e fraude e condenada a seis meses de prisão.

Esses seis meses não ajudaram muito a mitigar seu espírito trapaceiro. Depois de ser solta, ela apareceu em Boston com uma peruca dourada alegando ser uma viajante internacional chamada Eleanor Morgan. Então seguiu para Chicago, fingindo ser uma mulher rica e devota das causas humanitárias chamada Vera P. Ava. Foi expulsa da Itália depois de enganar uma colônia inteira de expatriados americanos espiritualistas. Em 1899, se materializou em Nova Orleans com um marido mais recente e mais jovem chamado Frank Dutton "Theodore" Jackson, e os dois saltitaram pela cidade alardeando a fundação da "Ordem do Mar de Cristal", na Flórida, na qual os integrantes poderiam "vencer a morte por meio de uma dieta de frutas e oleaginosas". Como parte dessa ordem, Ann e Theodore prometeram fazer uma peregrinação à

Índia, onde — atenção, — inventariam uma bateria magnética tão poderosa que forçaria Deus em pessoa a aparecer.

A Ordem do Mar de Cristal nunca deslanchou. Em vez disso, Ann e Theodore receberam trinta dias na cadeia por praticar clarividência e depois foram expulsos da cidade. Mas os dois viajaram para a Índia mesmo assim, onde Ann tirou uma foto com um tigre-de-bengala, e então para a África do Sul, onde ela fingiu ser uma médica chamada Swami Viva Ananda. No começo de 1901, o casal se instalara em Londres, pronto para fincar suas raízes profundas e nefastas.

Até esse ponto, as artimanhas de Ann pareciam um pouco tolas. As perucas douradas, a dieta de frutas e oleaginosas, a bateria evocadora de Deus... Era difícil ficar ultrajado com qualquer uma dessas coisas. Como observou um jornalista contemporâneo, Ann não *parecia* má. Na verdade, ela parecia apenas "um espetáculo jocoso". Mas, em Londres, tudo mudou. Em Londres, Ann saiu à caça.

Ela começou a publicar anúncios em jornais com o objetivo de atrair garotas ingênuas do interior para encontrá-la na cidade. Os anúncios diziam: "Cavalheiro estrangeiro de 35 anos, educado, atraente e financeiramente independente deseja encontrar dama de posses com propósito de matrimônio". Quando jovens respondiam, Ann as convencia a viajar para Londres, onde chegavam assoberbadas pela cidade grande e pela visão da própria Ann, que então se apresentava como Madame Laura Horos; ou apenas Swami.

Ann explicava para todas as garotas que o "cavalheiro estrangeiro de 35 anos" era Theodore, que ele era "Cristo de volta à Terra e o único homem perfeito do mundo" e que ela era mãe dele. Explicava que ela e seu "filho" estavam formando algo chamado Liga Teocrática de Unidade e Pureza e que havia todo tipo de benefício em fazer parte dela, incluindo o casamento com Theodore e o "engrandecimento da humanidade" de forma geral. Ah! E mais uma coisa: se a jovem quisesse entregar todo o seu dinheiro, Swami se certificaria de investi-lo *apropriadamente*.

Quando as garotas concordavam em se juntar à liga, Ann as doutrinava com o seguinte juramento: "Na presença do Senhor do universo e do Salão dos Neófitos da ordem da Aurora Dourada no Exterior, regularmente reunida sob autorização dos Chefes das Grandes Alturas da Segunda Ordem, venho por meio deste jurar solenemente a mim mesma guardar segredo sobre esta ordem." (Ann não escreveu esse juramento; ela o roubou de uma sociedade secreta chamada Ordem Hermética da Aurora Dourada.) Ela vendava as garotas e as guiava por uma série de estranhos rituais até chegar à parte mais horrível: em certo momento, como parte da cerimônia, Theodore as estuprava sob o olhar de Ann.

"Mãe" e "filho" apresentavam o estupro como a chave da doutrinação. Era necessário, argumentava Ann, para que as garotas se abrissem a "qualquer revelação da verdade que garantisse a salvação". Theodore também encurralava as garotas em outras ocasiões, convencendo-as a deixar que as tocasse ao falar sobre como definitivamente se casaria com elas. Ele lhes dava bebidas estranhas que as deixavam grogues ou colocava as mãos nelas de forma a deixá-las hipnotizadas. As jovens ficavam assustadas, sentiam-se confusas e sozinhas. Mesmo que Ann tivesse múltiplas jovens morando ao mesmo tempo em sua casa, todas sendo submetidas aos mesmos "rituais" e todas convencidas que *elas* eram a noiva de Theodore, nenhuma se confidenciava com a outra. Uma das vítimas declarou que a experiência a fez sentir-se "um tanto impotente".

Quando alguém finalmente foi à polícia e Ann e Theodore foram presos no outono de 1901, os dois fizeram um show e tanto no tribunal. E, em resposta, o tribunal dava risadas. Ann fazia papel de ridícula — insistiu em ser a própria advogada, como tantos narcisistas antes e depois dela, e pavoneou pela sala numa "toga de seda branca suja e enlameada". Theodore alegava que não podia ser um estuprador porque fizera uma operação que "tornou impossível que eu seja qualquer coisa além de celibatário". Ambos gritaram no tribunal: Theodore chamou os espectadores de "répteis" e Ann gritou: "Monstra!" para uma das testemunhas.

Ainda assim, essas palhaçadas — e a risada resultante — não foram o suficiente para esconder a natureza sombria de seus crimes.

Várias de suas vítimas depuseram e os detalhes eram tão sórdidos que os jornais se recusaram a publicá-los, relatando em vez disso como as garotas "descreveram em vozes praticamente inaudíveis os atos depravados do prisioneiro do sexo masculino, tão revoltantes que sequer podem ser mencionados". Ficou evidente, por meio dos depoimentos, que Ann era tão culpada quanto o marido, tendo alcovitado, assistido e até instruído as garotas. Como concluiu um jornal: "A esposa parece tê-lo ajudado da forma mais cruel".

Por seus crimes, Ann foi condenada a sete anos de prisão com trabalho pesado enquanto Theodore recebeu quinze. Ela ganhou liberdade condicional em 1907 por bom comportamento e voltou na mesma hora para os Estados Unidos a fim de retomar seus golpes. Em Detroit, fundou um culto como "Mãe Elinor, Rainha da Casa de Israel", depois fugiu com aproximadamente 10 mil dólares em dinheiro e joias de seus fiéis seguidores. Voltou para a Costa Leste e fundou ainda mais um culto chamado Nova Revelação, que imprimia todo seu material em papel roxo e com tinta roxa. Nessa época, ela se chamava de "A-diva Veed-ya", mas todos a reconheciam como Ann. Quem mais daria uma coletiva de imprensa sentada em um trono todo branco? Quem mais declararia que viveria para sempre porque não comia carne? Quem mais começaria seu discurso com: "Queridíssimos, não preciso de apresentação"?

Em certo momento, a energia de líder de culto de Ann se esgotou. Como um espírito se esgueirando para fora da sessão e descartando seu lençol, a perigosa médium desapareceu dos jornais. Em 1913, o *Washington Post* declarou: "O paradeiro de Ann O'Delia Jackson, que tem agora mais de sessenta anos, é desconhecido pela polícia. É provável que ouviremos falar dela a qualquer momento, em qualquer parte do mundo, com uma nova lista de vítimas". Havia uma variedade imaginável de finais para uma das espiritualistas mais sinistras e audaciosas já conhecidas. Ela podia ter se mudado para outro continente para dar início a outro culto. Podia estar na prisão. Podia estar trabalhando arduamente naquela bateria magnética que invocaria Deus. Ou talvez já tivesse se aposentado e estivesse comendo apenas frutas e oleaginosas. Sim, era tentador rir dela. Sua carreira fora formada por uma longa série de ilusões bobas, fantasias ultrajantes e baboseiras pseudorreligiosas. Mas tudo isso se provou a cortina de fumaça ideal para encobrir sua verdadeira natureza sombria — uma que ela usou, por fim, para escapar.

OS MORTOS, REVISITADOS

Quando chegaram aos cinquenta anos, as irmãs Fox já estavam cansadas do Espiritualismo. Tinham sido as altas sacerdotisas do movimento, mas a vida não pegara leve com nenhuma das duas. Eram viúvas e alcoólatras. Morriam de raiva da irmã mais velha, Leah, por transformá-las em celebridades. E eram atormentadas pela culpa de ter enganado tantas pessoas enlutadas. Antes de cada sessão, Maggie murmurava: "Vocês estão me levando para o inferno".

No outono de 1888, alguns meses depois do julgamento de Ann pela "pintura de espírito", Maggie apareceu na Academia de Música de Nova York para fazer um discurso. E nessa ocasião, ela faria o impensável: revelaria todos os detalhes sórdidos de uma carreira de golpes de quatro décadas. Kate estava na plateia, assentindo enquanto a irmã falava. "Depois de eu desmascará-lo, espero que o Espiritualismo seja exterminado de vez", declarou Maggie no palco. "Eu fui a pioneira dessa área e tenho o direito de desmascará-la."

Então contou à plateia sobre a maçã, sobre a mãe ingênua. Disse que, depois do sucesso com o truque da maçã, ela e Kate perceberam que poderiam produzir um som ainda mais assustador estalando discretamente os dedos dos pés. "Como a maior parte das coisas inexplicáveis quando esclarecidas, é impressionante como nossos truques eram fáceis de fazer", contou ela. "As batidas eram o resultado de um controle perfeito dos músculos abaixo do joelho, que comandam os tendões do pé e permitem um movimento pouco conhecido dos ossos do dedão e do tornozelo. Esse controle perfeito só é possível quando uma criança é ensinada desde nova a exercitar cuidadosa e continuamente esses músculos, que se tornam rígidos com a idade." Então ela ergueu a saia e começou a estalar os dedos dos pés no palco.

Se o Espiritualismo Moderno nascera com uma maçã, deveria ter morrido bem ali. Aquela declaração era como um pastor revelando que sempre fora ateu ou um presidente admitindo que não se importava com a Constituição. Ali estava a fundadora do movimento, uma mulher que convencera milhões de pessoas ao redor do mundo de que os mortos falavam, declarando que toda a religião era baseada em nada além de um pouco de penumbra e dedos dos pés estranhamente flexíveis. Para piorar, Maggie falou que tinha *tentado* acreditar, mas não conseguira. "Explorei o desconhecido tanto quanto é humanamente possível", disse a uma jornalista, angustiada. "Já me sentei sozinha em cima de um túmulo esperando que os espíritos dos que dormiam abaixo viessem até mim. Tentei receber algum sinal. E nada! Porque não, os mortos não voltam, assim como nada que vá para o inferno. É o que diz a Bíblia Católica, e é o que eu digo. Os espíritos não retornarão."

Mas o Espiritualismo não morreu naquela noite. Alguns espiritualistas insistiram que a confissão de Maggie havia sido causada pela influência de outros espíritos mais negativos. Outros disseram que ela não passava de uma médium ultrapassada tentando se lançar em uma carreira de palestras contra o Espiritualismo. Um ano depois da grande revelação, Maggie negou tudo. E bem quando o movimento começou verdadeiramente a decair, no começo dos anos 1900, a Primeira Guerra Mundial eclodiu, tirando milhões de vidas e concebendo toda uma nova geração de pessoas que ansiavam por ouvir os mortos.

Na verdade, apesar de décadas de desmascaramentos e imprensa negativa, o movimento vive até hoje — embora em números mais humildes. A National Spiritualist Association of Churches tem em torno de 2.500 integrantes, e alguns jovens, em busca de respostas e atraídos por sua estética reconfortante, estão voltando a experimentar o Espiritualismo. Talvez outra guerra, outra tragédia mundial, traga o movimento de volta com força total, junto com todas as mulheres espertas que o professam. Os mortos podem nunca retornar, como declarou Maggie Fox, mas o movimento em si fora trazido à vida graças ao poder do coração enlutado, que sempre batera sem parar por trás da fraude.

FU FUTTAM

nascida:
Dorothy Matthews

1905-1985

E M UMA TARDE LIVRE NA CIDADE DE Nova York no final de 1933, você provavelmente estaria mastigando uma barra de 3 Musketeers (recentemente inventado), bebericando um martini (recentemente legalizado) e folheando o jornal em busca de algo para distrair os pensamentos a respeito da Grande Depressão.

Passaria por anúncios de quartos mobiliados no Brooklyn ("Aquecimento a vapor, água quente, $2, $4, $4,50. Candidate-se depois das 16h"), avisos de vagas ("BARBEIRO procura uma ou duas jovens atraentes, personalidade agradável") e notas públicas agonizantes ("Sem responsabilidade por qualquer débito incorrido por Lelia Wheat [esposa]. Me largou há quatorze meses. — Clarence Wheat [marido]"). Humm. Nada chamava atenção. Nada ajudava.

Então, sob a seção "ESPIRITUALISTA", você a veria:

Fu Futtam, iogue científica da Índia Oriental. Ajuda milhares: negócios, amor, aflições. Está com problemas? Malsucedido? Infeliz? Venha a mim quando os outros fracassarem; leitura gratuita com a compra do Óleo do Sucesso da Índia Oriental ou o Óleo Sagrado de Moisés. Livro mágico espiritual de Fu Futtam, em todas as lojas.

Essa mulher misteriosa estava anunciando seus serviços, e seus óleos, em quase todas as edições do *New York Amsterdam News*, um dos maiores e mais antigos jornais afro-americanos do país. Era alguém que sabia se posicionar no mercado. E seu *timing* era perfeito. *Está com problemas?* Quem não estava, naquela época? A bolsa de Nova York quebrara havia quatro anos e naquele momento cerca de um quarto dos trabalhadores americanos estavam desempregados. *Malsucedido?* Bem ali, em Nova York, um terço das fábricas estava fechado, e 1,6 milhão de pessoas recebiam auxílio do governo. *Infeliz?* O Central Park estava cheio de barracos. As filas de pão cresciam. *Venha a mim quando os outros fracassarem.* Normalmente, você saberia que não deveria cair nesse papinho de forças ocultas. E talvez fosse culpa do martini, mas... Meu Deus, a mulher parecia falar diretamente com você.

A enigmática Fu Futtam, cujo nome se encontrava nas últimas páginas de tantos jornais dos anos 1930, caminhava na linha tênue entre golpista e empreendedora com uma habilidade que era incrível de se ver. Ela escapava da lei quase que inteiramente, ao contrário de suas irmãs trapaceiras. A maioria dos seus clientes parecia feliz com seus serviços; se ficassem infelizes, em geral não era o bastante para irem à polícia. Ela era uma gênia das relações públicas. Uma mulher de negócios por excelência. Mas é claro que não se podia acreditar em tudo o que dizia. Seus óleos não necessariamente traziam sucesso, nem tinham qualquer coisa a ver com Moisés. Ela não era da Índia Oriental. Mas seria isso um crime... ou só uma boa propaganda?

O verdadeiro nome de Fu era Dorothy Matthews, e ela chegara aos Estados Unidos para fazer fortuna assim como muitos outros empreendedores ligeiramente desonestos ao longo dos últimos séculos. A jovem Fu nascera em Kingston, Jamaica, em 9 de setembro de 1905. Sua mãe era negra, e o avô paterno era japonês. Essa herança asiática se tornaria um pilar de seu negócio, apesar de jornalistas frequentemente ficarem confusos sobre sua origem exata, e a própria Fu não ajudar em nada. Alguns alegavam que ela era chinesa. Fu gostava daquela apelação de "iogue da Índia Oriental", que inteligentemente ela usava como ferramenta de marketing. No mercado esotérico dos anos 1930, todo mundo fingia ter ascendência da Ásia ou do Oriente Médio, e estava particularmente na moda alegar conexão com a Índia ou o Egito. Era uma maneira de parecer mais exótica, o que, no mundo do esoterismo, significava parecer mais legítimo. Quem queria receber conselhos de uma velha Betty ou Shirley qualquer quando se podia visitar a loja de "DE Larz, A Garota da Índia"? Quem queria ter o futuro lido por Dorothy Matthews quando poderia o ter por "Fu Futtam"?

O mundo de Fu era um tanto expansivo. Ela viajara para o Panamá e o Japão e todos os cinquenta estados (ou assim dizia), tinha um "tio moderadamente rico" que lhe mandava dinheiro de vez em quando e, aos quinze anos, emigrara de vez para os Estados Unidos. Mas sua vida pessoal era atormentada por magia e medo. Ela alegava sempre ter sido suscetível a "ver visões e sonhar sonhos" e, aos dezessete anos, vislumbrou o futuro por um breve e aterrorizante momento. Estava noiva (na verdade, estava vestindo o traje de noiva) quando se sentiu tomada por uma onda de calor, e uma aparição do noivo surgiu diante dela. Quinze minutos depois, Fu descobriu que ele morrera num acidente de carro.

Quando jovem, Fu se instalou no Harlem, que acabou se mostrando o lugar perfeito para construir seu império. Nos anos 1920 e 1930, os bairros estavam apinhados de igrejas e cultos e lojas esotéricas, todas prometendo uma vida melhor aos passantes. Para os sofridos moradores do Harlem, essas videntes de lojas de rua e suas velas coloridas (roxo para autocontrole, rosa para felicidade celestial) eram um alívio bem-vindo da Grande Depressão. Toda aquela cena era exploratória, mirando em pessoas desesperadas e falidas, mas, no pior dos casos, oferecia conforto temporário para seus seguidores. ("Como viciados em drogas acostumados com seu estimulante especial, os devotos precisam tomar seu remédio esotérico", escreveu Claude McKay, escritor do Harlem Renaissance, que na época admitiu que ele próprio gostava de ir a sessões espíritas.) E ser um desses "'milagreiros' modernos", como chamou um jornalista, era um caminho de liberdade econômica genuína para muitas mulheres negras. Quer ou não você realmente fosse "A Garota da Índia" ou uma "iogue científica da Índia Oriental", simplesmente *dizer* sê-lo poderia ajudá-la a conseguir um salário decente em tempos difíceis. O mesmo jornalista escreveu que a cena esotérica era "um dos poucos negócios que realmente prosperaram no Harlem durante esse último período de estresse econômico".

Em meados de 1930, Fu já era uma das ocultistas mais bem-sucedidas da cidade; *a* mais bem-sucedida, de acordo com McKay. Ela fizera fortuna escrevendo uma série de "livros dos sonhos", que ajudavam leitores a interpretar sonhos, escolher números da sorte para apostar e lançar feitiços. Um jornalista observou que livros dos sonhos eram "tão universalmente lidos no Harlem quanto a Bíblia", e os de Fu eram vendidos em qualquer banca de jornal. Ela era tão bem-sucedida que tinha até imitadores: *Madame Fu Futtam's Magical Spiritual Dream Book* [O livro espiritual mágico dos sonhos da madame Fu Futtam] era o legítimo, mas havia a cópia de má qualidade *Madam Fu-Fu's Lucky Number Dream Book* [Livro dos sonhos do número da sorte da madame Fu-Fu]. Espertamente, os livros de Fu às vezes mencionavam *outros* produtos que ela vendia, da mesma forma como uma receita de biscoito impressa na embalagem de farinha exige que você também use o açúcar da mesma marca. O feitiço para se livrar de um amante era complicado e envolvia caminhar até os pés começarem a suar, encher o sapato esquerdo de vinho, espirrar esse vinho na entrada da casa, então abrir a porta de repente enquanto exclama: "Assim como meu juramento foi feito, meu pacto está quebrado". Mas não era só isso! O ritual todo *deve* ser feito, escreveu Fu, "queimando as velas sagradas especiais de Madame Fu Futtam".

Enquanto Fu alcançava a fama como médium espiritualista, autora e vendedora, a maioria das pessoas não conseguia deixar de notar sua belíssima aparência. Uma "voluptuosa autora de livros dos sonhos", descreveu um jornalista. "Uma jovem e atraente espiritualista com mais curvas do que uma trilha nas montanhas", escreveu outro. Um terceiro a descreveu como "Madame Fu Futtam, a cristalomante das curvas suntuosas e dos quadris bamboleantes".

Quadris bamboleantes? Havia uma razão, mais ou menos, para todo esse foco editorial em sua silhueta. Em 1937, veja bem, Fu aparecia em outras seções do jornal além dos classificados. Ela se envolvera em um triângulo amoroso extremamente dramático com as duas figuras mais famosas e controversas do Harlem. O homem? Sufi Abdul Hamid, um insurgente da classe trabalhadora apelidado de "Black Hitler", ou "Hitler Negro", que tinha uma queda por turbantes e capas coloridas. A mulher? Stephanie St. Clair, uma mafiosa glamourosa, arrogante e fã de casacos de pele apelidada "Madam Queen", ou "Madame Rainha". Sufi e Stephanie eram casados, mas Sufi e Fu tinham se apaixonado... e Stephanie estava engatilhando sua arma.

Stephanie e Sufi foram feitos um para o outro, ao menos em teoria. Ambos eram muito conhecidos por serem agitadores da comunidade. Ambos eram famosos pelo senso estético. E ambos estavam *sempre* se metendo em problemas.

Stephanie era quase dez anos mais velha que Fu, assim como sua rival, nascera em outro país — o arquipélago de Guadalupe, de domínio francês —, mas se estabeleceu no Harlem quando jovem. Não demorou até que chegasse ao topo da cena do crime organizado de seu bairro. Em vestidos estilosos e casacos de pele esvoaçantes, ela comandava uma gangue local chamada Quarenta Ladrões e começou a dominar um tipo de jogo de aposta clandestino que consistia em escolher números que apareceriam nas corridas de cavalos do dia seguinte. As pessoas se voltavam para os jogos pelo mesmo motivo pelo qual se voltavam para livros dos sonhos e velas cor-de-rosa: eram atividades que prometiam uma oportunidade rápida e barata de uma vida melhor. E Stephanie embarcou no jogo dos números pelo mesmo motivo que Fu embarcou no mercado do ocultismo: a promessa por dinheiro, e muito. Nos anos 1970, diziam que 60% da vida econômica do Harlem era financiada pelo jogo dos números, e que uma quantia que chegava a 1 bilhão de dólares era investida no jogo por toda a cidade.

De volta aos anos 1930, Stephanie estava pau a pau com os brancos mafiosos de Nova York, que salivavam por uma fatia de sua torta muito lucrativa. Ela amava o conflito, provocando competidores nos jornais e matando seus homens quando eles matavam os dela. Mas essa batalha estava fadada ao fracasso, e, em dado momento, a máfia tomou sua parte. "Isso me custou um total de 820 dias na cadeia e 750 mil dólares", contou ela ao descrever sua derrota. Stephanie estava fora da disputa, mas ao menos estava rica. Rezava a lenda que ela se aposentara do jogo como milionária.

Aposentada, Stephanie teve tempo para pensar no amor. Nenhum homem normal serviria para alguém apelidado de "Madame Rainha", é claro. Ela precisava de alguém extraordinário; e o encontrou. "A história de Sufi Abdul Hamid e Madame Stephanie St. Clair — uma das mais pitorescas vindas do Harlem — pode ser contada em poucas palavras", escreveu um jornalista. "Eles se conheceram e se apaixonaram; se casaram e brigaram; ela atirou nele e foi presa; ele comprou um avião que caiu, matando-o precocemente."

Sufi, seu amado, nascera Eugene Brown em Massachusetts ou na Pensilvânia — apesar de gostar de dizer que havia nascido sob uma pirâmide no Egito. Sufi era uma figura estranha e controversa: um benfeitor e golpista, um mentiroso de coração grande, um empreendedor que nunca conseguiu decidir seu foco. Por um tempo, promoveu-se como bispo, místico e "filósofo oriental", mas, em 1930, já estava em Chicago liderando um movimento de trabalhadores negros com o slogan "Compre de onde você possa trabalhar". Em dado momento, se converteu ao islamismo — ou *disse* que se converteu ao islamismo —, mudou o nome para "Sufi Adbul Hamid" e foi morar no Harlem a fim de continuar seu trabalho com a classe trabalhadora.

A Grande Depressão afetava o Harlem com força naquela época. Brancos desempregados de toda a cidade se mudavam para o bairro em busca de empregos, substituindo os trabalhadores negros. Em resposta a essa infiltração, Sufi organizou diversos e bem-sucedidos boicotes a lojas de brancos que se recusavam a contratar funcionários negros. Mas isso se transformou em um pesadelo de relações públicas para ele quando as pessoas descobriram que muitos desses donos brancos de lojas eram judeus. Sufi ficou chocado — ou ao menos *alegou* ficar chocado — quando os jornalistas começaram a chamá-lo de "Hitler Negro", e ficou ainda mais estarrecido quando dois nazistas lhe fizeram uma visita casual, perguntando se ele queria... Bem, trabalhar com eles. "Eu não conseguia me imaginar colaborando com os nazistas tanto quanto com a Ku Klux Klan", disse Sufi a Claude McKay. Mas esse era Sufi, rei da controvérsia, e, por mais que McKay tenha acreditado nele, os boatos de seu antissemitismo persistiram. Os líderes negros do Harlem condenaram o antissemitismo de forma geral e Sufi em particular, chamando-o de "cabeça quente" e "precursor do ódio".

O agitador fã de turbantes cruzou caminhos com a mafiosa fã de casacos de pele em 19 de junho de 1936, e rapidamente se apaixonaram. Uma noite, Sufi saiu do apartamento de Stephanie e voltou logo em seguida, sussurrando através da porta que estava tão apaixonado que não tinha como voltar para casa. Stephanie escancarou a porta e o puxou para seu quarto amarelo (cada quarto de seu apartamento era pintado de uma cor diferente), e os dois ficaram lá, de cortinas fechadas, até o sol nascer. Quando Sufi a pediu em casamento, ela respondeu que precisava de três dias para pensar. No terceiro dia, disse que sim.

Os dois se casaram em segredo, com apenas as testemunhas necessárias, um pastor e um tabelião. Assinaram um contrato estranho que decretava que o casamento duraria 99 anos e incluiria um período de experiência de um ano para testar a "viabilidade do plano". Stephanie se manteve imperturbável diante da natureza pouco romântica do casamento. Tudo foi feito "como se faz no continente", segundo ela.

Mas um casamento assim, entre duas personalidades fortes que não conseguiriam evitar o drama nem que fossem pagos para isso, estava fadado ao fracasso. No outono de 1937, a relação já desandava e Stephanie estava mais do que disposta a dizer aos jornalistas o porquê. Sufi vinha tentando envolvê-la em negócios escusos, segundo ela. Passava a noite toda fora. Era um apostador. Um malandro.

E estava saindo com uma mulher mais nova.

Fu Futtam conhecera Sufi Abdul Hamid vários anos antes, em Chicago, onde Sufi a ajudara com seu auspicioso negócio de livro dos sonhos. Veja bem, apesar de Sufi ter uma esposa novinha em folha, ele achava Fu irresistível, com seus quadris bamboleantes e tudo mais. Claro que ele tinha muitas coisas em comum com Stephanie, mas também tinha com Fu. Ambos eram trapaceiros com olhar aguçado para identidade visual, faro para reinvenção e uma quedinha por ascendências falsas: da Índia Oriental para Fu, do Egito para Sufi.

Quando Stephanie ficou sabendo do caso, procurou os jornais, espumando de raiva, e disse aos jornalistas que Fu Futtam era uma serpente perversa à espreita que tentara *envená-la*. Um dia, de acordo com Stephanie, Fu apareceu na porta dela sem aviso, perguntando se ela estava se sentindo mal. Quando Stephanie perguntou "quem mandou você aqui?", Fu respondeu, sinistramente: "Ah, eu sempre gosto de ser gentil com os doentes." E então ela cuidou amorosamente de sua inimiga, levando vinho, frango e "outras iguarias" enquanto Stephanie ficava mais e mais fraca, perdendo tanto peso que sentia um "esqueleto ambulante". Quando Stephanie decidiu se mudar para outro apartamento, Fu se ofereceu para ajudar, mas em vez disso enganou-a e roubou oitenta dólares dela, além de começar a encenar um tipo bizarro de guerra psicológica com sua rival, insinuando que Sufi tivera um bebê com uma branca, tentando pegar os diamantes de Stephanie emprestado e lhe pedindo um empréstimo para começar uma empresa de fertilização.

Quando um jornalista pediu que Fu respondesse às acusações absurdas de Stephanie, Fu retrucou: "Aquela mulher é louca". Ela não estava tentando acabar com o casamento de ninguém, disse. Era uma mulher de negócios. "Eu e Sufi temos interesse pelo trabalho esotérico", insistiu ela, "e ele vem me ajudando nas passagens filosóficas de um livro que acabo de finalizar. E agora tenho impedido que ele venha até aqui. Eu nem o deixo mais entrar no meu apartamento."

Fu podia protestar o quanto quisesse, mas Stephanie não

acreditava nela. E certamente não confiava em Sufi. "Ele estava só 'trapaceando' a minha confiança", esbravejou Stephanie para os jornalistas. "E então usou essa 'trapaceira' contra mim. Mordeu a mão que o alimentava." Dessa forma, em 18 de janeiro de 1938, Stephanie engatilhou sua arma e encurralou Sufi enquanto ele saía do escritório de seu advogado. *Bang, bang, bang*. Uma bala chamuscou seu bigode e lascou seus dentes, outra queimou um buraco em suas roupas, e a terceira passou de raspão em sua testa; ou ao menos foi assim que Sufi descreveu, apesar de ser confessadamente dado a exageros. Stephanie foi presa e, por mais que tenha alegado autodefesa, foi condenada a um período de dois a dez anos de prisão.

Era uma sentença terrivelmente conveniente para Fu e Sufi. Mais ou menos um mês depois de Stephanie ser julgada culpada, os dois se casaram. "Esses dois devem realmente ter pego os espíritos de surpresa", escreveu um jornalista. "Que a tranquilidade esteja com eles."

Fu mal reservou um tempo livre para o casamento. Dentro de uma semana já voltara ao trabalho, distribuindo um livro customizado de números da sorte intitulado *W.Y.N.S. Daily Names Vibrating Hunch Number Calculation* [W.Y.N.S. Cálculos vibrantes diários de números da sorte]. Só os espíritos poderiam dizer exatamente o que esse título significava, mas, apesar do escândalo do casamento recente, os cálculos vibrantes de números de palpite ainda estavam em alta.

Não é surpreendente que Fu e Sufi não tenham tido uma lua de mel de verdade. Ambos eram trabalhadores incrivelmente dedicados, com um estoque interminável de esquemas enfiados em suas mangas extravagantes. Onde Stephanie e Sufi batiam de frente, Fu e Sufi combinavam. "Ele era tão gentil, tão verdadeiro, tão devotado, tão amável", comentou Fu sobre o novo marido. "Parecia um bebê pela casa. Durante os trinta anos da minha vida, eu já convivi com muitos homens, mas nunca tinha visto um igual a ele." Ela insistia para que ele abandonasse seu trabalho arriscado como líder da classe trabalhadora e voltasse ao "negócio mais tranquilo de pregador do misticismo oriental". Esse apoio fez maravilhas por ele. "Depois de oito anos de conflito e luta, Sufi mudou de ideia e parecia ansiar por tranquilidade", notou um jornalista.

De fato, Sufi era o rei da tranquilidade naquela época; ao menos da tranquilidade como ferramenta de marketing. Ele e Fu se lançaram em um último esquema, um centro de reuniões chamado Templo Universal da Tranquilidade, que divulgavam nos jornais como um lugar onde "mistério divino e sabedoria do Oriente são enfim revelados!". Assim como os livros dos sonhos de Fu e o jogo clandestino de Stephanie, esse templo fora desenvolvido para apelar aos moradores mais desesperados do Harlem. "A VIDA É UM PROBLEMA?", gritava o anúncio. "Você já tentou com toda a sua coragem obter o sucesso e fracassou? Deixe-nos ajudá-lo de todas as formas a conquistar o contentamento e a felicidade." Rezava a lenda que Fu investira muito do próprio dinheiro no templo. Diga o que quiser sobre Sufi, mas ele não tinha medo de mulheres fortes e independentes.

O templo escancarou as portas no dia de Páscoa de 1938 para uma plateia de mais de duzentas pessoas. As luzes diminuíram, o gongo soou e as cortinas se ergueram para revelar Sufi — que na época se apresentava como "Bispo Amiru-Al-Mu-Mimin" — vestindo um traje inspirado no Catolicismo Romano que consistia em "um barrete preto e dourado apontado em um ângulo arrogante, e um robe verde-limão bordado, coberto por uma veste de ouro puro de 22 quilates". Os seguidores ficaram boquiabertos, mas os jornalistas na plateia não se impressionaram. Envolto em uma nuvem de incenso, ele começou a entoar: "O, arach lo cha, gyah gyah, oon she foorah. Allah she foorah, she susa, she susa, shu sheelee". Essa língua, segundo ele, era chinês. "Como eu saberia chinês se não tivesse reencarnado?", vangloriou-se, satisfeito com sua performance. Jornalistas zombaram da declaração, mas a abertura do templo foi um sucesso retumbante. Sufi e Fu pareciam preparados para se tornar o novo casal mais importante do Harlem, com todos os deuses e fantasmas da cidade ao seu lado.

Mas, nessa época, Sufi começava a ser assombrado por premonições sobre a própria morte. Em um domingo, ele interrompeu sua meditação e disse a Fu: "No domingo que vem, minha foto estará na primeira página de todos os jornais do país". Mais tarde naquele dia, ele acendeu uma vela especial que usava para seus próprios propósitos misteriosos. Fu ficou parada, observando a chama. Estava queimando normalmente, disse ela, até que "subitamente, sem qualquer causa aparente, se apagou". Ou ao menos essa foi a história que ela contou mais tarde, quando fazia sentido para sua imagem contar histórias desse tipo.

Dado que Sufi era Sufi, o rei de ir longe demais desnecessariamente (uma veste de ouro puro de 22 quilates!), ninguém se surpreendeu quando ele comprou um avião e disse para todo mundo que planejava voar direto para o Egito, a "terra de seu nascimento". Esse era seu sonho havia muito tempo. Em 31 de julho de 1938, Sufi decidiu que estava na hora de um voo de teste.

Ele entrou confiantemente no avião, acompanhado de seu secretário e seu piloto. Fu e um punhado de seguidores assistiam de perto. O avião decolou, levando Sufi para mais e mais perto do sol. Mas algo não estava certo… Em pouco tempo, a aeronave começou a girar feito um frisbee. Alguma coisa estava muito, muito errada… O avião embicou para baixo de maneira nauseante, avançando direto para um campo próximo… e caiu.

Os três passageiros foram ejetados. O piloto morreu na mesma hora. O secretário foi mandado para um hospital próximo em estado crítico. Sufi tentou se sentar, falar alguma coisa… então voltou a cair no chão, morto. Pela segunda vez na vida, a história de amor de Fu acabava em chamas.

Sufi se fora, e Fu estava sozinha de novo. Felizmente, sua antiga aptidão para o marketing não a abandonara. Ela assumiu tranquilamente o papel que seu parceiro mais extravagante deixara, dando entrevistas com um elegante vestido vermelho e chorando copiosamente na frente de jornalistas enquanto os informava de que não havia chorado desde o acidente. Como se para lembrar a todos de que Sufi não era o único místico do casamento, ela anunciou que ele voltaria dos mortos em noventa dias. Ela organizou dois funerais para ele — Sufi não era o tipo de cara de um funeral só —, que contaram com uma mistura de tradições muçulmanas, budistas e evangélicas. Centenas de seguidores de Sufi lotaram o cômodo para oferecer suas condolências enquanto Fu se mantinha na frente de todos com um "meio-sorriso inescrutável". Um seguidor comentou, com admiração: "Ela nasceu sorrindo".

Por um ângulo, Fu estava lidando perfeitamente com a tragédia. Rolavam boatos de que ela seria a nova líder do Templo Universal da Tranquilidade, e a mídia dizia que o "Harlem estava prestes a ter sua primeira profeta negra". Por outro ângulo, no entanto, a tragédia provou o que alguns já vinham suspeitando desde o começo: que seu trabalho era uma farsa. Alguns moradores locais descontentes sussurravam que era muitíssimo estranho como Fu não havia previsto ou evitado a morte do marido, levando em conta que ela podia ver o futuro e tudo mais. Um boato ainda mais sinistro também emergiu: Fu *tinha* previsto a morte, mas optara por não impedi-la; motivo pelo qual não acompanhara Sufi no fatídico voo. "Será que ela 'viu' o que vinha acontecendo desde o começo, que 'sabia' o que aconteceria e por isso se manteve longe da tragédia?", escreveu um jornalista. "O povo do Harlem quer saber."

Ignorando as críticas, Fu voltou ao que fazia melhor: trabalhar. Ela mergulhou de cabeça na função de gerenciar o Templo Universal da Tranquilidade, por mais que nunca tenha sido oficialmente escolhida como sucessora de Sufi. (Essa honra foi para um homem que se apresentava como bispo El-Amenu e que gostava de exclamar: "Tranquilidade! Isso é a Luz.") Às vezes, ela ministrava aulas gratuitas sobre "como entrar em contato com forças ocultas da alma através da concentração de forma a compelir boa-vontade e obediência". Outras vezes, podia ser encontrada na sala de meditação do Templo, e seus seguidores começaram a chamá-la de "Mãezinha da Devoção Silenciosa".

Talvez ao perceber que a morte de Sufi era uma oportunidade

para promover suas habilidades como vidente, Fu disse a jornalistas que frequentemente visitava o campo onde Sufi morrera a fim de comungar com seu espírito. As visitas, pelo menos, eram reais: o motorista dela confirmou que a levava constantemente até o local e a deixava lá para passar a noite. Fu alegava que dormia "em lençóis de gelo e neve" e que, nesses lençóis de gelo e neve, tinha visões. Seria possível ler tudo sobre elas em seu próximo livro, que seria lançado em dois volumes, intitulados simplesmente *She*, "ela". "'Ela' representa a mãe da Vida", disse Fu à imprensa, enigmática. "Antes de Eva existir, existia 'Ela'."

A morte de Sufi tinha sido trágica, mas impulsionara a popularidade de Fu, e seu conhecimento do oculto nunca estivera tão em alta. Em 1939, um jornalista foi ao seu apartamento para pedir uma opinião sobre um notório caso de assassinato que estava abalando a cidade. O caso era estranho: primeiro, um rapaz foi assassinado na frente da namorada, depois, a namorada morreu misteriosamente antes de ser chamada para testemunhar. O jornalista queria saber o que Fu achava da estranha morte, do ponto de vista espiritual. Fu declarou que a namorada *quisera* morrer, já que o namorado não estava mais neste mundo.

"É bem possível que o rapaz tivesse acabado de passar pela mudança da suposta morte para o Grande Desconhecido", explicou Fu. "Quando a Inteligência Suprema Absoluta baixou o elevador, sua alma gêmea o seguiu... O desejo pela morte pode ser um fator subconsciente tão poderoso que pode provocar a morte de uma pessoa cujo sistema foi enfraquecido por uma doença ou que seja incapaz de encarar tal estado mental."

Talvez a entrevista fosse apenas outra forma de fortalecer sua marca. Mas talvez não. Fu era uma mulher de negócios inteligente, mas também era humana. Talvez estivesse condoída de compaixão pela garota morta. Talvez, como muitos de seus clientes, estivesse se voltando para o sobrenatural para explicar um evento doloroso, afinal, ela também perdera uma alma gêmea.

Diga o que quiser sobre a eficácia do seu Óleo do Sucesso da

Índia Oriental, a verdade é que o trabalho de Fu nunca pareceu machucar ninguém. Ou melhor, até 1941, quando ela foi jogada na cadeia por furto de grande valor. Pelos últimos sete anos, ela vinha tirando dinheiro de uma mulher chamada Ida Liimatainen, que estava convencida de que espíritos do mal a seguiam. Ida estava disposta a pagar qualquer coisa a Fu para impedir as hordas de espíritos de destruírem sua vida; Fu, por sua vez, estava mais do que disposta a aceitar pagamento pela delicada tarefa. Infelizmente, Fu nunca conseguiu curar a pobre Ida dos espíritos e, um dia, a senhora acordou e se deu conta de que havia sido enganada e procurou as autoridades. Fu foi presa. No tribunal, usou um longo véu para esconder o famoso rosto, mas os repórteres a reconheceram mesmo assim. No entanto, sua sorte mudou; ou talvez os espíritos tenham ido ao seu socorro. Os amigos de Fu pagaram a fiança dela, dizendo que ela começara uma "missão" recentemente e que esperavam que ela pudesse concluí-la. As acusações contra ela foram misteriosamente retiradas.

Pelas duas décadas seguintes, Fu continuou a aplicar golpes como nunca antes. Ela reinventou sua marca, mudando de falsa-indiana para falsa-egípcia, talvez como um reconhecimento à obsessão do falecido marido. Abriu uma loja chamada "Produtos egípcios de Fu Futtam", onde vendia itens como Incenso Egípcio Ar Doce (um estranho incenso sem queima que enchia o ar de perfume quando aberto) e Banho Luxuoso para Todos os Propósitos (uma espuma para banho que Fu alegava ser exatamente a mesma que Cleópatra usava). A loja foi um enorme sucesso. Quem não gostaria de se banhar como Cleópatra? Em 1949, ela promovia um novo livro, *Flight to Power*, no qual revelava "fórmulas lendárias". Em 1950, trocara o nome da loja para "Loja religiosa de Fu Futtam", que prometia "satisfazer até os mais discriminadores". Ao final de 1952, lançou um novo produto, um guia de numerologia chamado "Green Card do Guia de Espelhos de Fu Futtam". Era possível comprar sua mercadoria em lojas religiosas, farmácias, mercados, papelarias ou bancas de jornal; e também por encomenda postal. Não havia um só cantinho do mercado esotérico que Madame Fu não tivesse dominado.

Ela continuou divulgando seus livros dos sonhos e serviços psíquicos nos jornais até o final dos anos 1960, quando teria pouco mais de sessenta anos. Naquela época, se você estivesse sentada em sua sala mobiliada, fumando um baseado com sua calça boca de sino e folheando a sessão de classificados, seus olhos poderiam ser atraídos para anúncios mais chamativos e ousados que gritavam "PARE! LEIA ISTO!" e "BÊNÇÃO GARANTIDA EM 3 DIAS" de médiuns como "Madame Rosalie das Ilhas Virgens" e "Sra. Lukas, conselheira curandeira indiana" e a "Dama Milagrosa da Jamaica". Os anúncios de Fu Futtam usavam uma fonte menor agora e eram mais curtos do que antigamente. Havia chances de você passar direto por eles. A não ser que soubesse quem ela era. Quem ela fora.

Leitura gratuita com $3 em compras. Ajuda amor, dinheiro, aflição. Quando outros fracassarem... Fu Futtam faleceu como Dorothy Hamid em 1985, com quase oitenta anos. Talvez àquela altura já tivesse se aposentado para usufruir dos frutos de seu trabalho místico. Mas, conhecendo Fu, ela provavelmente continuou trabalhando até o último dia, vendendo esperança para desesperados e sonhos para sonhadores, sorrindo aquele sorriso inescrutável.

ROSE MARKS

1951-HOJE

pseudônimos:
Joyce Michael,
Joyce Michaels

MULHERES CONFIANTES

HAVIA INÚMERAS MULHERES INFELIzes em Manhattan. Mulheres com instrução e sucesso e desespero. Com MBAs, e livros na lista dos mais vendidos do *New York Times*, e empregos em finanças internacionais; tinham maridos abusivos, e filhos drogados, e mães moribundas. Suas filhas eram deprimidas e seus namorados as largavam, seus corpos estavam cravados por câncer. O que elas poderiam fazer a respeito de qualquer uma dessas coisas? Essas mulheres tinham crescido acreditando que havia algo mais, algo a que se agarrar, e agora, arrastando seus corações partidos pela cidade, algo surgia diante delas, como se por mágica: uma pequena lojinha de rua, toda iluminada.

No letreiro da frente, lia-se: LEIS DA ATRAÇÃO GUIADAS PELA MÉDIUM JOYCE MICHAELS, SEM HORA MARCADA. O interior da loja era decorado com pinturas religiosas e estátuas, e as médiuns usavam vestido e suéteres longos que cobriam até os pulsos. O cômodo não era exatamente claustrofóbico, mas era pequeno. Íntimo. Ficava na frente do lendário Plaza Hotel, do lado do Central Park e a poucos blocos das lojas de grife da Quinta Avenida; um farol de espiritualidade tranquila no meio de um dos bairros mais chiques de Nova York. A maioria dos clientes entrava, pagava em torno de cinquenta dólares para que lessem sua mão ou analisassem seu mapa astral, e ia embora. Mas, quando uma dessas mulheres infelizes passava pela porta, a médium em serviço aguçava os ouvidos.

"Como posso ajudá-la?" A mulher infeliz despejaria seus problemas, que a médium escutaria com atenção. "Talvez eu possa ajudá-la", respondia, "mas antes eu preciso de um item pessoal para rezar ou meditar". O empréstimo do item pessoal era como um teste de confiança; será que a mulher infeliz aceitaria? Será que teria coragem? "Que tal a pulseira, bem aí no seu pulso? Ah, foi um presente da sua avó? Perfeito."

No dia seguinte, a pulseira seria devolvida ilesa e a mulher infeliz suspiraria aliviada. Mas a médium estaria esperando com más notícias. "Você foi amaldiçoada em uma encarnação passada", por isso o marido abusivo, o câncer ou a mãe moribunda. Então a boa notícia: "Posso ajudá-la. Estou aqui para fazer o trabalho de Deus, e o trabalho é gratuito." Então a pegadinha: "No andamento desse trabalho, alguns... sacrifícios precisam ser feitos".

Sacrifícios? Sim, nos velhos tempos, quebrar uma maldição tão grave exigiria sacrifício humano, mas hoje em dia elas não executariam ninguém, é claro, ha-ha. Não, hoje em dia o sacrifício era só financeiro. Afinal, dinheiro é a raiz de todo mal e, por isso, precisa ser purificado. Mas, assim que a maldição for quebrada, o dinheiro será devolvido integralmente; assim como a pulseira. Tudo ficará ótimo. Todo mundo voltará a ser feliz. Mas primeiro... há um caixa eletrônico do outro lado da rua.

Em 3 de maio de 1951, Little Rose Eli nasceu em um mundo de guias espirituais e clarividência. Seus ancestrais eram Roma, um grupo étnico que migrara da Índia para a Europa cerca de mil anos atrás, onde encontrou perseguição, escravidão e, um dia, execução pelos nazistas. (Os Roma são frequentemente chamados de "ciganos", uma designação depreciativa baseada na falsa ideia de que vieram do Egito.) A família de Eli foi da Grécia para os Estados Unidos perto da virada para o século XX. Como tantos outros imigrantes, eles realizaram uma complicada dança entre assimilação e afastamento, buscando o sonho americano ao mesmo tempo que tentavam manter seus rituais ancestrais como dotes, casamentos arranjados e cartomancia.

Rose cresceu na periferia de Newark, Nova Jersey, e, como era de costume em sua comunidade, foi tirada da escola pela família depois de apenas algumas semanas no terceiro ano do fundamental, permanecendo quase analfabeta. Em vez disso, lhe ensinaram outras habilidades: limpar, cozinhar, cuidar de um marido, ser uma boa nora, dar previsões do futuro. A mãe de Rose era médium, assim como a avó. Por centenas de anos, as mulheres de sua família vinham herdando essas habilidades, que Rose chamava de "dom de Deus". No entanto, esse dom também podia parecer uma maldição. Rose teve sua primeira premonição aos nove anos, e foi aterrorizante: ela previu a morte da avó, e acertou.

Quando Rose era adolescente, seus pais escolheram seu futuro marido. Esse casamento não deu certo, assim como o seguinte, mas finalmente os pais sugeriram um homem chamado Nicholas Marks. Rose e Nicholas tiveram três filhos, e Rose assumiu o papel de principal provedora, praticando sua profissão; seu dom. O dom era seu direito inato. Nunca houve dúvida de que ela fosse fazer qualquer outra coisa. Nem oportunidade para tal, também.

Na virada do milênio, seus negócios estavam a toda. Ela adotara o pseudônimo Joyce Michael (às vezes soletrando Michaels) e abrira um estabelecimento em Manhattan chamado Joyce Michael Astrologia, que atraía uma porção de clientes muito lucrativos. Ela e o marido tinham se mudado para o sul da Flórida, onde ela abrira um pequeno império de lojinhas esotéricas. Ela enchia essas lojas de parentes, contratando a irmã, os três filhos, seus cônjuges e até a neta. De maneira geral, as mulheres da família trabalhavam, e os homens supervisionavam o trabalho e gastavam o dinheiro ganho por elas. E, ah, era *bastante* dinheiro! O que ele não podia comprar? Carros caros, motos chamativas, roupas de grife. Diamantes. Banheiros extra. Rose e o marido moravam em uma casa multimilionária com paredes de vidro, sete quartos e nove banheiros em uma rua ladeada por palmeiras à beira-mar em Fort Lauderdale. Na garagem, um Rolls-Royce 1977 creme e centenas de milhares de dólares em joias em muitos armários.

Toda essa riqueza se tornou possível porque Rose era uma vidente extremamente habilidosa. Apesar da falta de instrução formal, ela sabia ler as pessoas como se fossem livros, e sua inteligência inata lhe servia bem no delicado negócio de leitura fria, leitura quente e leitura de mãos. Mais tarde, quando Rose estava tão encrencada que precisou contratar um advogado, esse advogado, Fred Schwartz, se viu impressionado com o funcionamento natural de sua mente. "Quando a conheci, ela mal sabia ler e tinha muita dificuldade para escrever", contou ele. "Mas é uma mulher muito esperta e encantadora. Pode ser cruel às vezes, mas é capaz de... olhar para um problema, analisá-lo e resolvê-lo. E era isso o que ela fazia com as pessoas."

E Rose tinha os próprios problemas, é claro. Gostava um pouco demais de jogos de azar, por exemplo. O dinheiro entrava, e ela apostava boa parte dele logo em seguida. Mas, no trabalho, ela arrasava. Se seus médiuns mais jovens se atrapalhassem — se seus clientes ficassem nervosos e relutantes —, Rose assumia, e de repente esses mesmos clientes estavam preenchendo cheques com valores cinco, dez, quinze vezes mais altos. Era Rose quem liderava a família. Quem tomava as decisões psíquicas. A matriarca. "Rose tinha um conhecimento muito vasto... ela comandava toda a operação", disse um desses clientes, mais tarde. Outro resumiu: "Ela era muito boa no que fazia".

E nada provava isso tão bem quanto sua cliente número um, uma mulher infeliz que pagava 1 milhão de dólares por ano pelo simples privilégio de tê-la ao alcance de uma ligação.

A principal cliente de Rose era a romancista Jude Deveraux, multimilionária, autora de uma dezena de livros na lista de mais vendidos do *New York Times*. Ou pelo menos Deveraux era multimilionária em 1991, quando entrou na Joyce Michael Astrologia em Manhattan. Para um desconhecido, sua vida pareceria incrível — fama! fortuna! —, mas, nos bastidores, estava em frangalhos. Jude estava presa num casamento emocionalmente abusivo. Queria desesperadamente ter um filho, mas não conseguia engravidar. Estava apaixonada por outra pessoa. Já conversara com terapeutas, advogados e amigos, mas não descobria uma maneira de sair do casamento e conquistar um futuro melhor. Começou a pensar que a única maneira de escapar de toda aquela bagunça seria se matando. "Era mais do que depressão", afirmou ela, mais tarde. "Eu tinha desistido." Então, quando viu as luzes piscando na vitrine da Joyce Michael Astrologia, seguiu em sua direção.

Deveraux não acreditava de verdade em poderes psíquicos, mas "Joyce Michael" se provou uma ouvinte incrível, o que era um alento. E, assim, ela voltou para uma segunda consulta, então uma terceira. Nessa terceira, Rose prometeu a Deveraux que poderia lhe dar a coisa que ela mais queria no mundo: um divórcio tranquilo. Não demorou até que a escritora estivesse visitando Rose quatro ou cinco vezes por semana.

Para Deveraux, Rose pareceu ter uma conexão autêntica com o mundo espiritual, ou seja lá como se queira chamar. Ela *sabia* as coisas. Previu que o marido de Deveraux pediria o divórcio, o que ele fez. Disse que os papéis do divórcio seriam entregues entre 16 e 17 horas, e, veja só, ela estava certa. Em certa ocasião, Rose ligou para Deveraux em estado histérico, gritando que ela precisava sair de casa imediatamente porque o ex-marido estava indo assassiná-la. Deveraux se hospedou em um hotel e, quando voltou ao apartamento alguns dias depois, os funcionários do prédio lhe disseram que o marido dela de fato passara por lá e que eles "nunca tinham visto um ser humano tão furioso na vida".

Lentamente, Deveraux se tornou uma verdadeira devota. Ela não fazia ideia de que Rose contratara um detetive particular para espiar a bagunçada bola de cristal de sua vida amorosa. Só sabia que Rose lhe falava coisas que começavam a se realizar. Em pouco tempo, pediu a Rose para trabalhar em período integral para ela, e Rose respondeu que seu preço era 1 milhão de dólares por ano. (Mais tarde, Rose alegou que estava brincando.) Por 1 milhão de dólares por ano, Deveraux poderia ligar para Rose em busca de orientação a qualquer hora do dia ou da noite, e Rose lhe concederia um divórcio tranquilo, uma nova alma gêmea e o bebê que ela queria tão desesperadamente. Melhor ainda: depois que o "trabalho" estivesse concluído, Rose devolveria cada centavo dessa taxa anual; menos modestos 1.200 dólares pelos seus serviços. Deveraux achou a proposta convincente. Concordou em pagar.

Sim, Rose era boa. Boa o bastante para exigir 1 milhão de dólares por ano. Boa o bastante para consegui-lo. Mas, apesar de toda sua habilidade, havia forças externas agindo além de seu controle.

Em meados dos anos 2000, Rose perdeu ambos os pais, o marido e o neto de sete anos em um período de mais ou menos três anos. Desorientada pelo luto, voltou-se para remédios, álcool e jogos de azar — qualquer coisa que prometesse alívio. Tornou-se cliente regular do Seminole Hard Rock Casino em Hollywood, Flórida, onde gastou mais de 9,65 milhões de dólares em quatro anos. Ela estava mergulhando numa espiral sombria. Seu filho mais novo, Michael, notou que a personalidade da mãe começou a mudar. Ela estava mais ríspida, vivia irritada. Ele acredita que tenha se tornado uma "apostadora patológica" durante esse período de sua vida, um transtorno reconhecido pelo Manual Diagnóstico e Estatístico de Transtornos Mentais da Associação Americana de Psiquiatria. (Explicando grosseiramente, um apostador patológico é viciado em jogos de azar, dependente deles, irritável sem eles.) "Perdi o controle sobre tudo", contou Rose mais tarde. "Permiti que meus vícios me dominassem."

Em meio à bruma de luto e bebida, Rose continuou trabalhando, por mais que ficasse nos bastidores. Em vez de cumprimentar clientes que entrassem pela porta, ela delegava, orientando a família a direcionar o dinheiro por um labirinto complicado de contas bancárias e pseudônimos. Alguns parentes sussurravam que ela estava ganhando peso porque não "ia para a rua abordar os clientes". Mas por que abordar quando se era a matriarca? Depois de décadas na profissão, Rose continuava no topo. Naquele momento, no entanto, estava rica e sozinha, devastada por tragédias que fora incapaz de prever.

Negócios escusos não eram nenhuma novidade para o detetive Charlie Stack. Ele era o único policial da Unidade de Investigação de Fraudes de Fort Lauderdale com diploma em contabilidade, e mal passava um dia sem que alguém jogasse um caso relacionado a dinheiro em sua mesa. Em uma certa semana de abril de 2007, ele estava afogado em esquemas Ponzi e fraudes de hipoteca, quando seu superior colocou um novo caso diante dele. Stack logo viu que era sobre uma vidente e ficou tentado a revirar os olhos.

Filho irlandês católico de um policial de Nova York, Stack parecia um cara intimidador à primeira vista. Era treinador de kickboxing. Ex-campeão nacional de caratê. Já trabalhara infiltrado com chefões do tráfico e russos mafiosos, e um defensor público já o chamou de "talvez o F.D.P. mais durão que eu já conheci". Mas se tinha uma coisa que o emocionava era o estado das vítimas com as quais se deparava, especialmente as mulheres. Podemos atribuir isso ao fato de que ele crescera com cinco irmãs ou que sua mãe emigrara da Irlanda e ele vira de camarote o quanto trabalhou. Seja como for, quando olhou com mais atenção para o caso que acabara de ser jogado em cima de sua mesa, notou que por baixo da falcatrua sobre espíritos e premonições havia pessoas de verdade sendo gravemente prejudicadas.

O caso envolvia uma loja de rua chamada Joyce Michael Astrologia e uma mulher que perdera milhares de dólares. Sua queixa se originara em Nova York mas acabara sendo transferida para a Flórida porque, de acordo com os registros do banco, era onde o dinheiro dela tinha ido parar. Rastreando mais a fundo, Stack notou um padrão suspeito. Havia uma teia de contas envolvidas, e todas desembocavam em contas maiores de pessoas chamadas "Rose Marks" e "Joyce Michael". As contas menores, pertencentes a pessoas como "Nancy Marks" (nora de Rose), recebiam depósitos de milhares de dólares, mas as contas de "Rose" e "Joyce" abarcavam quantias dolorosamente altas: 250 mil dólares aqui, 300 mil ali. Stack não conseguia acreditar. "Eu fiquei, tipo: isso tudo por serviços de clarividência?", disse ele.

Seus colegas acharam o caso bobo. Afinal, ninguém tinha morrido. Ninguém estava armado até os dentes ou traficando cocaína ou com sede de vingança. O caso envolvia um bando de mulheres choronas que acreditavam em um monte de baboseira e que tinham entregado de bom grado seu dinheiro a essas videntes. Como a polícia gostava de dizer em casos assim: ninguém colocou uma arma na cabeça delas. Mas Stack se sentiu impelido a investigar melhor. Então foi até seus amigos da Procuradoria-Geral dos Estados Unidos e do Serviço Secreto e disse a eles que o caso poderia ser grande. Muito grande.

Dessa forma, começavam os quatro anos e meio de investigação do matriarcado de Rose Marks, durante os quais Stack monitorou sua família de Manhattan até a Flórida, tirando milhares de fotos, gravando suas ligações telefônicas e até revirando seu lixo, onde encontrava itens como caixas vazias da Cartier, resquícios de sua vida glamourosa. Ele observou as mulheres Marks saírem aos montes da mansão de Rose de salto alto e saia curta. Assistiu enquanto partiam em seus carros caros: uma Mercedes-Benz preta, um Pontiac Trans Am vermelho-sangue, um Bentley azul conversível. Viu os homens montarem em suas motocicletas luxuosas: Harley-Davidson, Ducati, Yamaha. "Todos tinham apelidos, igualzinho a mafiosos", contou ele. "Durante a noite, eles *agiam* como mafiosos. Festejavam loucamente, gastavam loucamente, levavam um vidão." Não era incomum para Rose, que atendia por "Pinkey", ou "Rosinha", torrar 100 mil dólares num único mês.

Os relógios Cartier e as motos Ducati eram financiados por clientes tão ferrados que o sangue de Stack fervia de raiva. Quando começava a interrogá-las, essas pessoas choravam de vergonha, humilhadas por terem entregado décadas da vida e torrado suas economias para... absolutamente nada. Havia a procuradora britânica cujo marido se recusou a ter filhos, largou-a, foi diagnostico com câncer no pâncreas, morreu... deixando um frasco secreto de seu esperma congelado para uma mulher mais jovem. Havia uma japonesa com o cérebro lotado de tumores que gastara tanto dinheiro em serviços psíquicos na esperança de ser curada que estava prestes a perder a casa.

Havia um turco com esquizofrenia sofrendo pela morte do pai, convencido de que as vozes que escutava vinham de espíritos. Havia a americana de coração grande que esperava que os espíritos trouxessem o ex-marido de volta. Quando morreu, estava tão isolada da família que ninguém fazia ideia de que ela dera todo seu dinheiro a uma vidente.

As vítimas variavam, mas as técnicas para atrai-las eram quase sempre as mesmas. Um cliente amargurado e crédulo deixava um item pessoal com Rose ou um de seus parentes e, quando voltava no dia seguinte, recebia a notícia de que tinha sido amaldiçoado. Rose lhes diria que o dinheiro era a raiz de todo mal, então pedia uma quantia muito específica — 5 mil, por exemplo, porque "cinco é o seu número". Ela alegava que purificaria esses dinheiro, mas se o cliente exigisse o valor de volta antes que o Trabalho estivesse concluído, este seria desfeito e Rose precisaria recomeçar do zero. Acima de tudo, ela dizia: "Não comente isso com ninguém".

À medida que os dias viravam semanas e meses, Rose se tornava mais intensa. O Trabalho nunca, jamais terminava. Ela ligava para clientes no meio da noite, forçando-os a agir depressa: "Corra até o banco! É uma emergência espiritual". Ela agia com gentileza, recuperando a confiança deles, então de repente voltava a ser cruel. Dizia: "Calma, calma, você está ficando histérica". Dizia que, se eles não dessem continuidade ao Trabalho, sua vida seria arruinada. Exigia mais e mais, instruindo suas vítimas a vender suas casas, a dividir o dinheiro da venda de seus iates. Ela e os parentes pediam coisas extremamente específicas para as vítimas, como vales-presentes da Saks e Neiman Marcus, ou lingerie e roupas de maternidade, ou sapatos da Gucci, ou um relógio para "voltar no tempo". Atordoadas, as pessoas aquiesciam às demandas, por mais bizarras que fossem. *Calma, calma.* Mesmo quando as previsões saíam pela culatra — como quando a suposta alma-gêmea de uma cliente foi parar na cama com outra mulher —, Rose não os deixava escapar. Se o cliente pedia o dinheiro de volta, ela dizia que fora forçada a "sacrificá-lo", ou que só o "Arcanjo Miguel" sabia onde estava. Quem reclamasse *de verdade* acordava um belo dia para encontrar o advogado de

Rosie na porta de casa, segurando um cheque de valor irrisório... e um acordo a ser assinado declarando que nunca tinham sido vítimas de nenhuma fraude nas mãos da família Marks.

Era o tipo de situação que parecia ultrajante até que você se visse dentro dela, se contorcendo na teia de Rose, tecida com habilidade, mas que, por fim, começava a ser investigada. Para provar que as mulheres Marks não conseguiam, de fato, prever o futuro, Charlie Stack pediu para suas vítimas lhes contarem histórias falsas. As médiuns nunca sabiam distinguir a verdade da mentira.

No dia 15 de janeiro de 2008, Charlie Stack bateu na porta de Jude Deveraux. A porta era do quarto de um hotel de beira de estrada, na verdade. A autora de romances morava lá agora, nômade e perdida. Voltara a sonhar com suicídio. Dezessete anos antes, quando conheceu Rose, ela podia estar infeliz, mas ao menos tinha dinheiro, propriedades e saúde. Em 2008, ela não tinha mais nada.

De volta aos anos 1990, quando Deveraux e Rose começaram a trabalhar no divórcio de Deveraux, a romancista ignorara inúmeros alertas. Embora Rose parecesse ter um dom verdadeiro, havia vezes em que suas habilidades falhavam. O muito prometido "divórcio tranquilo" nunca aconteceu. Em vez disso, seu marido ficou com *tudo* — todas as propriedades, carros e dinheiro ganho com muito esforço — e deixou as contas para ela. Rose a aconselhara a assinar qualquer papel que lhe entregassem, alegando que o marido morreria em três anos, então os acordos não importavam. Dezessete anos depois, ele continuava muito vivo. "Ele vale milhões de dólares agora", declarou Deveraux mais tarde. "É muito mais rico do que eu."

Ainda assim, os serviços de 1 milhão de dólares por ano de Rose valiam a pena, pensou Deveraux. Afinal, Rose era poderosa. *Realmente* poderosa. Ela dizia que o FBI lhe pedia conselhos; assim como estrelas de cinema, ex-presidentes, o príncipe Charles e o próprio Papa. Até o longo arco da história se curvava à vontade de Rose. Ela informou a Deveraux que controlara a recontagem da eleição Bush-Gore em 2000 e o dramático salvamento da Bebê Jessica de um poço no Texas. Ah, e que o filme *O exorcista*, de 1973, na verdade era baseado em um de seus casos.

Maravilhada com o poder de Rose, Deveraux continuou a preencher cheques. Às vezes entregava até cheques em branco. Entre 1991, quando conheceu a vidente, e 2008, quando conheceu Charlie Stack, Deveraux entregara 17 milhões de dólares a Rose, que, em troca, tomou total controle sobre sua vida. Rose participou de todo o processo de inseminação artificial da autora, escolheu tanto o óvulo quanto o doador de esperma, acompanhou Deveraux às consultas de fertilidade e a consolou depois de oito abortos devastadores. Disse a ela para vender seu apartamento de Nova York porque tivera uma visão de que o futuro filho de Deveraux cairia do terraço do 21º andar e morreria. (A mulher obedeceu e deu o dinheiro da venda a Rose.) Talvez a romancista tivesse desconfiado antes se Rose não houvesse operado seu maior milagre: em 1997, aos cinquenta anos, Deveraux finalmente teve um filho.

Seu menino, Sam, era perfeito. Mas, à medida que ele crescia, Rose emaranhava Deveraux ainda mais intensamente em sua teia, que se tornava mais e mais bizarra. Em 2001, Rose convenceu a autora de que seu próximo marido seria o então secretário de Estado, Colin Powell. Para tornar esse romance ligeiramente mais crível, Rose pediu a um amigo no Arizona para escrever cartas e e-mails de "Powell" para Deveraux, já que a própria Rose não sabia usar um computador. A correspondência a convenceu. Em um e-mail, "Powell" escreveu: "Tenho certeza de que imagina como estou ocupado com a potencial crise de guerra neste momento. Mas planejo ir ao Colorado na segunda semana de fevereiro para umas férias particulares e pensei que talvez pudesse dar uma fugida para te encontrar". Deveraux tinha tanta certeza de que estava falando com o verdadeiro Colin Powell que até ousou fofocar com ele sobre Rose. Em um e-mail, ela reclamou que uma única ligação para sua médium lhe custava centenas de milhares de dólares. "Me pergunto se deveria continuar a ligar", escreveu.

Com o passar dos anos, Deveraux foi se vendo com cada vez menos dinheiro. Continuava escrevendo e vendendo livros, mas Rose esvaziava sua conta bancária tão rápido quanto ela a enchia. Em dado momento, mudou-se para a área rural da Carolina do Norte com o filho para levar uma vida mais simples e barata no campo. Sam estava com oito anos, uma criança brincalhona que adorava pescar e caçar. Os dois eram felizes na época. Mas aquelas forças malignas e antigas que Rose nunca conseguiu controlar continuavam a trabalhar fora de vista e, em 6 de outubro de 2005, elas desceram sobre Deveraux com uma vingança.

Naquela tarde, Deveraux estava preparando o jantar. Sam brincava com um amigo no final da estrada. Ele pedalara até lá em sua bicicletinha motorizada. Deveraux lançava olhares pela janela enquanto cozinhava porque sabia que Sam voltaria em breve. Estava escurecendo.

Na casa do amigo, Sam sabia que não deveria ficar fora depois de escurecer. Portanto, quando viu que a noite caía, subiu na bicicleta e pedalou o mais rápido que pôde para a casa quentinha onde sua mãe lhe esperava para jantar. Mas não havia iluminação naquelas estradas rurais. E a escuridão chegava depressa.

O motorista do caminhão, que corria a quase cem quilômetros por hora, sequer chegou a vê-lo.

Quando Sam morreu, Deveraux desabou, e Rose estava bem ali para ampará-la. Foi ela quem organizou o funeral, o enterro e a venda da casa da Carolina do Norte, visto que Deveraux não suportava mais morar lá. (O dinheiro da venda? Ficou com Rose, é claro.) Ela chegou até a alugar um apartamento para Deveraux na Flórida, onde a autora passou os dois anos e meio seguintes chorando em posição fetal.

Os gestos pareceram o trabalho de uma amiga gentil e carinhosa, mas, nos bastidores, Rose apertava sua teia com cada vez mais força ao redor da vítima. Afinal, disse Rose, a morte não podia interromper o Trabalho. Na verdade, o Trabalho era mais vital do que nunca, porque havia uma chance de a alma de Sam ser jogada direto no inferno se ela não interviesse. Deveraux ficou parada, com o olhar desorientado, escutando enquanto a outra mulher falava de chamas e condenação e "uma galera de magia negra muito séria" que fora contratada pelo ex-marido dela para amaldiçoar Sam para sempre... e preenchendo cheques quando Rose lhe dizia para fazê-lo.

A narrativa foi ficando cada vez mais estranha. Rose disse a Deveraux que *sempre soubera* que Sam morreria e que fora por isso que guardara um dos embriões da fertilização in vitro de Deveraux oito anos antes e dera esse embrião para uma virgem chamada Cynthia Miller, que dera à luz o irmão biológico de Sam. Em pouco tempo, Deveraux morreria e reencarnaria no corpo da virgem, que então noivaria com ninguém mais, ninguém menos do que o ator Brad Pitt. Sim, Brad Pitt estava tendo problemas conjugais com Angelina Jolie, disse Rose, e, para provar, "ele" começou a escrever para Deveraux pelo endereço de e-mail legend0999@yahoo.com.

Mais tarde, Deveraux admitiria que sua disposição para acreditar era, francamente, inacreditável. Mas, na época, ela estava em uma névoa tão densa de desespero que as histórias de Rose não lhe pareciam uma fraude. Pareciam uma boia salva-vidas. Deveraux então mudou seu testamento, deixando tudo para "Cynthia Miller", sua futura versão reencarnada. Deixava a porta destrancada, como Rose mandara, de forma que esta pudesse entrar e revirar seus pertences. E, um dia, ela se encontrou com Rose na praia para ouvir sobre uma visão que a médium tivera do futuro. Lá, Rose apontou para um ponto distante, onde uma mulher e um garotinho caminhavam pela areia, e disse a Deveraux que ela estava olhando para os corpos vazios e desalmados de "Cynthia Miller" e seu filho biológico. Deveraux observou os dois caminharem pela areia... e torceu.

Dessa forma, quando Charlie Stack bateu na porta de seu quarto de hotel e lhe disse que estava investigando Rose Marks, também conhecida como Joyce Michael, por fraude, Deveraux não acreditou. Ela não acreditou em nada do que ouviu até que Stack lhe desse uma pequena e brutal informação: "Cynthia Miller", a suposta virgem que imaculadamente dera à luz ao irmão de Sam, não era uma visão mística e sobrenatural do futuro. Era nora de Rose.

"Foi como se alguém tivesse me acertado com um martelo", disse Deveraux. "Percebi que era tudo um golpe."

Três anos e meio depois, a investigação de Charlie Stack terminara. Em 16 de agosto de 2011, Rose Marks e outros membros de sua família foram presos e acusados de 21 tipos de fraude eletrônica, fraude postal, conspiração para cometer fraude postal e eletrônica, e lavagem de dinheiro. (Clarividência por si só não é ilegal, nem a crença em espíritos, então o caso contra a família Marks sempre girou ao redor de dinheiro.) "Já relatei muitos casos de fraude no sul da Flórida, mas esse é perverso o suficiente para me fazer soltar um 'uau!'", escreveu um repórter do *South Florida Business Journal*.

Deveraux se provou vital para a investigação. Depois de sua epifania no quarto de hotel, ela se voltou contra Rose e começou a trabalhar como agente infiltrada. Stack instruiu-a a continuar em contato com Rose e fingir que caía em suas manipulações — nesse ínterim, ele gravava todas as ligações telefônicas. Em uma delas, que acabaria sendo reproduzida no julgamento de Rose, Deveraux tentou pediu seu dinheiro de volta. Todos aqueles milhões e milhões e dólares dados a Rose para serem purificados e guardados em segurança; onde estavam agora?

A resposta de Rose estava pronta.

"Não tenho nenhum dinheiro para te dar", declarou ela.

"Mas o que aconteceu com todos aqueles milhões?", perguntou Deveraux.

"Não existem mais. Queimou tudo no incêndio."

"Que incêndio?"

"O incêndio, o incêndio de 11 de setembro. Queimou. Já era."

A maioria do dinheiro *de fato* não existia mais, mas não por causas dos ataques do 11 de setembro ao World Trade Center, e sim porque Rose e sua família o tinham gastado. Na grande lista de acusações da família Marks, dinheiro era de longe o item principal, por mais que, entre cheques de 27 mil dólares aqui e transferências de 373.750 dólares ali, a família tenha sido acusada de outras coisas estranhas, como pegar o véu de noiva da mãe da vítima ou exigir que alguém levasse um lençol a fim de que o Trabalho continuasse. (A lista também pedia que a família devolvesse "moedas de ouro no valor aproximado de 1.884.630 dólares"; eles frequentemente exigiam essas moedas das vítimas, talvez porque ouro parecesse mais espiritual do que um cheque do Bank of America.)

Todos os oito integrantes da família de Rose acabaram se declarando culpados em algum momento. Foram obrigados a devolver milhões de dólares como indenização às vítimas e receberam sentenças bem leves: alguns anos na prisão, um pouco de liberdade condicional, vários meses de prisão domiciliar. Apenas Rose se recusou a admitir que fizera qualquer coisa errada. E assim, em agosto de 2013, ela foi a julgamento.

Muitos de seus antigos clientes testemunharam, inclusive Deveraux. Contaram tudo diante do júri: como estavam infelizes, o quanto ousaram ter esperanças, o quanto perderam. Em alguns momentos, tanto o juiz quanto o advogado de defesa de Rose expressaram incredulidade em relação às histórias, se perguntando como alguém poderia ser tão ingênuo. Muitas dessas vítimas eram pessoas com dinheiro e instrução; o que estavam pensando quando venderam suas casas porque uma vidente disse que o Arcanjo Miguel assim desejava? Em dado momento, quando o promotor federal tentou argumentar que os esquemas de Rose eram "sofisticados", o juiz respondeu, ríspido: "É ridículo. Absurdo. Como uma coisa dessas pode ser considerada sofisticada? É uma história completamente ridícula na qual algumas pessoas de fato acreditaram ou se convenceram de que poderia ser possível ou verdadeira".

De certa forma, as histórias *eram* ridículas. (Uma das vítimas admitiu que fora enganada a comprar um aspirador de pó para a vidente porque os "espíritos" queriam um novo.) Mas, no banco das testemunhas, as vítimas nem sempre tentavam justificar seu comportamento, só tentavam explicar como haviam se sentido impotentes. "Eu fazia qualquer coisa que Joyce Michael me pedisse para fazer", disse uma delas. Outra contou: "Eu estava fazendo coisas que não faço normalmente. Não aceito desaforo de ninguém. Não deixo ninguém mandar em mim. Então viver aquilo era uma sensação estranhíssima... como se alguém tivesse me virado de ponta-cabeça".

Apesar de todo o papo sobre fogo do inferno e moedas de ouro e aspiradores de pó, o julgamento de Rose girou basicamente em torno da um tanto prosaica acusação de fraude. A questão era simples: Rose prometeu devolver o dinheiro aos clientes e depois se recusou? Depois de quase um mês de depoimentos, ficou bem óbvio para o júri que a resposta era sim. Eles a consideraram culpada de todas as acusações.

Atualmente, Rose cumpre sua sentença de dez anos em uma prisão federal em Illinois. Ela se arrepende de seu comportamento, mas ainda assim acredita que é inocente, de acordo com seus filhos. Seus clientes eram seus amigos. Seus *amigos*. Foi exatamente disso que ela os chamou ao receber sua sentença, enquanto se justificava aos soluços, se esforçando para respirar de tempos em tempos. "Nós envelhecemos juntos e compartilhamos detalhes muito íntimos de nossas vidas", exclamou ela. "Eu perdi para sempre essas amizades únicas e vou me arrepender disso para o resto da vida."

Será que Rose sabia que estava fazendo algo errado? Ou ela honestamente acreditou que estivesse ajudando essas pessoas? Seu filho mais novo, Michael, acha que algo mudou quando ela perdeu o marido, os pais e o neto. "Acho que ela provavelmente começou a fazer promessas aos clientes", disse ele. "Acho que seu vício em jogo influenciou muito as decisões que tomou perto do fim. Cobrar mais, pedir mais dinheiro." Dito isso, ele não acredita que a mãe tenha cometido um crime. Acha que ela ofereceu um serviço; um consolo, até. E de qualquer forma, diz ele, Rose não é tão singular assim. "Não há nada que ela tenha feito que outras videntes também não façam", afirma ele. "Acho que suas ações só foram colocadas sob o microscópio por causa da investigação que já estava rolando."

A tragédia no âmago da vida de Rose Mark era que o fato de que ela acreditar ou não nas próprias promessas *quase* não importava. Ela havia sido criada para se tornar vidente. Trabalhava desde os oito ou nove anos. Nunca teve oportunidade de viver de outra forma. Em 2016, a família mandou uma carta ao juiz que a sentenciara implorando para que retirasse a acusação. "Os delitos dos quais a acusam sempre foram parte intrínseca de nossa cultura", afirmava a carta. "Era esse o entendimento dela, mas não é mais, e naturalmente continuará não sendo." Assim que Rose nasceu menina, seu destino foi decidido por ela. Ninguém colocara uma arma em sua cabeça. Mas mesmo assim. "Acho trágico", comentou Michael. "Ela é uma mulher muito inteligente. Poderia ter se tornado presidente."

Aos 65 anos, Rose recebeu seu G.E.D., um diploma de comprovação de escolaridade equivalente ao ensino médio, na prisão. A família exaltou essa conquista naquela mesma carta para o juiz: "Pode não parecer muito, mas é uma conquista incrível para a comunidade Roma, considerando que ela nunca frequentou a escola e mal sabia ler ou escrever." Depois de receber seu G.E.D., ela se deu conta de como dicionários eram importantes, o que a inspirou a escrever o seu próprio. Usando seu antigo apelido, ela autopublicou o *Pinkey's Dictionary* [Dicionário Pinkey's] na Amazon; o livro prometia ensinar aos leitores "mais de mil palavras traduzidas do inglês para o romani!". A capa é cor-de-rosa e estampada com uma chuva de moedas douradas. O pedido da família ao juiz, assim como todos os seus apelos por soltura antecipada, foi negado.

Jude Deveraux e Charlie Stack se tornaram bons amigos. Ele até mesmo a apresentou à arte do boxe, que a ajudou a se reinserir no mundo real... e voltar a escrever. Hoje em dia, Deveraux escreve mistérios sobre assassinatos e passa quase metade do ano em um cruzeiro pelo mundo, onde escreve "feito uma louca", de acordo com seu site. "Quando alguma coisa horrível acontece comigo, frequentemente consigo me acalmar descobrindo como inserir esse incidente num livro", declara ela na seção de perguntas frequentes. "Agora que estou escrevendo mistérios sobre assassinatos, tenho uma lista de pessoas que quero matar."

E, enquanto Rose cumpre pena na prisão, pessoas do mundo todo continuam tirando tudo que podem daqueles que ousam acreditar. Na primavera de 2019, o *New York Times* publicou um artigo chamado "Médiuns são os novos *coaches* de bem-estar", enquanto outro que se intitulava "Capital de risco está colocando seu dinheiro na astrologia" identificou que o "mercado de serviço místicos" valia 2,1 bilhões de dólares. O mundo da crença é uma teia emaranhada. Alguns idealizadores de crenças são perseguidos, outros são exaltados. Alguns crentes vão à polícia, outros permanecem fiéis até o fim. Todo mundo quer acreditar em algo. Todo mundo anseia por estabilidade. Essa ânsia torna os seres humanos sensíveis e esperançosos e receptivos... e, é claro, enganáveis.

Enquanto o Vale do Silício tenta extrair dinheiro de cristais, Michael Marks diz que, nas lojinhas de rua onde Rose costumava comandar seu império, novos estabelecimentos de clarividência foram abertos. "É meio como... a máfia", diz ele. "Se você elimina uma família, só está abrindo território para outra família dominar." E, em algum lugar por aí, uma mulher infeliz está olhando para uma pequena vitrine, cheia de esperança, se perguntando se deveria entrar.

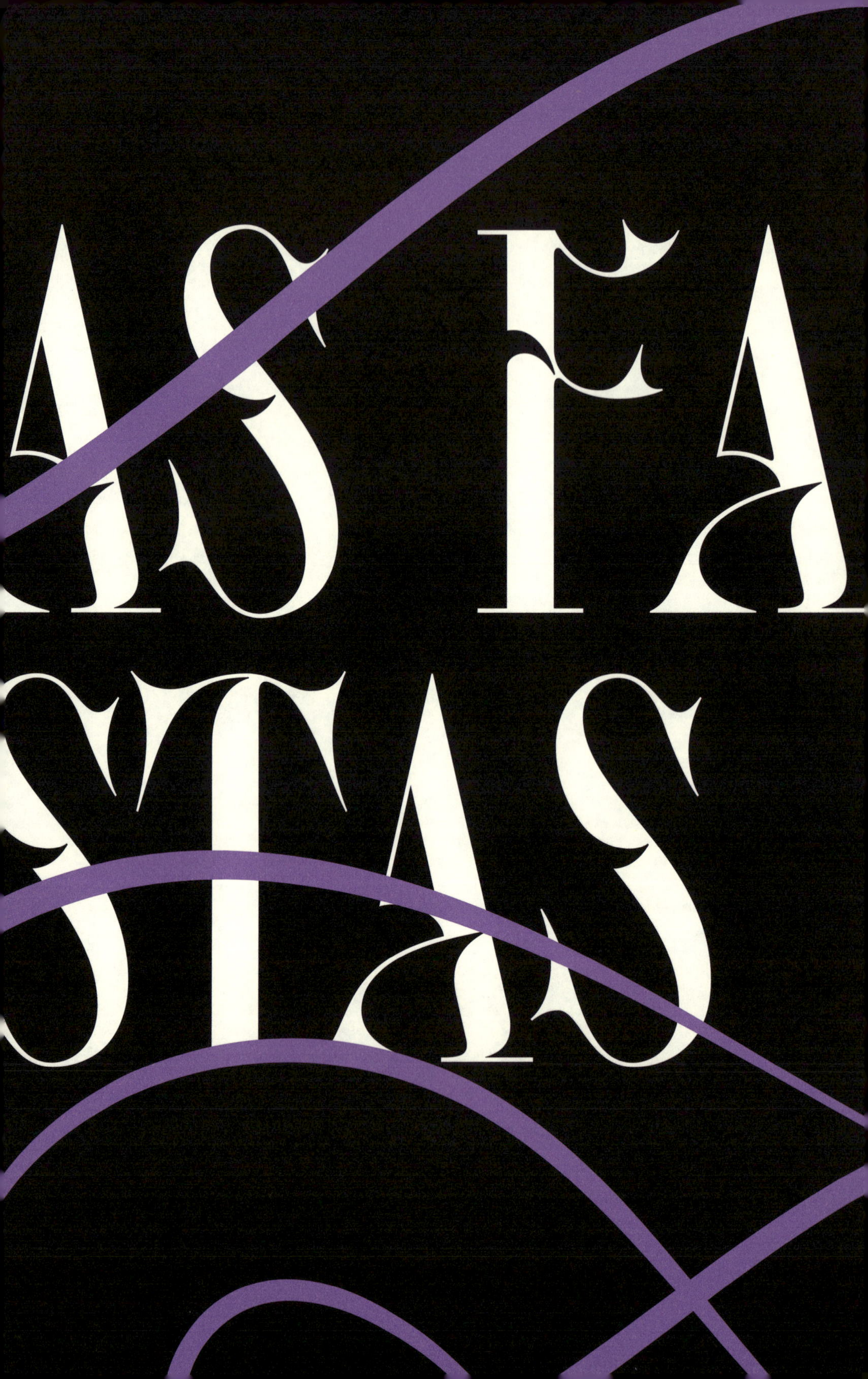
AS FA
STAS

BULAS

AS ANASTÁSIAS
ROXIE E RICE
AS TRAGENIENES
BONNY LEE BAKLEY

MISCELÂNEA Dois sotaques russos malfeitos ～ Um sotaque ganense decente ～ Duas manchetes alemãs bombásticas ～ Um livro autopublicado ～ Duas músicas autopublicadas ～ Uma pilha de batatas ～ Um monte de maridos e namorados de mentira ～ Um cartão de crédito de um jogador da NFL ～ Sete gravidezes de mentira, talvez oito ～ Quatro gravidezes de verdade ～ Uma aparição no Dr. Phil ～ Uma colônia nudista ～ Duas cicatrizes verdadeiras usadas em histórias falsas ～ Uma babá pesadelo ～ Um prato de massa batizado em homenagem a uma celebridade

AS ANASTÁSIAS

1918-HOJE

RA UMA NOITE FRIA DE FEVEREIRO DE 1920 em Berlim quando um policial viu uma jovem pular de uma ponte. Ele a arrastou para fora do rio, enrolou a moça em um cobertor e tentou fazer com que se explicasse. Ela se recusou a falar. Ele a levou para um hospital, mas ela também se recusou a falar com médicos e enfermeiras. Assim, eles a apelidaram *Fräulein Unbekannt*: "Srta. Desconhecida".

A srta. Desconhecida intrigava a todos que a viam. Ela estava traumatizada por alguma coisa. Seus dentes estavam apodrecidos, a pele, cheia de cicatrizes. Uma no pé parecia poder ter sido feita por uma baioneta. Ao mesmo tempo, ela parecia misteriosamente bem-educada. *Quem ela era? O que vira?* Já que ela se recusava a falar com qualquer um no hospital, foi enviada para um sanatório, onde continuou em silêncio por quase dois anos.

No outono de 1921, vagando pelo sanatório, a srta. Desconhecida acabou entrando na biblioteca, onde avistou uma edição da revista *Berliner Illustrirte Zeitung*. Na capa, havia uma fotografia perturbadora de diversas moças, todas presumidas como mortas. Eram as filhas do último czar da Rússia, as perdidas princesas

Romanov, que muitas pessoas suspeitavam terem sido mortas a tiros na revolução que se dera mais de três anos antes. Mas outros se agarravam a uma esperança improvável. Sob a fotografia, lia-se a manchete: *"Lebt eine Zarentochter?"*

Ainda vive uma filha do czar?

A srta. Desconhecida ficou vermelha e começou a tremer.

Se você já leu sobre as quatro malfadadas princesas Romanov em algum conto de fadas, pareceria óbvio que era Anastásia a destinada a aventura. Filha mais jovem da última família imperial da Rússia, Anastásia era fruto do irresoluto czar Nicolau II e sua esposa, Alexandra Feodorovna, odiada pelo próprio povo. As irmãs mais velhas de Anastásia, Olga, Tatiana e Maria, eram sonhadoras e belas; havia ainda um irmãozinho enfermo e mimado, mas Anastásia era quem adorava se divertir. A travessa. Enquanto as irmãs vagavam por aí de vestido branco, flertando com os guardas, Anastásia subia em árvores e jogava bolas de neves com pedras escondidas no meio. "A origem de toda travessura", descreveu uma aia. "Ela era uma verdadeira gênia em suas traquinagens", lembrou um colega de brincadeiras.

Por dezesseis anos, Anastásia levou uma vida encantadora e monótona... até que a revolução começou. A família Romanov comandara a Rússia por três séculos, mas o jeito indeciso do czar começava a causar inquietação no país. Em março de 1917, trabalhadores em greve e soldados furiosos forçaram Nicolau II a abrir mão do trono e ele e a família inteira foram presos. No outono, os bolcheviques de Vladimir Lenin já tinham tomado o poder do governo provisório que assumira depois da abdicação de Nicolau e, na primavera seguinte, a família imperial foi transferida para a cidade de Ecaterimburgo — um lugar hostil, onde o czar era odiado — e trancafiada em uma mansão chamada Casa Ipatiev. Lá, a família inteira esperou submissamente até que alguém determinasse seu destino, enquanto os revolucionários de Lenin discutiam sobre o que deveriam *fazer* com aquela maldita realeza.

À meia-noite do dia 16 de julho de 1918, os revolucionários já tinham decidido. Um guarda acordou a família imperial e mandou que descessem até o porão.

Por décadas, ninguém soube o que aconteceu em seguida. Algumas pessoas tinham certeza de que a família inteira havia sido executada, mas, pensando melhor, ninguém vira nenhum corpo Romanov, nem de relance. Então começaram os boatos. Talvez a família inteira tivesse sido libertada. Talvez alguns tivessem morrido, mas outros sobrevivido. Talvez, apenas talvez, uma princesa houvesse escapado. A falta de informação e abundância de rumores criou um "solo fértil", nas palavras de um historiador, para o surgimento de impostores.

A princípio só havia um ou dois, clamando suas histórias dramáticas de sobrevivência e pedindo dinheiro para russos complacentes. Depois, contabilizava-se dezenas, depois *centenas*, cada um dos príncipes ou princesas falsos alegando que a família inteira morrera exceto ele, o escolhido. (Havia boatos de que os Romanov tinham muito dinheiro escondido em bancos pela Europa; razão o suficiente para um golpista empobrecido tentar assumir sua identidade por um ou dois meses.) Uma Anastásia apareceu logo no outono de 1918, poucos meses depois da atividade misteriosa no porão da Casa Ipatiev. Ela chamou a atenção da esposa de um príncipe Romanov, que acabou não acreditando em sua história. Alguns meses depois, uma mulher em um convento siberiano declarou que *ela* era a imperatriz Alexandra e que as duas crianças ao seu lado eram Alexei e Anastásia. Os bolcheviques a desmascararam em algum momento. Mas os impostores não paravam de aparecer.

Havia Tatianas, Olgas e Marias falsas, e de tempos em tempos um golpista muito ousado alegava ser o próprio czar (uma jogada arriscada, já que o rosto do czar era tremendamente conhecido), mas os impostores mais memoráveis sempre acabaram sendo as Anastásias, as versões obscurecidas da princesa mais nova e indisciplinada. Por mais esfarrapadas que fossem suas histórias, a maioria encontrava plateia. Afinal, o *timing* era impecável. Elas estavam se apresentando para um mundo desesperado por finais felizes. Era um mundo abalado pela Primeira Guerra Mundial, um mundo que sentia revoluções a cada esquina, um mundo onde o Titanic podia afundar, dinastias podiam sucumbir e não havia mais motivo para acreditar em contos de fada; a não ser que uma princesa pudesse se erguer de uma cova. Então uma esperança estranha começou a se espalhar pelo mundo. *Ainda vive uma filha do czar?* Talvez, pensavam as pessoas. Afinal, se alguém pudesse sobreviver ao que quer que tenha acontecido naquele porão, seria uma garota feito Anastásia.

A srta. Desconhecida, vagando pelos corredores do sanatório com seu exemplar de *Berliner Illustrirte Zeitung*, era na verdade uma jovem polonesa chamada Franziska Schanzkowska, mas ninguém no sanatório de Berlim sabia disso. Dessa forma, quando ela solenemente informou-os de que era Anastásia Romanov, coberta de cicatrizes e silenciada pelo trauma pelo qual passou, as pessoas pararam e escutaram.

Franziska sempre sentira que era destinada à grandeza. Tinha antepassados nobres, mas, na época em que nasceu, os últimos resquícios de riqueza já tinham sido raspados da sua árvore genealógica. Não havia nenhum ouro para ela. Nenhum reconhecimento. Havia apenas trabalho rural — que ela odiava. Em vez de trabalhar nos campos, ela vivia fugindo e se encolhendo com um livro em algum canto. Também era extremamente próxima do pai, a ponto de a relação parecer um pouco estranha. Eles eram tão íntimos, e sua relação com a mãe era tão obviamente tensa, que alguns historiadores especularam que ela pudesse ter sido vítima de incesto. Se isso fosse verdade, explicaria ao menos parcialmente seu desejo de fugir da vida real. Ou talvez Franziska só tivesse uma fantasia de princesa, assim como tantas outras garotinhas. "Ela vivia falando sobre como queria ser alguém grandioso, alguém importante", disse um de seus amigos.

Mas sua vida adulta fora qualquer coisa menos grandiosa. Na verdade, a infelicidade parecia seguir Franziska feito uma nuvem preta. Depois da morte do pai, ela se mudou para Berlim e conseguiu um emprego perigoso: polir granadas ativas em uma fábrica de munições. Sua saúde já era fraca, e um dia ela desmaiou no trabalho... deixando cair a granada que segurava. O artefato rolou até um supervisor e explodiu, dilacerando o homem em milhões de pedacinhos. Franziska teve um surto nervoso e acabou hospitalizada. Depois de ser liberada, encontrou um novo emprego num campo de aspargos, onde foi brutalmente atacada por um colega de trabalho. Seu agressor espancou seu rosto e corpo tão gravemente que deixou cicatrizes; marcas que algumas pessoas mais tarde pensaram terem sido causadas por uma baioneta bolchevique.

Ferida, traumatizada, tomada pela culpa, desolada: essa era a vida de Franziska quando pulou daquela ponte de Berlim, em 1920. Ao ser resgatada, ela se recusou a contar sua história — talvez não *conseguisse* —, então passou os dois anos seguintes em total silêncio. Até que viu aquela revista, com a fotografia fantasmagórica e romantizada na capa e aquela pergunta incitante que era quase um desafio:

Ainda vive uma filha do czar?

Franziska estudou a revista por um tempo, então perguntou a uma enfermeira se ela notava alguma semelhança entre ela e Anastásia. A enfermeira admitiu que ela se parecia um pouco com a princesa perdida. Nesse momento, Franziska começou a falar, agitada e trêmula. *Eu* sou *Anastásia*, explicou. Sua família inteira havia sido assassinada no porão da Casa Ipatiev, mas ela apenas desmaiara... e acordara tempos depois no fundo de uma carroça. Havia sido salva por um soldado polonês que a levou clandestinamente para a Romênia e estuprou-a durante um de seus longos períodos de inconsciência. Ela engravidara. Na Romênia, deu à luz o bebê que entregou para a adoção e acabou chegando a Berlim, onde pretendia se matar em vez de viver com a vergonha de ser uma princesa desonrada. E aquela, disse Franziska, era a verdadeira história de Anastásia Romanov.

Quando as notícias sobre a nova identidade da srta. Desconhecida se espalharam pela cidade, os refugiados russos locais decidiram ver a mulher com os próprios olhos. *Poderia ser?* No sanatório, eles encontraram uma jovem estranha que se escondia atrás dos lençóis quando se sentia pressionada. Sendo honestos, precisariam admitir que ela não se parecia em nada com sua princesa perdida. *Ainda assim.* Ela era mais ou menos da mesma idade (que estranho!) e tinha os notáveis olhos cinza azulados de

Anastásia (quais eram as chances?) e, de alguma forma impossível, ainda sofria da mesma malformação do dedão (chamada *hallux valgus*, ou joanete) da princesa. Eles não poderiam descartá-la tão de cara. O *e se* era fascinante demais.

Então tentaram incitar a memória de Franziska contando histórias sobre a família imperial, histórias estas que Franziska espertamente arquivava para o futuro. Ela aprendia depressa, comentando casualmente fatos "internos" impressionantes que captara em jornais, fotografias ou visitantes anteriores. Se todo o resto falhasse, ela ficava quieta, o que era um de seus melhores e mais simples truques. O silêncio lhe dava um ar convincentemente majestoso, e muitas das pessoas que a conheceram ficaram convencidas de que, fosse quem fosse, ela *tinha* que ser da aristocracia. "Meu lado racional não consegue entender", afirmou uma das tias de Anastásia depois de conhecer Franziska, "mas meu coração me diz que aquela pequena é Anastásia".

Outros tinham certeza de que ela não passava de uma impostora barata. "Eu vi imediatamente que ela não poderia ser uma de minhas sobrinhas", escreveu outra tia, a princesa Irene da Prússia. "Não identifiquei nada da czarina nela", escreveu a princesa herdeira Cecília, da família imperial alemã, em 1925 (mas então, décadas depois, mudou de ideia: "Estou convencida de que ela é a filha mais nova do czar".) O antigo professor de música de Anastásia deu uma breve olhada para Franziska e declarou: "Não há a mais remota semelhança com minha querida pupila".

Franziska mudou de nome diversas vezes, até que por fim começou a se chamar de "Anna Anderson" — que é como é lembrada hoje em dia —, e sua atuação como Anastásia era tão ruim que seria risível se todos não estivessem com as emoções tão à flor da pele. Para começar, ela não falava russo. (Sua desculpa: a língua dos assassinos dos pais era traumatizante demais para ela.) Ela não se parecia com Anastásia: seus lábios eram mais grossos, o nariz, mais longo, o perfil, completamente diferente. Ela não entendia como as missas russas ortodoxas funcionavam. E, quando as pessoas lhe perguntavam o que acontecera *de verdade* no porão da Casa Ipatiev, ela era espantosamente inconsistente: às vezes dizia que se escondera atrás de Olga, outras que se escondera atrás de Tatiane; algumas vezes alegava ter desmaiado, mas outras afirmava que fora espancada até ficar inconsciente, ou até mesmo que levou um tiro no pescoço.

Ainda assim, para quem acreditava de verdade, seus erros e inconsistências sempre podiam ser justificados pelo prisma do trauma. (É *claro* que ela não se lembra atrás de qual irmã ela se escondeu durante o tiroteio. Você se lembraria?) Franziska se tornou uma espécie de espelho: quem olhava para ela via o que desejava ver. Por exemplo, às vezes ela era encontrada estudando fotografias dos Romanov em completo silêncio. Para os céticos, parecia uma golpista fazendo seu dever de casa. Para os crentes, uma princesa comungando com os fantasmas do passado.

Em 1927, sete anos depois de Franziska pular no rio, um jornal de Berlim revelou sua verdadeira identidade e publicou um *exposé* dramático com a manchete "Desmascarada!". O artigo declarava de uma vez por todas que a mulher com as cicatrizes misteriosas não era, na verdade, a grã-duquesa Anastásia Romanov da Rússia, mas sim a mera filha de um fazendeiro polonês. A matéria deveria ter arruinado a florescente carreira de Franziska, mas não foi o que aconteceu. As pessoas que pensavam que ela era Anastásia ignoraram os fatos e continuaram acreditando.

Acreditaram até quando ela começou a se comportar mal. Depois de receber alta do sanatório, Franziska começou a se mudar de casa em casa, sempre dependendo da caridade de seus apoiadores russos. Eles lhe davam comida. Davam-lhe moradia. Compravam-lhe vestidos chiques. Como recompensa, ela agia como uma hóspede digna dos pesadelos: grosseira, mal-humorada e dada a explosões de raiva imperiais. Às vezes ela vociferava que "asfaltaria as ruas com os crânios de seus inimigos". Mas sua raiva apenas os convencia mais. Afinal, quem se sente no direito de fazer longos discursos raivosos e exigências absurdas… se não uma princesa?

Do outro lado do oceano, outra mulher batia os pés com fúria majestosa. Por 25 anos, uma ucraniana chamada Eugenia Smith vinha vivendo de caridade em Chicago. Embora "caridade" talvez seja a palavra errada, visto que vivia com classe, paparicada como uma hóspede honrada, porque seus anfitriões tinham certeza de que estavam dando comida, moradia e proteção à última princesa Romanov.

Eugenia chegou aos Estados Unidos em 1922 e vinha dando dicas sutis de que era Anastásia desde então. Durante anos fez bicos em Chicago enquanto trabalhava ocasionalmente em um bombástico livro de memórias e aceitava ajuda de qualquer morador que se sentisse mal sobre o modo com que, hum... a família Romanov desaparecera. Assim como Franziska, Eugenia era uma péssima hóspede. "Era difícil morar com ela, era uma mulher infeliz e vivia criticando meus amigos", contou uma de suas anfitriãs, "mas parecia tão perdida que eu queria ajudá-la."

Enquanto Franziska se tornava mais e mais famosa como "Anastásia" — a ponto de Ingrid Bergman interpretá-la no filme *Anastásia*, em 1956 —, Eugenia definhava na obscuridade americana. Mas, em 1963, ela enfim se cansou. Afinal, *ela* era a Anastásia verdadeira, declarou. Estava na hora de o mundo começar a falar a *seu* respeito.

Desse modo, aos 64 anos, Eugenia viajou para a cidade de Nova York levando a tiracolo uma caixa contendo um grande manuscrito e apareceu na porta da editora Robert Speller and Sons. Era um livro cheio de informações bombásticas sobre a Rússia, afirmou, e ela queria publicá-lo. Os editores aceitaram lê-lo. A princípio, Eugenia alegou que era apenas amiga da verdadeira Anastásia, mas a editora suspeitou que ela soubesse mais do que deixava transparecer, visto que o manuscrito estava recheado até o talo com informações confidenciais. "Parecia verdadeiro", disse Robert Speller Sr. "O tom da narrativa era mais subjetivo do que objetivo e passava uma impressão de, tipo, 'eu passei por isso'." Os Speller pressionaram Eugenia até que ela finalmente admitisse: não era amiga da família coisa nenhuma, ela era a própria Anastásia.

Em pouco tempo, a revista *Life* estava batendo na porta de Eugenia com planos de escrever sobre ela e publicar um trecho de seu livro de memórias. A matéria intitulada "O caso da nova Anastásia" foi publicada em 18 de outubro de 1963. A matéria constatava que Eugenia passara por trinta horas de testes com um detector de mentiras sem suar uma gota, e citou um psiquiatra respeitado que declarava que "as descobertas dessas entrevistas me indicaram a possibilidade de a sra. Eugenia Smith ser a grã-duquesa Anastásia da Rússia". (Do outro lado do Atlântico, Franziska leu o artigo e explodiu de raiva.)

É verdade que a matéria não tinha um tom totalmente positivo; nem perto disso. Assim como acontecera com Franziska, pessoas que tinham conhecido a verdadeira Anastásia foram ver Eugenia em primeira mão, e muitas não se impressionaram. A prima de Anastásia declarou que "o rosto inteiro era errado" e que "o sotaque russo não soava nem um pouco certo". Antropólogos compararam fotos de Anastásia com as de Eugenia e descobriram que o rosto de Anastásia era mais simétrico do que o de Eugenia, e que os narizes eram muito diferentes. As caligrafias também eram visivelmente distintas, e, na verdade, Eugenia tinha muita dificuldade de escrever em russo. Por exemplo, quando tentou escrever a palavra russa para "saudações", confundiu duas letras e acabou com a palavra "inocular". Quase daria para pensar que ela sequer era russa.

Ignorando os céticos, Eugenia mergulhou de cabeça em sua nova vida como uma competidora oficial pelo título de Anastásia. Mudou-se para Newport, Rhode Island, onde encheu seu apartamento de iconografias russas ortodoxas e retratos de seus "pais", Nicolau e Alexandra. Passava horas preparando borscht. Chegou até a se encontrar com um dos Alexei impostores e anunciou que ele de fato era seu irmãozinho havia muito tempo perdido; uma reviravolta surpreendente, visto que sua biografia alegava que Alexei tinha sido morto.

Mas a fantasia de princesa era mais forte do que qualquer uma das inconsistências de Eugenia. As pessoas que desejavam acreditar nela simplesmente escolhiam acreditar e não se abalavam. Estranhamente, a pessoa mais afetada emocionalmente pela história de Eugenia talvez tenha sido a própria Eugenia. No aniversário de 45 anos do desaparecimento da família Romanov, ela compareceu a uma cerimônia memorial russa ortodoxa. Usava luvas e um chapéu florido. Segurou uma vela com força. Durante a cerimônia, olhou fixamente à frente, passando a todos a impressão de que estava relembrando uma dor imensurável. Seus olhos estavam cheios de lágrimas.

Durante quase todo o século XX, o mundo inteiro acreditou que os corpos dos Romanov jamais seriam encontrados; se é que *havia* corpos, se é que de fato *tinham* morrido. Depois que a família Romanov desceu ao porão da Casa Ipatiev, foi como se todos tivessem evaporado. O governo de Lenin fingiu não fazer ideia do que acontecera com aqueles malditos membros da realeza. Tinham morrido? Sobrevivido? Escapado? Sido enterrados a sete palmos? Quem poderia dizer? Em 1924, um investigador criminal chamado Nikolai Sokolov saiu em busca dos corpos, mas não encontrou nada além de um pouco de cinzas, um ou outro osso e um dedo decepado. Concluiu que os Romanov *tinham* morrido, mas que seus corpos haviam sido esquartejados, derretidos em ácido e completamente queimados. Era a única explicação plausível tanto para a ausência de Romanovs vivos quanto pela ausência de corpos, pensou ele. A maioria das pessoas aceitou a conclusão.

Mas alguns permaneceram céticos. Será que uma fogueira normal seria capaz de destruir não apenas todos aqueles corpos, mas também todas aquelas *arcadas dentárias*? Décadas depois, em 1979, um geólogo chamado Alexander Avdonin e um cineasta chamado Geli Ryabov decidiram escavar pessoalmente em busca dos corpos dos Romanov. Eles se encontraram com o filho de Yakov Yurovsky, o último homem responsável pela vigia da família imperial, que lhes entregou algo definitivo e conclusivo: uma cópia do relatório de Yurovsky para o governo contando o que, exatamente, acontecera no porão. Usando a informação do documento, o geólogo e o cineasta localizaram o que pensavam ser a cova dos Romanov. E então se puseram a cavar. Ajoelhados, tatearam a terra até que de repente tocaram em algo frio. "Identificamos partes de nada menos do que nove corpos", disse Ryabov. "Desenterramos alguns crânios e o osso do quadril de Nicolau II."

Ryabov e Avdonin não contaram a ninguém sobre o que suas mãos tinham acabado de tocar. Levando em conta o tenso clima político da Rússia naquele momento, os dois sentiram que suas notícias seriam bombásticas demais. Então voltaram a enterrar os ossos e não proferiram uma palavra sobre a descoberta até

1989. No verão de 1991, o presidente da Rússia, Boris Yeltsin, solicitou um comitê para escavar oficialmente o local. O comitê constatou, pelo estado do material encontrado, que os Romanov foram vítimas de tremenda violência. Seus ossos estavam desfigurados por buracos de balas, os crânios quebrados por coronhas de armas; alguns dos esqueletos estavam destroçados "como se tivessem sido atropelados por um caminhão". A arqueóloga que coordenou a operação disse nunca ter visto restos mortais tão "terrivelmente danificados; tão violentados. Passei mal".

Ainda assim, algo não estava certo. Onze pessoas deveriam ter morrido naquela noite (sete dos Romanov, três empregados e o médico da família), mas só havia nove corpos na enorme cova. Quatro do sexo masculino, cinco do feminino. O jovem Alexei não estava ali, assim como uma das princesas, mas os cientistas não conseguiram concordar sobre qual delas. Cientistas russos acharam que o corpo ausente era de Maria; cientistas americanos tinham certeza de que era de Anastásia. Em 1993, testes de DNA confirmaram que os ossos eram de fato dos Romanov, mas os dois últimos corpos continuavam desaparecidos. A esperança brilhou no ar. Talvez um dos impostores estivesse realmente falando a verdade.

O último ato de Franziska Schanzkowska foi bizarro. Ela havia passado décadas morando de favor com outras pessoas, mas, quando finalmente passou a morar sozinha, tornou-se acumuladora. Pregou tábuas nas janelas e cercou o jardim com arame farpado. Arrumou galgos irlandeses para proteger sua solidão. Adotou mais de sessenta gatos. Comia pouquíssimo, preferindo colocar sua comida no chão para os gatos comerem, o que significava que sua casa era cheia de comida podre. Quando seus amados bichos de estimação morriam, ela os enterrava em covas rasas ou tentava cremá-los na própria lareira. A casa emanava um cheiro tão horrível que virou alvo de reclamação dos vizinhos.

Em 1968, mudou-se para os Estados Unidos e se casou com um homem excêntrico, dr. John Manahan. Os dois compraram uma casa em Charlottesville, Virgínia, que em pouco tempo estava transbordando de gatos, corpos de gatos, comida de cachorro podre, pilhas de jornal, sacos de lixo, estranhas "armadilhas" que Franziska gostava de preparar para possíveis intrusos e pilhas de coisas aleatórias, como uma inexplicável montanha de batatas. Ela se tornou uma curiosidade local, uma piada. As pessoas a chamavam de "Annie Apple", e um restaurante de Charlottesville fez uma propaganda de seu vinho que dizia que, depois de duas taças, você também começaria a acreditar que era Anastásia Romanov.

Às vezes, Franziska parecia sobrecarregada pela própria farsa, comentando com visitantes que levava uma vida dupla. Outras vezes, parecia se deleitar em sua duplicidade. Em uma ocasião, exclamou alegremente para um cliente de uma lanchonete: "Talvez eu não seja eu mesma. Talvez seja. Só o que me importa é: vamos comer esse sorvete!". À medida que envelhecia, suas histórias sobre a vida na Rússia ficavam mais estranhas: chegou ao ponto de ela alegar que toda a família tinha contratado dublês, e que tinham sido os dublês que foram executados. Às vezes, ela declarava que ninguém fora assassinado.

Conforme chegava ao fim da vida, talvez tenha começado a esquecer de que *não era* Anastásia. O príncipe Nicolau Romanov, um dos primos do czar, declarou ao *Washington Post*: "Tenho certeza de que, no fim na vida, ela acreditava na própria história, e, de forma confusa, se esquecera da própria vida." Os muitos médicos que a examinaram concordaram que ela era "sã, apesar de extremamente tensa", e hoje em dia alguns de seus biógrafos acham que ela podia ter um "transtorno de personalidade *borderline* agravado pelo que atualmente poderia ser classificado como transtorno de estresse pós-traumático", mas que era "improvável que ela fosse de fato clinicamente insana". Franziska permanecia um enigma, mas jamais deixaria de alegar ser uma princesa. Ela morreu em 12 de fevereiro de 1984. Em sua lápide, se lê "Anastásia".

Até que um dia o DNA, o supremo equalizador, chegou para ela e sua rival. Em 1994, cientistas analisaram mechas de cabelo e um fragmento do intestino de Franziska, que provaram conclusivamente que ela não era Anastasia Romanov. No ano seguinte, perguntaram a Eugenia se ela gostaria de doar uma amostra de sangue para ser testado. Ela se recusou a dar uma única gota. Viveu até a avançada idade de 95 anos, ainda insistindo discretamente que *ela* era a verdadeira princesa. Faleceu em 1997 (mesmo ano do lançamento da animação da Disney *Anastásia*, que também afirmava que Anastásia sobrevivera). Uma matéria sobre os Romanov no *Chicago Tribune* mencionou Eugenia brevemente, dizendo que "ninguém" acreditava nela. Em seu obituário, uma especialista em história russa chamou sua história de "uma bobagem sem sentido". A essa altura, já fazia quase oitenta anos desde que alguém vira a verdadeira Anastásia Romanov. Deveria ter sido o fim da história da princesinha. Mas não foi.

A longa e tortuosa questão sobre o destino dos Romanov foi finalmente respondida em 2009. Os dois últimos corpos foram encontrados em uma segunda cova não muito longe da primeira, e testes de DNA confirmaram que aqueles eram os ossos de Alexei e sua última irmã. Era, portanto, oficial: ninguém sobrevivera ao que aconteceu no porão da Casa Ipatiev. Nenhuma das mulheres que vagaram pelo mundo alegando ser Anastásia estava falando a verdade. Anastásia nunca passara dos dezessete anos.

Eis como a história dela terminou. Por volta da 1 hora da manhã do dia 17 de julho de 1918, Yakov Yurovsky — o chefe da guarda da Casa Ipatiev, de sangue frio e bigode preto — acordou a família imperial e lhes disse para se vestir e descer até o porão. Havia tumultos irrompendo pela cidade, afirmou ele, e todos ficariam mais seguros lá embaixo. A família obedeceu, sonolenta. Ao chegarem, Yurovsky os enfileirou contra a parede do fundo, explicando que tirariam uma foto. Foi só nesse momento que onze outros homens entraram no cômodo. Todos armados.

Enquanto a família e os empregados esperavam obedientemente pela fotografia, Yurovsky pegou uma folha de papel e leu depressa: "Em virtude do fato de que seus parentes continuam a atacar a Rússia Soviética, o Comitê Executivo do Ural decidiu executá-los."

"Como? O quê?", disse Nicolau, então Yurovsky atirou em seu peito.

O último czar da Rússia caiu ao chão. Sua esposa, que começou a fazer o sinal da cruz, levou um tiro à queima-roupa na cabeça. Os empregados e o médico da família também foram mortos imediatamente. Os carrascos atiraram com firmeza nas crianças. O cômodo se encheu de fumaça. Gritos. Tiros. De algum modo, as crianças não estavam morrendo. Na verdade, as balas pareciam ricochetear de suas roupas. Os carrascos começaram a entrar em pânico. Não sabiam ainda, mas as crianças tinham costurado joias nas roupas, que agora agiam como uma armadura. Finalmente, os executores se aproximaram de Alexei, esfaqueando-o com baionetas e atirando em sua cabeça. As princesas se agarraram umas às outras, gritando. Os homens se voltaram contra elas.

Atiraram na cabeça de Olga. Na mandíbula de Tatiana. Maria e Anastásia se provaram mais difíceis de matar. Os homens atiraram nelas e as esfaquearam, depois atiraram e esfaquearam de novo, até que finalmente as duas meninas silenciaram. De repente, uma das empregadas — Anna Demidova, aia de Alexandra — se levantou num pulo e exclamou: "Graças a Deus! Deus me salvou!". Um dos homens avançou em sua direção e acertou-a com a baioneta até ela cair de novo. O chão estava escorregadio de tanto sangue.

Mas ainda não acabara. Enquanto os homens carregavam os corpos para fora na direção da carroça que aguardava, Maria e Anastásia ergueram o tronco, soluçando e engasgando. De alguma maneira, continuavam vivas. Seus diamantes as tinham protegido bem demais. Um dos guardas começou a esmurrar seus rostos com a coronha da arma. Outros, ao ver a cena, começaram a vomitar e fugiram. Os homens carregaram os onze corpos para o poço de uma mina e os jogaram lá embaixo, então voltaram mais tarde para transferi-los para outro local ainda mais secreto. Yurovsky mandou um de seus homens entrar no fundo do poço, mesmo com a água até a altura do peito, e procurar os corpos até encontrar. A essa altura, os cadáveres estavam tão inchados que Yurovsky não soube distinguir os empregados da realeza.

Foi assim que a história de Anastásia chegou ao fim: horrivelmente prolongada pelas mesmas joias que a identificavam como uma princesa.

A história, que levara quase cem anos para se encerrar, era horrível demais. Detalhada demais. Era o oposto de um final feliz. Só havia, portanto, uma coisa a se fazer: jogar os fatos no lixo e se apegar ao conto de fadas. As Anastásias continuaram a surgir. Em 2011, um livro autopublicado surgiu na Amazon com o título: *The Real Anastasia Romanov: Her Life in the United States After the 1917 Revolution as Told By Her Grand Daughter* [A verdadeira Anastásia Romanov: a vida dela nos Estados Unidos após a Revolução de 1917 contada por sua neta]. Em 2012, uma matéria no site *Inquirer.net* alegou que "avó filipina poderia ser a Anastásia russa". Em 2014, o *Daily Mail* relatou que um "novo livro bombástico" por um "respeitado historiador russo" tinha acabado de provar, em retrospecto, que Franziska fora mesmo Anastásia desde o começo. E, em 2018, um "genealogista amador" com um "sentimento enervante de que estava no caminho certo" republicou as memórias de Eugenia Smith, certo de que *ela* era a verdadeira. Ele disse a um repórter: "Eugenia também era uma artista de mão cheia, e havia fotografias de Anastásia pintando na Rússia quando adolescente. Seria apenas coincidência?".

Era uma reação bem humana à tragédia. "As pessoas buscam acontecimentos extraordinários para alterar o passado", disse o príncipe Nicolau Romanov, primo do czar. "Só que a história é brutalmente eficiente em suas soluções, e brutalmente simples." Mas quem queria ouvir sobre simplicidade bruta? Quem queria ouvir sobre baionetas e corpos inchados quando podiam acreditar que Anastásia acordou na traseira de uma carroça, a salvo? Quem queria debater formatos de nariz e sotaques russos quando podiam simplesmente se convencer de que sua Anastásia favorita estava falando a verdade? O que essas Anastásias ofereciam era um tipo de redenção. O mundo era cruel, e a morte, impiedosa. Às vezes, chegava para garotas de dezessete anos. Muito melhor ignorar todas as evidências e acreditar que a história foi gentil, que os homens tiveram mise-

ROXIE ANN RICE

1955-HOJE

pseudônimos:
Sra. Kenneth Houston,
dra. Andiza Juzang, Roxie Ann
Christian, Roxie Houston,
Lara Borga, Roxanne A. Harris

MULHER AO TELEFONE ERA INCRIvelmente intrigante. Tinha um *sotaque*. Mencionava casualmente nomes de *celebridades*. Mas era dia 7 de dezembro de 1974, o que significava que o jogo estava próximo, e Rick Forzano, do Detroit Lions, não tinha tempo para falar com jornalistas. Ele tinha um time de futebol americano para treinar. Um time de rapazes talentosos e absurdamente lindos; não que Rick Forzano pensasse nesses termos. Ele só estava pensando no jogo do dia seguinte, pensando que já estava quase atrasado para a refeição com o time e que não tinha muito tempo para ficar batendo papo.

Mas a mulher ao telefone ficava prendendo sua atenção. Ela disse que trabalhava para a Embaixada Ganense nos Estados Unidos. Gana! Era daí que vinha o sotaque. Ela explicou que queria mandar um de seus representantes de Gana para entrevistar Forzano sobre o maravilhoso mundo do futebol americano. E ela por acaso mencionou que sua chefe era ninguém mais ninguém menos do que Shirley Temple, a atriz mirim de cachinhos adoráveis, que estava toda crescida e trabalhando como embaixadora dos Estados Unidos em Gana. Foi aquele nome — *Shirley Temple* — que o conquistou. Forzano era obcecado pela atriz desde que ele mesmo era uma criança. De repente, seu calendário lotado não parecia mais tão importante. Ele concordou em dar a entrevista naquela tarde, depois da refeição com o time, desde que a representante de Gana levasse duas fotos autografadas de Shirley Temple que ele pudesse dar aos filhos.

Várias horas depois, a representante de Gana chegou à sua porta e se apresentou como dra. Andiza Juzang. Com mais de 1,80 metro, ela passava uma imagem imponente com seu vestido ganense e turbante (não que Forzano soubesse distinguir um turbante ganense de um americano; ele nem sabia de verdade onde Gana ficava). Ela contou tudo sobre seu passado próspero: estudara na Universidade de Oxford, e seu pai era dono de uma plantação e de uma mina de diamantes. Ele também tinha seis esposas, afirmou ela.

Enquanto os dois conversavam, Forzano sentiu-se satisfeito por ter arranjado tempo para a entrevista. A dra. Juzang era muito charmosa, provocando-o sobre o fato de ele não ser grande o bastante para ser treinador de futebol. "Você não parece treinador", dizia ela. "Sequer tem um apito!" Quando pediu algumas fotos dos jogadores — aqueles jogadores talentosos e absurdamente lindos —, Forzano acatou. Ao fim da entrevista, os dois estavam se dando tão bem que ela o convidou para visitá-la em Gana. O pedido, ele precisava admitir, era bem tentador. Ele poderia ficar na plantação do pai dela, disse ela, e como um gesto especial da tradicional hospitalidade ganense, ele teria permissão para dormir com uma das seis esposas do pai a cada noite.

No dia seguinte, quando o time de Forzano derrotou o Cincinnati Bengals por enervantes quatro pontos, o treinador não pôde deixar de sentir que a fantástica entrevista com a dra. Juzang tinha, de certa forma, contribuído para seu sucesso. Reluzindo de felicidade, ele encheu uma caixa de parafernália de futebol e enviou-a para o endereço que ela lhe dera, a 8.753 quilômetros de distância, em Gana. Chegou a escrever uma carta para a própria Shirley Temple, elogiando-a pela "ótima representante" que ela mandara.

Mas a dra. Juzang nunca o respondeu. Forzano não entendeu nada. Ele não tinha sido convidado para visitá-la em Gana? Que decepção. O encontro todo tinha sido tão agradável. Não fazia sentido, pensou ele, que uma mulher tão gentil fosse simplesmente desaparecer assim.

Na teoria, a vida de Roxie Ann Rice era entediante. Deprimente, até. Ela fora mãe na adolescência e abandonara a faculdade. Morava com a mãe em St. Louis. Seu pai estava morto e seu irmão era suicida. A vida se estendia à sua frente; mesma coisa de sempre, mesma coisa de sempre, mesma coisa de sempre.

Roxie nasceu em 11 de março de 1955 de uma mãe guerreira de seis filhos e um pai viciado em drogas. Quando cresceu, tornou-se excelente aluna, foi avaliada como "superdotada" no segundo ciclo do ensino fundamental e inscrita em um curso acadêmico avançado no ensino médio. No entanto, abandonou a escola depois de um ano e entrou para um programa voluntário do Departamento de Trabalho dos Estados Unidos chamado Job Corps, que lhe ofereceu educação gratuita e treinamento vocacional. Talvez Roxie quisesse apenas uma desculpa para sair da sua cidade natal. O Job Corps a transferiu para Albuquerque, Novo México, onde ela recebeu o equivalente a um diploma de ensino médio e descobriu que tinha outro talento mais secreto: era uma excelente golpista.

Começou com algumas trapaças básicas. Falsificou referências para convencer uma moradora local a contratá-la como empregada doméstica. Roubou o cartão de crédito e talão de cheques da mulher e fugiu da cidade. No outono de 1972, ingressou na Southern University em Baton Rouge, Louisiana, mas esse também foi um experimento curto. Roxie engravidou, abandonou a faculdade depois do primeiro semestre e voltou a morar com a mãe. No mesmo ano, seu pai foi assassinado em uma troca de tiros por causa de drogas.

Quando o outono de 1974 chegou, Roxie estava em um emprego bem chato na General American Life Insurance Company em St. Louis. Sua mãe se casara de novo e trabalhava em diversos empregos para sustentar a família. No início daquele ano, o irmão de Roxie, Roderick, tentou pular de uma ponte gigante que se estendia sobre o rio Mississippi. A vida não era fácil para ninguém da família Rice. Quando Roxie abrisse uma revista, sentia que todo o resto do mundo estava dançando, bebendo e se divertindo por aí... menos ela.

Os Estados Unidos da década de 1970 estava com os dois pés na era pós-direitos civis, e os negros do país quebravam recordes a torto e a direito: Newark e Los Angeles e Atlanta e Detroit elegeram seu primeiro prefeito negro; o prêmio Pulitzer de Teatro foi dado a um dramaturgo negro pela primeira vez na história; o Congressional Black Caucus foi criado; a primeira mulher negra posou para a capa de uma grande revista de moda; o primeiro político negro concorreu ao cargo de presidente; o Black History Month [Mês da História Negra] e a National Black Feminist Organization [Organização Nacional Feminista Negra] foram fundados; um jogador de beisebol negro quebrou o recorde de *home-runs* de Babe Ruth, e revistas como *Essence* e *Black Enterprise* foram lançadas. Não foi uma era perfeita — longe disso —, mas, se você fosse um adolescente negro e sonhador, aquela década nos Estados Unidos foi a época em que você podia fundar uma revista feito a *Essence* e ver que havia mais e mais pessoas parecidas com você realizando os sonhos *delas*.

E Roxie sempre foi sonhadora.

A mulher ao telefone era incrivelmente intrigante. Disse que se chamava "Dale" e que estava ligando por causa da dramática história de um órfão de Gana. Era um relato verdadeiramente terrível, repleto de perda, chacina, sangue e solidão. Do outro lado da linha, Fred Christian escutou, cativado. Ele queria ajudar. Faria qualquer coisa que Dale lhe pedisse.

Christian era um vendedor de carros de vida difícil de St. Louis que sabia identificar um mentiroso a mais de um quilômetro de distância. Ele não estava acostumado a receber ligações sobre órfãos de Gana. Mas essa mulher, essa "Dale", era muito convincente. Ela lhe disse que eles já tinham se conhecido antes, em uma festa em Los Angeles. Christian *estivera* em uma festa em Los Angeles, e por mais que não se lembrasse de ter conhecido ninguém chamado Dale, ela descreveu a festa tão bem que ele teve certeza de que ela também devia estar presente.

Dale explicou que estava ligando porque estava preocupada com uma amiga, uma garota meiga de Gana que viera aos Estados Unidos para terminar a faculdade de medicina. Infelizmente, ela agora estava órfã e viúva, porque, lá em Gana, tanto seus pais quanto seu marido tinham acabado de ser massacrados na sangrenta Revolta dos Mau-Mau. (A Revolta dos Mau-Mau tinha de fato acontecido no Quênia duas décadas antes, mas Fred Christian não sabia disso.) Agora, dizia Dale, essa preciosa órfã estava sozinha no mundo. Será que Christian poderia ajudá-la colocando-a debaixo de sua asa? Mostrar-lhe a cidade? Ajudá-la a se reerguer etc.? Dale também mencionou, casualmente, que a garota teria direito a uma herança de 70 mil dólares quando completasse 21 anos.

Intrigado, Fred Christian concordou em ajudar.

Quando Christian se encontrou com a enlutada órfã ganense — que se apresentou como dra. Andiza Juzang —, ficou instantaneamente encantado. Ela não era *atraente*, mas tinha uma conversa fantástica. Então ele a levou para jantar. "Ela é uma das pessoas mais legais que já conheci", disse ele mais tarde. "Não era atraente fisicamente, mas tinha uma personalidade envolvente." Os dois rapidamente se tornaram amigos. Às vezes, Christian a buscava em um dos hospitais onde ela trabalhava; uma vez até viu a garota da recepção chamá-la pelo pager, e ela desceu logo em seguida, tranquilamente papeando com seus colegas médicos. A dra. Juzang estava morando num hotel de beira de estrada ali perto, mas, quando reclamou do barulho, Christian decidiu convidá-la para ficar na casa dele por um tempo.

Apesar da personalidade envolvente, havia alguma coisa sobre a dra. Juzang que Christian achava difícil de explicar; alguma coisa quase de outro mundo. "Não vá escrever aí que estou dizendo que a garota é marciana", disse ele, "mas eu sabia que ela lia meus pensamentos. Ela sabia demais... coisas que eu nunca contei a ela." Às vezes, ele presumia que estava sozinho no apartamento, então percebia com um susto que fazia horas que a dra. Juzang estava sentada ali, olhando pela janela. Disse a si mesmo que ela só estava fascinada pela vista dos prédios de St. Louis, dado que vinha de Gana e coisa e tal. Outras vezes, ela estourava a conta de telefone com ligações internacionais de centenas de dólares, mas, quando ele deixava dinheiro dando sopa no apartamento, ela nunca pegava. Por falar em telefonemas, Christian não pôde deixar de notar que Dale nunca ligava para ele quando a dra. Juzang estava por perto e, por mais que Dale tivesse feito planos de encontrá-lo ao menos cinco vezes, sempre desmarcava em cima da hora.

Ainda assim, nada disso foi suficiente para deixá-lo preocupado, então, quando a dra. Juzang pediu para ser apresentada ao seu irmão mais novo, Adrian, ele concordou. Se Christian ficara entretido pela dra. Juzang, Adrian ficou completamente enamorado. "Meu irmão ficou encantado, poderia dizer até possuído, por aquela mulher", contou Christian. Duas semanas depois de se encontrarem pela primeira, a dra. Juzang e Adrian decidiram se casar.

O casamento foi em um sábado. Na segunda-feira, a dra. Juzang tinha sumido.

Os irmãos Christian não conseguiam acreditar. Fred Christian era vendedor de carros; era praticamente treinado na arte de identificar histórias falsas. "Se eu visse um cara atravessando o estacionamento da concessionária, já sabia dizer que ele contaria pelo menos três mentiras", disse ele, balançando a cabeça. Adrian, abandonado depois de três dias de casamento, ficou ainda mais chocado. "Não estou tirando onda, mas eu me achava bem esperto", declarou ele. "Caí no papo dela. Conheci uma pessoa totalmente diferente."

Foi só depois que a dra. Juzang desapareceu que os irmãos perceberam como, na verdade, ela vinha agindo com estranheza. "A mulher é uma mentirosa profissional", contou Adrian. "Eu a peguei em um monte de mentiras, e quanto mais a pessoa continua falando, mais ela se enrola e, cedo ou tarde, estraga tudo." Mesmo que Christian estivesse estarrecido, ele não pôde deixar de se impressionar com o ato da dra. Juzang. "A garota é astuta. Tem uma mente muito sagaz", comentou ele, lembrando que seu sotaque "ganense" nunca falhou, nem mesmo de manhã cedo.

No dia 7 de dezembro de 1974, Roxie Ann Rice entrou tranquilamente num hotel de beira de estrada e disse ao dono que era casada com um jogador profissional de futebol americano.

Fora um outono movimentado para Roxie. Ela vinha inventando histórias; muitas e muitas. Dava para dizer que elas eram seu verdadeiro trabalho, visto que Roxie pedira demissão de seu emprego na General American Life Insurance Company apenas 36 dias depois de começar. Ela fingira ser Dale, usando a voz mais encantadora que conseguiu para convencer Fred Christian que eles se conheciam de Los Angeles. Fingira ser a dra. Andiza Juzang, a órfã e viúva enlutada de Gana que estava prestes a herdar 70 mil dólares. Passara tempo o bastante no hospital local para que Fred Christian acreditasse que ela trabalhava lá. Caramba, ela até se casara com Adrian Christian — *se casara!* E agora estava pronta para entrar em um avião para Detroit e entrevistar Rick Forzano do Detroit Lions, fingindo ser uma representante de Gana e filha de um dono de mina de diamantes educada em Oxford. Ela faria com que o sujeito a adorasse, assim como fizera com Fred e Adrian Christian. Se sua personalidade envolvente não o encantasse, um convite para dormir com as seis esposas fictícias do pai cuidaria disso. Então, quando terminasse de entrevistá-lo, ela pediria para conhecer alguns de seus jogadores de futebol americano; aqueles jogadores talentosos e absurdamente lindos que ela tanto amava.

No entanto, horas antes de pegar o voo para Detroit, ela estava plantando a semente para outro esquema, outra história. No Royalty Motel em St. Louis, ela se aproximou do balcão da recepção e informou o dono, Hugh Robnett, que trabalhava para a Nacional Football League (NFL). Seu trabalho era viajar pelo país, disse ela, escolhendo os hotéis onde os jogadores se hospedariam durante os jogos fora de casa. Ela explicou para Robnett que, uma vez por ano, representantes de todos os times esportivos profissionais do país se encontravam para escolher seus hotéis favoritos, e se Robnett quisesse lhe pagar uma taxa de negociação de 600 dólares, ela ficaria feliz em fazer uma boa recomendação sobre o Royalty Motel. E por que ele deveria confiar nela? Porque ela era ninguém menos do que Roxie Houston, a amável esposa do astro da NFL Ken Houston. Olha! Ela tinha até o cartão de crédito dele.

Ken Houston jogava na linha defensiva do Washington Football Team, um atleta esguio de 1,90 metro cujo rosto estampava diversas álbuns colecionáveis. Suas costeletas eram um arraso. Seu sorriso repuxava um pouco para um lado. Ele era talentoso, absurdamente bonito; perfeito para virar marido. Ken já tinha uma esposa, mas Hugh Robnett não fazia ideia de sua aparência, então, quando Roxie lhe disse que *ela* era a sra. Kenneth Houston, ele acreditou. Não estava pronto para dar os 600 dólares que ela pedira, mas ficou interessado o bastante para escutar sua história.

Depois de papear com Robnett como "sra. Kenneth Houston", Roxie foi para Detroit se encontrar com Rick Forzano como "dra. Andiza Juzang". Um mês depois, reapareceu no Royalty Motel, pressionando Robnett para lhe pagar a taxa de 600 dólares e pagando pelo quarto com o cartão de crédito de Ken Houston. Àquela altura, alguma coisa na história dela não estava cheirando bem para Robnett, então ele resolveu sondar um pouco antes de entregar 600 dólares para aquela esposa de jogador profissional de futebol americano que se parecia terrivelmente com uma adolescente. Não demorou até que descobrisse que a verdadeira esposa de Ken Houston se chamava Gustie e se encontrava no Texas naquele momento. Ele ligou para a polícia, que rastreou Roxie até o aeroporto... e a prendeu lá.

Com Roxie na cadeia, um sargento telefonou para Ken Houston, que, um tanto surpreso, confirmou que seu cartão de crédito estava desaparecido desde novembro. Incrivelmente, Houston disse ao sargento que conhecia Roxie. Ela ficara na casa dele em D.C., contou ele. Mas não a conhecia como Roxie Ann Rice, e sim como dra. Andiza Juzang, de Gana. Tinham se conhecido havia mais ou menos um mês, quando uma representante da revista *Ebony* telefonara para ele e dissera que a revista planejava fazer uma matéria sobre ele; mas, antes, será que ele se importaria de buscar sua amiga, dra. Andiza Juzang, no aeroporto? Houston concordou, e a "dra. Juzang" se hospedou com ele e sua esposa por dois dias, durante os quais eles tiveram conversas agradáveis sobre sua vida em Gana e seus objetivos nos Estados Unidos. No terceiro dia, ela desaparecera com sua calculadora e seu cartão de crédito.

A polícia achou estranho que essa garota de dezenove anos de St. Louis tivesse de fato conseguido convencer Ken Houston a recebê-la como hóspede. Mas, fora esse pequeno detalhe, o crime de Roxie pareceu bastante objetivo. Ela usara um cartão de crédito roubado no Royalty Motel. A acusação contra ela foi entediante: "Tentativa de roubo de cinquenta dólares via fraude". Roxie era só mais uma ladra adolescente tentando fazer um dinheiro fácil. Nada terrivelmente sério. Ninguém incrivelmente especial.

Então Roxie começou a contar uma história diferente.

Em setembro passado, eu fiz uma amiga, disse Roxie.

A nova história que Roxie contaria era bombástica, quase inacreditável. Mas a polícia teve que acreditar nela — ou, ao menos, precisou checar os fatos —, porque, se Roxie estivesse falando a verdade, todo o mundo dos esportes nos Estados Unidos estaria em grandes problemas. Então eles escutaram enquanto ela tecia sua fábula. *Era uma vez...*

Roxie disse a eles que, no mês de setembro anterior, enquanto ainda trabalhava na General American Life Insurance Company, ela conheceu uma cubana chamada Pat Cleveland no intervalo de almoço. Enquanto conversavam, Roxie se sentiu confortável o suficiente para contar sobre seus problemas a Cleveland. O filho estava doente, o dinheiro estava apertado e ela estava preocupada.

Cleveland se animou. *Você precisa de dinheiro? Então tem que conhecer uma pessoa.*

Essa pessoa era Tony, um cara branco de cinquenta e poucos anos que comandava um complexo cartel de drogas por todo o país que lidava com a droga mais ardilosa e perigosa de todas: maconha. Cleveland e Tony queriam contratar uma terceira pessoa, alguém que aprendesse rápido, fosse boa com sotaques e excelente em imitações. Alguém igualzinha a Roxie. Eles explicaram que vendiam drogas para atletas profissionais por todo o país e que precisavam que ela as entregasse. Mas ela não podia fazer isso como "Roxie Ann Rice", é claro. Precisava de uma nova identidade. Então, eles lhe ensinaram tudo sobre a história de Gana e a treinaram nas nuances do sotaque do país. Mostraram-lhe como prender o cabelo do modo ganense tradicional. Deram-lhe um jaleco branco e um estetoscópio. E lhe entregaram uma identidade na qual se lia *dra. Andiza Juzang.*

Com um turbante no cabelo e um novo sotaque na ponta da língua, Roxie mergulhou em uma vida de riqueza, intriga... e homens talentosos e absurdamente lindos. Ela nunca sabia para onde estava indo; tudo que precisava fazer era aparecer no aeroporto, e Cleveland e Tony cuidariam do resto. Em um dia, ela voava para Miami e entrava em uma limosine que a levaria até uma mansão à beira-mar cheia de dogues alemães, aeromoças e jogadores de futebol. Em outro, estaria a caminho de Los Angeles. Ela tinha ido a Dallas, Chicago, Cincinnati, Cleveland, Denver, San Diego, Houston, Washington, Nova Orleans e Kansas City. Carregava uma valise recheada de drogas e decorada com adesivos da NFL, que ela trocava por valises vazias em locais pré-estabelecidos. Às vezes, ela e Pat Cleveland compareciam aos jogos e, enquanto olhavam para o campo, pessoas misteriosas se aproximavam furtivamente e lhes entregavam bolos de dinheiro, que Roxie enfiava nos bolsos. (Ela sempre usava roupas com bolsos grandes, para garantir.) Conversara com treinadores e pessoas que trabalhavam na linha de frente da NFL, conhecera jogadores pessoalmente — até se *hospedara* com alguns deles. Era um trabalho glamouroso — ficar lado a lado com os homens mais fisicamente perfeitos dos Estados Unidos —, mas também podia ser apavorante. Tony era um chefe cruel. Se não ficasse satisfeito com o trabalho, ele a ameaçava, dizendo que, se Roxie crescesse o olho, ele machucaria seu filho.

Fim, disse Roxie.

O policial de St. Louis não conseguia acreditar no que estava ouvindo. Não havia a menor chance de aquela história ser verdadeira... certo? Mesmo assim, ele a redigiu em um documento de 39 páginas e espumou de raiva quando alguém da delegacia vazou o texto inteiro para a imprensa. Os jornalistas, naturalmente, amaram aquilo. Ela usava um *o que* e entregava drogas para *quem*? Em 22 de janeiro, já havia jornais por todo o país publicando matérias bem-humoradas sobre a história fantástica de Roxie. Muitos zombaram de sua estatura, de seu peso e de seus turbantes coloridos, observando que ela não era exatamente uma figura discreta. Como essa adolescente fantasiada conseguiria se infiltrar nas empresas esportivas mais conceituadas do país? A situação toda era bizarra demais para ser levada a sério... certo? Tolinha da Roxie.

Logo no dia seguinte, a risada morreu na garganta de todos. Um pouco de investigação revelou que Roxie *de fato* estivera em muitas das cidades que alegara visitar. E pessoas da NFL se lembravam *mesmo* de conhecê-la, como Jess Peters, diretor de promoções e propaganda do Kansas City Chiefs, e Solomon Freelon, jogador do Houston Oilers. (Roxie disse a Freelon que estava estudando a relação entre poluição da água e câncer. "[Drogas] nunca passaram pela minha cabeça", disse Freelon, "porque ela parecia muito interessada em poluentes aquáticos.") Havia registros de ocasiões em que Roxie recebeu privilégios de imprensa de times como o Chiefs, Detroit Lions e Minnesota Vikings. Cada detalhezinho que emergia dava mais credibilidade a ela.

Em Detroit, o treinador Rick Forzano relembrou sua entrevista com clareza constrangedora. "Caí no papo dela", declarou à imprensa. "E eu sequer sei onde Gana fica."

Por umas duas semanas, a imprensa, a polícia e a NFL tentaram entender a história de Roxie. A Drug Enforcement Administration [Departamento de Combate às Drogas] foi envolvida, assim como a American Basketball Association [Associação Americana de Basquete], visto que Roxie sugerira que ela e Pat Cleveland tinham planos de começar a distribuir drogas em jogos de basquete. Da cadeia, Roxie começou a negar toda a história, mas era tarde demais para retirar tudo o que dissera. O administrador da DEA de St. Louis disse à imprensa que sua declaração continha "material suficiente para justificar uma investigação em larga escala". Afinal, se mesmo uma fração das histórias de Roxie fosse verdadeira, a NFL poderia não se recuperar da desonra. A instituição tinha acabado de sobreviver a um constrangedor escândalo no qual o San Diego Chargers foi multado em 40 mil dólares por seu "uso indiscriminado de drogas", mas a história de Roxie era muito pior. De acordo com ela, havia drogas para todo lado na NFL, sendo transportadas para dentro dos times pela porta da frente, em valises adesivadas. As pessoas *precisavam* levar a história dela a sério. Os riscos eram muito altos.

Por dezenove anos, Roxie Ann Rice fora uma ninguém, mas agora seu nome estava nas manchetes de toda a nação. "Digna de Hollywood", intitulava uma delas. Jornalistas desenterraram a história de seu casamento a jato com Adrian Christian — um casamento que ela aparentemente abandonara de vez —, e agora ele e seu irmão, Fred, estavam falando com a imprensa, expondo todos os detalhes de seu estranho golpe. (Para os irmãos, todos os momentos da hospedagem de Roxie pareciam estranhos em retrospecto. Fred Christian contou à imprensa que uma vez ela lhe disse que quebrara uma lâmpada, mas ele depois descobriu que a lâmpada não estava quebrada, mas sim desmontada... e que havia uma substância pegajosa em alguns dos pedaços. *Poderia ser cola?* Esse mistério sinistro, se é que havia algo de sinistro nele, nunca foi resolvido.) Alguns jornalistas chegaram a rastrear a mãe de Roxie, que disse à imprensa: "Ela é uma garota inteligente, mas não usou isso a seu favor". A atenção deve ter sido assoberbante para Roxie, e talvez até um pouco assustadora. Na cadeia, ela fez o que a polícia chamou de uma "fraca tentativa" de se matar, se cortando uma vez no pulso esquerdo. Foi levada para o hospital e diagnosticada com "histeria sociopata, depressão leve e comportamentos suicidas".

Apesar do frenesi da mídia, Roxie só foi acusada de fraude de cartão de crédito. Seu julgamento foi marcado para o dia 3 de março, e ela foi solta mediante pagamento de fiança, enquanto todos no mundo esportivo prendiam a respiração e esperavam para ver se Roxie estava ou não dizendo a verdade. Da cadeia, ela telefonara três vezes para Fred Christian. Ele implorou para que ela contasse por que o enganara, mas ela apenas respondia: "Não se preocupe, foram eles que mandaram".

Mas não havia *eles* nenhum. No dia 7 de fevereiro, um agente especial da DEA anunciou ao mundo que a história de Roxie era apenas isso: uma história. A investigação da organização não levantara um pingo de evidência que corroborasse sua alegação de tráfico de drogas a nível nacional. A própria Roxie não era nada além de uma "golpista muito boa", segundo o agente especial, e os jogadores da NFL que ela enganara eram "muito ingênuos", mas "inocentes". Não havia sinal da enigmática Pat Cleveland ou do cruel Tony. Eram personagens fictícios, nascidos diretamente do solo fértil da imaginação de Roxie. "Até onde posso ver", falou o agente, "ela estava fazendo tudo sozinha".

A história de Roxy era um golpe dentro de um golpe, um corredor de espelhos sem qualquer objetivo aparente. Ela mentira sobre o tráfico de drogas, mas não sobre os jogadores da NFL, por mais que tivesse mentido *para* eles a fim de encontrá-los para começo de conversa. Ela criara sotaques, roubara cartões de crédito, enganara Fred e Adrian Christian, fingira ser outra pessoa ao telefone. Então alegou que uma terceira pessoa lhe *instruíra* a imitar sotaques, roubar cartões de crédito, enganar Fred e Adrian Christian, fingir ser outra pessoa ao telefone. Quando se examinava a história em retrospecto, via-se que era falsa. "Tony" não tinha sobrenome. Os detalhes "ganenses" eram com frequência insanamente incorretos (ver: Revolta dos Mau-Mau). E, como Fred Christian disse à imprensa: "Ninguém tem esse trabalho todo para vender maconha". Mas havia uma quantidade suficiente de verdade em suas histórias para deixar as pessoas na dúvida.

Todas as suas anedotas tinham uma característica de conto de fadas: a mina de diamantes, as seis esposas, os pais massacrados, o marido ganense morto, a mansão à beira-mar em Miami cheia de dogues alemães. "Malícia no País das Maravilhas", um dos jornais a chamou. Mas por que ela construíra esse país das maravilhas para começo de conversa? Se estava trabalhando sozinha, ou seja, se ninguém a obrigava a nada, então para que Roxie estava fazendo tudo aquilo?

A pista foi encontrada num lugar inesperado. Quando o agente especial da DEA anunciou que Roxie não era uma mula de drogas de alcance nacional, atraiu a atenção de sua plateia para uma fonte incomum: uma única edição da revista *Ebony*.

Roxie começara a visitar treinadores e jogadores da NFL em novembro de 1974. Naquele mesmo mês, a *Ebony* publicou uma edição com Marvin Gaye na capa. Na página 143, desfilando na direção do leitor em um vestido roxo esvoaçante, havia uma modelo chamada Pat Cleveland: uma das maiores supermodelos da década e uma das primeiras modelos afro-americanas a ser contratada por uma agência renomada. E, começando na página 166, havia algo ainda mais delicioso: uma seleção dos melhores jogadores de futebol americano negros do ano. As fotos enchiam páginas e páginas da revista, homens sorrindo para a câmera ou olhando para um ponto distante ou correndo pelo campo. Ken Houston estava entre eles. Assim como Solomon Freelon. Assim como cada um dos times com os quais Roxie alegaria ter uma conexão. Páginas e páginas de homens talentosos e absurdamente lindos. O efeito seria hipnotizante para uma adolescente sonhadora.

Na verdade, a revista inteira transbordava com imagens de uma vida melhor, uma vida longe de St. Louis. Havia anúncios de uísque, de viagens aéreas, de "creme para o couro cabeludo Lustrasilk", "lingerie justinha que amarra nas costas" e "anéis belíssimos por uma pechincha" da World Wide Diamond Co. Roxie devia ter se deparado com a revista naquele outono, enquanto estava presa em seu trabalho entediante, preocupada com dinheiro, sobrecarregada pelos problemas da família. A revista fora pensada para fazer garotas como ela sonharem... e talvez desembolsarem um dinheiro para a lingerie justinha que amarra nas costas. Mas talvez Roxie estivesse cansada de sonhar. Talvez ela quisesse transformar seus sonhos em realidade. Então ela pegou o telefone.

Assim que o mundo percebeu que Roxie Ann Rice não iria, de fato, derrubar o mundo dos esportes dos Estados Unidos com suas histórias de delivery de maconha, ela foi esquecida. Voltou a ser a boa e velha Roxie, ladra adolescente. Seu nome saiu das manchetes. Seu julgamento por fraude de cartão de crédito aconteceu em 26 de março. Ela se declarou culpada, recebeu uma multa de cinquenta dólares e um ano de liberdade condicional. "Definitivamente uma decepção", escreveu um jornalista.

Então Roxie voltou à vida de golpes comuns. Em outubro, foi presa por passar um cheque sem fundos. Em novembro, extraditada para o Novo México para responder pelas acusações de falsificação e fraude de tantos anos atrás, quando ela estava no Job Corps e roubou o talão de cheques do empregador. Em janeiro de 1976, tinha recebido duas sentenças de um a cinco anos, para serem cumpridas simultaneamente.

No outono de 1978, Roxie foi solta e colocada em liberdade condicional, mas aparentemente descumpriu com essas condições, porque foi parar em Buffalo, Nova York. Lá, usou uma de suas mentiras mais antigas: falou para todo mundo que era médica. Dessa vez, no entanto, ela não *falava* apenas para as pessoas que era médica, mas de fato *trabalhava* como médica, embolsando um total de 28 mil dólares pelos seus serviços um tanto amadores. Ela alugou um apartamento de um casal ingênuo que ficou feliz em ter um médico no prédio. Os dois pediram que ela examinasse seu bebê, o que ela fez. Mais tarde, quando um cachorro mordeu o rosto do marido, imploraram a Roxie para tratar a ferida. Aparentemente, ela lidou com ambas as situações com tamanho profissionalismo que ninguém suspeitou.

Em Buffalo, ficou grávida de novo e convenceu um hospital local a fazer o parto com desconto, dizendo ser estudante de medicina. Em algum momento, no entanto, alguém suspeitou da jovem médica que andava tratando bebês e mordidas de cachorros por aí, e logo o FBI começou a investigá-la. Em outubro de 1978, Roxie foi presa e acusada de estelionato e de violar uma lei estadual que especificamente proibia o exercício ilegal da medicina. Quando questionados sobre o casinho estranho, as autoridades locais disseram à imprensa que Roxie tinha um "dom para imitar uma ampla variedade de sotaques e profissões".

Roxie não foi a primeira nem última golpista a personificar um médico. Alguns médicos falsos, como Frank Abagnale e Ferdinand Waldo Demara, ficaram conhecidos por seus feitos ilícitos. Hollywood produziu filmes sobre suas vidas. Eles se tornaram amados, de certa forma. Mas, exceto por dois moradores de Buffalo descontentes e mordidos por cachorros, os atos médicos de Roxie não chamaram atenção. No final das contas, as únicas pessoas que pareceram apreciar suas habilidades duvidosas foram os homens que tentaram fazê-la confessar. "Ela é uma garota esperta", disse o detetive que a prendeu em Buffalo. "Uma mulher de imaginação muito fértil", disse o agente da DEA que a denunciou. "Ela não é burra", declarou o repórter que a rastreou em St. Louis. "É uma garota sagaz e está jogando por todos os ângulos."

Fred Christian — seu ex-colega de apartamento e cunhado por três dias — não pôde deixar de admirar o estranho poder que Roxie alcançava apenas com a própria imaginação. "Essa história é melhor do que *Golpe de mestre*", comentou ele, se referindo ao filme de 1973 sobre um golpe elaborado. "Ela se saiu melhor porque não usou nenhum efeito especial." Para Christian, a trapaça de Roxie fora um feito incrível, um mistério de proporções insanas. "Ela é uma garota negra e pobre de dezenove anos que conseguiu envolver e enganar todas essas pessoas importantes", comentou ele, admirado. "É muito, muito estranho."

Era *mesmo* estranho. E impressionante também, mesmo que ninguém jamais tivesse feito um filme sobre o caso. Roxie declarou-se culpada de uma contravenção penal em Buffalo e foi condenada a quarenta dias de prisão. Recebeu crédito por tempo cumprido e foi solta em 20 de novembro de 1978, desaparecendo das manchetes depois disso e mantendo-se assim até hoje. Talvez tenha sido mandada de volta para o Novo México a fim de terminar sua liberdade condicional. Talvez tenha voltado para St. Louis para morar com a mãe e criar os filhos. Ou talvez tenha deixado Buffalo naquele outono e ido em busca de uma nova cidade. Ela já tratara uma mordida de cachorro, enganara um vendedor de carros, aterrorizara a Drug Enforcement Administration, discutira poluição aquática com jogadores de futebol, fingira uma conexão com Shirley Temple, usara sua lábia para adentrar no âmago da NFL e enganar a nação inteira... e tudo isso aos 23 anos. Ainda havia muitas histórias para Roxie contar.

AS *TRAGEDIENNES*

RUKSANA

As MANCHETES ERAM INDIGNADAS.

GOLPISTA PERVERSA
VAMPIRA DOS SEGUROS
FRAUDADORA VIL
INSENSÍVEL E CRUEL
DEPLORÁVEL

No papel, os crimes da mulher de 44 anos em questão pareciam bem inofensivos. Ela era fraudadora de seguros: o golpe mais entediante do mundo. Não sequestrara um bebê ou matara ninguém, apenas roubara dinheiro de seguradoras. Então por que todo esse ódio nas manchetes?

Ruksana Ashraf nasceu no Paquistão em 1970 e foi criada em Edimburgo, Escócia, por uma família que parecia amaldiçoada pelo azar. Seu pai morrera, sua irmã se envolvera em um terrível acidente de carro e perdera o emprego, e o irmão havia sido preso por ser um dos maiores chefões de heroína da Escócia — o que a deixou sozinha para cuidar da mãe idosa. E Ruksana já tinha muitos problemas por si só. Bebia demais. Jogava demais. Enfrentara dois relacionamentos difíceis. Estava desempregada e vivendo de benefícios do governo. E tinha uma vida secreta da qual ninguém da família sabia.

Em 2012, Ruksana morava com a mãe e a irmã em uma mansão vitoriana decrépita que fora convertida em vários apartamentos. Lá, transformou seu quarto em uma caverninha lotada de papel, tesouras, chips de celular e listas de endereços. Ela passava muito tempo ali dentro, cortando e colando, sozinha. Estava criando uma teia de nomes, endereços, endereços de e-mail e contas bancárias, e usando isso para contratar ilegalmente uma série de apólices de seguros residenciais. Logo, Ruksana começaria a alegar que seus bens — seus preciosos bens — tinham sumido. Ela comprava uma bolsa da Louis Vuitton e a devolvia no dia seguinte, mas ficava com a nota fiscal. Então acionava o seguro alegando que perdera uma bolsa Louis Vuitton, mas... Olhem só, ela ainda tinha a nota fiscal! Em seguida, ela falsificava a nota original e fazia tudo de novo.

Seu histórico era perfeito para o trabalho: ela se formara em computação na Edinburgh Napier University e em seguida trabalhara na Scottish Widows, uma empresa que lidava com seguros de vida e pensões. Agora que se tornara autônoma, digamos assim, Ruksana conseguia manter inúmeras apólices e reivindicações ativas ao mesmo tempo. Ela falsificava as notas fiscais com tesoura, cola e máquinas de fotocópia; trocava o chip do celular para telefonar para cada seguradora usando um número diferente. Para encontrar endereços a serem usados em seus contratos, buscava casas que tivessem trocado de proprietário recentemente. (Ela estava ciente de que, ao receber cartas com nomes de outras pessoas, em geral o novo proprietário não suspeita de nada.) Desse modo, com sua técnica aperfeiçoada, Ruksana continuou a preencher reivindicações e mais reivindicações: sapatos de couro da Gucci, sandálias Moon Shadow da Louis Vuitton, iPads e iPhones, barras de ouro.

Nessa vida secreta, Ruksana era habilidosa; mas não incrivelmente criativa. Suas histórias eram sempre parecidas, e em certo momento uma das seguradoras começou a desconfiar. A empresa notificou o Insurance Fraud Enforcement Department [Departamento de Combate às Fraudes de Seguro] de Londres, e a polícia do Ifed rastreou e encontrou Ruksana. Mas ela se recusou a falar, e, visto que ainda havia uma quantidade de inquéritos a serem averiguados antes de declará-la culpada, a polícia a liberou.

A fraudadora escapara por pouco. Nesse momento, percebeu que não poderia continuar abrindo o mesmo tipo de reivindicação de *me ajudem, perdi meu iPhone* de novo e de novo. Ela precisava de outra coisa. Alguma coisa nova e moderna. Alguma coisa que fizesse as companhias de seguro se curvarem a todas as suas exigências.

Então a tragédia recaiu sobre o Reino Unido. Em 22 de maio de 2017, fileiras de fãs saíam de um show de Ariana Grande no Manchester Arena quando um homem-bomba detonou um explosivo caseiro cheio de porcas e parafusos. As peças de metal arrancaram membros e dilaceraram corações, matando 22 espectadores e ferindo mais de cem, muitos dos quais crianças. Doze dias depois, uma van com três extremistas entrou na London Bridge a toda velocidade e atingiu uma multidão de pessoas felizes. Os homens então saltaram do veículo e começaram a atacar as pessoas com facas, deixando oito mortos e 48 feridos até a polícia matá-los a tiros. Onze dias depois, um incêndio enorme queimou o Grenfell Tower, um conjunto habitacional de Londres sem sistema de sprinklers ou alarme de incêndio funcionais. Setenta e duas pessoas não conseguiram sair a tempo. Cadáveres de família inteiras foram descobertos nos corredores, agarrados uns aos outros.

Três tragédias horríveis em menos de um mês.

Ruksana aguçou os ouvidos.

ASHLEY

As manchetes eram absurdas.

MARIDO POSSIVELMENTE IMAGINÁRIO
GRAVIDEZ FALSA COMO PARTE DE UM GOLPE
BOMBEIRO INVENTADO
ENFIAR UMA ALMOFADA EMBAIXO DA BLUSA

Em 2018, a Califórnia, um lugar sempre propenso a queimadas, viveu uma das piores temporadas de incêndios florestais de todos os tempos. O resto dos Estados Unidos assistiu, horrorizado, enquanto as chamas engolfavam o estado. O que poderiam fazer? Os cidadãos doaram para o Wildfire Relief Fund e a California Fire Foundation. Compraram camisetas e garrafas d'água na Amazon para ajudar as pessoas. Abriram suas casas para quem fora evacuado. Não parecia certo simplesmente ficar parado sem fazer nada. E assim, quando a esposa loira e bonita de um bombeiro chamada Ashley Bemis começou a arrecadar dinheiro para seu corajoso marido, as pessoas ficaram felicíssimas em contribuir.

No dia 10 de agosto, Ashley postou em seu grupo local do Facebook dizendo que seu marido, Shane Goodman, estava combatendo o Holy Fire — uma chama brutal no sul da Califórnia que consumiu 23.136 acres e forçou milhares de pessoas a abandonar suas casas. O tom do post era de desespero. "Shane trabalha para o Cal Fire e está no meio do Holy Fire nesse momento", escreveu ela. "Também tenho outros dois parentes e muitos amigos combatendo esse incêndio e outros aqui pela Califórnia. Recebi uma mensagem hoje de Shane dizendo que batalhar contra o imprevisível 'Holy Hell Fire' está sendo uma provação infernal." O post continuava dizendo que quaisquer doações para Shane e seus colegas de trabalho seriam muito bem-vindas e que seria um prazer receber doadores que quisessem passar para deixar suprimentos. Ela chegou até a incluir uma lista útil de todas as coisas de que seu marido e os colegas precisavam: garrafas d'água, meias, roupas de baixo, lenço umedecido, talco Gold Bond, barras de proteína, camisetas, colchões de ar, tampões de ouvido, chocolate...

Dentro de uma semana Ashley tinha arrecadado cerca de 11 mil dólares em dinheiro e suprimentos. O Holy Fire continuava queimando e seu lindo marido continuava nas linhas de frente do inferno — ah, sim, a foto de perfil do Facebook dele mostrava que ele era lindo mesmo! —, mas essa reação arrebatadora da comunidade era um final tão feliz quanto uma esposinha apavorada poderia esperar.

A vida de Ashley, até aquele momento, fora uma série de finais infelizes. Seu objetivo número um na vida era ter uma família, uma *boa* família, mas esse sonho repetidamente se provara difícil de alcançar. Seus pais se divorciaram quando ela era criança, e o pai a deixara com a impressão de que "não queria nem saber" dela e da mãe. Quando a mãe reencontrou o amor, foi um secreto e sórdido: começou a ter um caso com um homem casado. Ashley achava isso revoltante. Acreditava que o homem só estava usando a mãe dela. Então disse aos quatro ventos que ele a estuprara.

Ninguém lhe dera ouvidos, não de verdade. Todos os homens em sua vida continuaram a decepcioná-la. Por um tempo, o avô de Ashley se tornou uma espécie de figura paterna mais presente, mas a relação deteriorou quando ele "acreditou em algo que sua segunda esposa lhe contou" — Ashley recusava a especificar o que era esse *algo* — e cortou a neta da vida dele. Seus namorados não eram melhores. Mentiam para ela. Traíam. Faziam com que ela se sentisse, segundo ela, uma "pessoa muito inadequada". Em dado momento, ela acreditou que seria melhor se retirar da vida real do que continuar se chateando com todos aqueles homens horríveis. Melhor construir uma fantasia, onde tudo aconteceria do jeito dela. E o que era mais fantástico do que um inferno em chamas?

TANIA

As manchetes eram apocalípticas.

ATACADA
ATO DE GUERRA
UM HORROR ARREPIANTE
CONTAGEM DE MORTOS
"APAVORANTE"
COREOGRAFIA DA CARNIFICINA
O DIA MAIS SOMBRIO DOS
ESTADOS UNIDOS

Na perfeita manhã de céu azul de 11 de setembro de 2001, dois aviões sequestrados bateram nas torres gêmeas do World Trade Center. Homens de ternos se jogaram das janelas. A fumaça encobriu Manhattan. Dentro das torres, as pessoas tentaram desesperadamente chegar ao chão. A maioria morreria. Os outros emergiriam da fumaça carregando um fardo difícil: a culpa por ter sobrevivido.

Ninguém entendia mais de culpa do sobrevivente do que Tania Head. Mais cedo naquela manhã, ela encerrara uma reunião no Merrill Lynch, no 96º andar da Torre Sul. Seu marido, Dave, estava do outro lado, no 98º andar da Torre Norte, e os dois não tinham se despedido no melhor dos humores; foi um desentendimento de casal, nada grave, mas não tinham oficialmente feito as pazes ainda. Às 8h46, quando o primeiro avião atingiu a Torre Norte, Tania se deu conta de que nunca chegariam a fazer.

Mas não havia tempo para sofrer por Dave, ainda não. "Precisamos sair daqui! Agora!", gritou ela para os colegas, que entravam em pânico ao seu redor. Ela e a assistente, Christine, tinham conseguido chegar ao 78º andar quando o segundo avião se aproximou rugindo. Tania viu uma de suas asas atravessar a enorme janela de vidro. Pensou: *Vamos todos morrer aqui.* Foi atirada pelos ares. Então desmaiou.

Quando acordou, sua pele estava pegando fogo e o corpo de Christine estava jogado ao lado dela... sem cabeça.

De repente, um homem com uma bandana vermelha sobre o nariz e a boca começou a bater em suas costas, tentando apagar as chamas em sua pele. Ele disse a ela para se levantar, que ele a ajudaria a chegar às escadas. Quando ficou de pé, percebeu que o braço direito tinha sido quase arrancado por completo, conectado ao corpo por um patético feixe de tecido muscular. Então ela enfiou o braço dentro do casaco para impedi-lo de cair de vez e começou a avançar aos poucos pelo chão incandescente...

Era uma história de terror. Provavelmente o relato de sobrevivência mais terrível de todos. Toda vez que Tania o contava, as pessoas estremeciam e choravam. Mas ela precisou de muito tempo até de fato ser capaz de contá-lo. Muitos dos sobreviventes do 11 de setembro sentiam que não podiam falar sobre o que tinham visto — na verdade, sentiam como se os Estados Unidos tivessem se esquecido completamente deles. A compaixão do país já se derramara sobre os socorristas, as famílias das vítimas e os milhares de mortos. Sobreviventes como Tania — pessoas comuns que saíram mancando para fora das torres em trajes sociais — atraíam menos atenção. No segundo aniversário do 11 de setembro, alguns foram até mesmo rejeitados nas cerimônias no Marco Zero. Isso *magoou*. Era difícil para essas pessoas fazer todas as outras entenderem que, mesmo que tivessem sobrevivido, muitas delas queriam morrer, consumidas por estresse pós--traumático e pensamentos suicidas. Logo, esses sobreviventes começaram a usar a internet para pesquisar se havia mais alguém na mesma situação.

Tania chegou a inclusive criar um fórum on-line para sobreviventes do 11 de setembro, onde as pessoas poderiam compartilhar suas dores, mas se manteve nos bastidores por um período, relutante em compartilhar sua história. Quando finalmente reuniu coragem para falar, seus colegas sobreviventes escutaram com assombro. Sua história era tão terrível, tão detalhada, tão *vívida* que alguns quase se sentiram culpados pelos próprios traumas. Como *eles* poderiam reclamar, pensavam, se Tania conseguira sobreviver... *àquilo*?

Em pouco tempo, ela tornou-se uma espécie de porta-voz dos sobreviventes, uma heroína ao redor da qual o restante poderia se reunir. Ela sugeriu fundir esse grupo on-line com outro, o World Trade Center Survivors' Network [Rede de Sobreviventes do World Trade Center], e, gradualmente, sob sua orientação, uma comunidade dispersa de indivíduos perturbados foi se tornando uma entidade com poder verdadeiro. Tania recrutou membros, organizou excursões ao Marco Zero, pressionou até a capital do país, Washington, a se envolver. Ela estava ajudando muito sua comunidade.

Tania podia ser difícil às vezes, verdade seja dita. Sofria de frequentes colapsos nervosos e flashbacks intensos durante os quais gritava coisas como: "Eu tentei salvá-los!". Às vezes era cruel com os amigos. Muitas vezes parecia confusa sobre o passado; chamando Dave de "noivo" em uma frase e de "marido" na seguinte. Mas quem poderia culpá-la, depois de tudo pelo que passou naquele dia? Ela estivera bem ali, *bem ali* no 78º andar quando o segundo avião bateu. Ela vira as asas do avião, pilotado pelo próprio Marwan al-Shehhi, vindo em sua direção. Sentira o choque, nas palavras de um colega sobrevivente, "na pele".

Era, portanto, intocável.

"TALVEZ EU CONSIGA LUCRAR EM CIMA DISSO"

Quando uma tragédia acontece, a maioria das pessoas tenta ajudar. Elas abrem suas carteiras e enchem as organizações de caridade de doações. Depois do tiroteio da boate Pulse em 2016, em Orlando, as pessoas doaram tanto sangue que o site de um dos bancos de sangue saiu do ar. Em outro banco de sangue, mais de seiscentas pessoas formaram uma fila de espera, ansiando em usar o próprio corpo para aplacar mesmo que o menor dos sofrimentos.

O CEO da organização Charity Navigator, Michael Thatcher, diz que esse tipo de comportamento representa a primorosa empatia coletiva que praticamente nos *define* como seres humanos, mas é complicado. "Nós nos importamos com pessoas que são menos afortunadas do que nós, e isso é uma vulnerabilidade", diz ele. "É uma linda vulnerabilidade. Mas também é algo que pode ser explorado."

Porque, para cada tragédia, existe uma reação proporcional e oposta: os golpistas dão as caras. São as *tragediennes*, sempre nos bastidores, esperando que o mundo imploda. Elas aguçam os ouvidos ao som de uma crise; sentem cheiro de sangue a quilômetros de distância. Talvez não exista nenhum outro tipo de pessoa tão insensivelmente desconectada do coletivo quanto essas. Para elas, um bombardeio é um lance de sorte, um tsunami uma oportunidade fantástica de crescimento pessoal.

"As crises abrem uma janela de oportunidade", diz Thatcher. "Indivíduos mal-intencionados enxergam isso quando os corações se abrem, bem como as carteiras, e pensam: *talvez eu consiga um pouquinho disso.*" Esses "indivíduos mal-intencionados" deram as caras depois do tiroteio na Primeira Igreja Batista de Sutherland Springs, no massacre de Las Vegas, no incêndio da Notre Dame, no bombardeio da Maratona de Boston, no tsunami de 2011 no Japão, no terremoto de 2015 no Nepal, na pandemia de coronavírus e até mesmo — inexplicavelmente — depois da morte de Robin Williams. Surgiram tantos golpistas depois do tiroteio na Pulse que a Receita Federal precisou divulgar um alerta ao consumidor a fim de alertar as pessoas sobre eles. Assim que as manchetes são impressas, as *tragediennes* aparecem, com rímel já escorrendo pelas bochechas. "Meu marido foi baleado! Meu sobrinho estava no prédio em chamas! O melhor amigo do namorado da minha irmã foi tragado para dentro do furacão! Será que ninguém, qualquer um, pode me ajudar?"

Durante uma crise, não há tempo de checar a veracidade dessas declarações. Na verdade, parece desumano questioná-las demais. Só para garantir, no entanto, as *tragediennes* recheiam suas histórias de detalhes. "Eu estava lá quando o avião bateu no 78º andar da torre, às 9h03 em ponto!" Se alguma inconsistência desponta em sua história, elas colocam na conta do "trauma", instintivamente cientes de que se relacionar a catástrofes as torna à prova de críticas.

E elas são as rainhas do improviso, sempre com uma história assombrosa na ponta da língua. "Para ser bem-sucedido, é preciso ter neurônios", diz Thatcher. "É preciso ser capaz de pensar rápido e agir." Ninguém sabe quando o próximo incêndio vai arder ou o próximo arranha-céu vai desabar, então as *tragediennes* ficam a postos, sempre prontas para lucrar com as chamas.

RUKSANA

O detetive Pete Gartland estava na porta do quarto de Ruksana Ashraf, explicando calmamente que, se ela não saísse *naquele momento*, ele derrubaria a porta com um chute. Em resposta, ela gritou, esganiçada, que estava nua.

Gartland estava investigando os crimes de Ruksana havia dois anos. E era preciso dizer: ela não era exatamente a fraudadora mais engenhosa com quem ele havia esbarrado. Ele já vira sua cota de criminosos mais espertos e com histórias mais elaboradas. Ainda assim, o detetive estava impressionado com a pura *meticulosidade* de Ruksana. "Ela realmente planejou como conseguir os endereços e os nomes das pessoas", lembra ele. "Pensou muito nos mecanismos da fraude a fim de ser bem-sucedida. Ela se dedicou muito para esconder sua identidade, foi muito bem-feito." Outras *tragediennes* eram mais chamativas e criativas, mas Ruksana era o equivalente a uma atriz de comerciais — não era uma estrela, mas levava um salário regular para casa mesmo assim.

Um pouco de investigação, no entanto, revelava as falhas em seu plano: os reembolsos do seguro sempre acabavam indo parar nas mesmas contas bancárias e seus endereços de e-mail falsos tendiam a seguir o mesmo formato. Além disso, muitas de suas reivindicações usavam endereços a centenas de quilômetros de distância das contas onde o dinheiro acabaria caindo. Seria como acionar um seguro por um par de sapatos de grife que sumira de sua casa em Nova York, mas depositar seu cheque de reembolso em Vermont. Os padrões eram óbvios, e todos apontavam para Ruksana. Portanto, em 5 de julho de 2017, o detetive Gartland e o sargento Matt Hussey apareceram no apartamento onde Ruksana morava com a irmã e a mãe, pensando que estavam prestes a prender uma fraudadora de seguros qualquer.

Enquanto a irmã abria a porta para os detetives, Ruksana corria para o quarto e trancava a porta. Lá dentro, começou a destruir evidências ao mesmo tempo que gritava para a polícia que *não podia* abrir a porta porque estava sem uma peça de roupa.

"Nós informamos educadamente que derrubaríamos a porta dela, e ela abriu... vestida", conta o detetive Gartland. No quarto, descobriram o que Gartland chamou de uma "caverna" da fraude: todas as evidências listadas em seu mandado de busca e apreensão, e mais. Havia carteiras de motorista e passaportes falsos, notas fiscais fraudulentas e papeladas de reivindicações que ela ainda não tivera tempo de preencher. "O que era um trabalho de tamanho razoável subitamente se tornou muito maior", afirma Gartland. "Suspeito que tenhamos poupado a indústria de seguros de centenas de milhares de libras, certamente dezenas de milhares."

Mas a descoberta mais chocante foi que as reivindicações de Ruksana, que sempre foram tão parecidas, recentemente haviam se ampliado para uma narrativa diferente. Ela começara a alegar que era uma *sobrevivente*. Disse que estava no Manchester Arena durante a explosão. Declarou estar na London Bridge durante o terrível ataque. E insistiu que também estivera no Grenfell — visitando parentes dentro do prédio fatídico — durante o incêndio. Em todas as ocasiões, ela supostamente "escapou", deixando para trás uma variedade de bens de grife caros pelos quais agora buscava reembolso.

Essas reivindicações haviam sido rapidamente atendidas pelas seguradoras, porque o que elas iriam fazer, ignorar uma mulher que estava sofrendo? As empresas também eram paranoicas sobre uma possível repercussão negativa na imprensa se alguém descobrisse que elas estavam negando dinheiro de seguro a "sobreviventes" feito Ruksana. Ela devia saber disso e, por esse motivo, se alinhou com três enormes tragédias em um período tão curto. Ela mencionava essas tragédias para ser atendida mais rápido, como uma pessoa sussurrando o nome de um amigo famoso para um segurança na porta da boate na esperança de furar fila.

É claro que Ruksana não estivera em nenhuma das tragédias, mas ela se recusava a explicar aos detetives por que as escolhera. No fim das contas, a srta. Ashraf de verdade era silenciosa, enigmática e desdenhosa. "Ela era uma criatura cheia de segredos", contou o detetive Hussey. "Escondeu tudo o que estava fazendo do resto da família." Quando eles a interrogaram, ela se recusou a responder uma pergunta sequer, e, quando a levaram numa viagem de três horas de carro de Edimburgo até uma estação policial inglesa, ela não proferiu uma palavra durante todo o trajeto. No tribunal, ela mal falou uma palavra para o juiz, nem mesmo para responder perguntas simples, como "Qual é o seu nome?".

"Ruksana tem um desdém total e completo por qualquer figura de autoridade", conta o detetive Gartland, "e isso se reflete na maneira como fazia as reivindicações. Quando pensa em Grenfell ou Manchester, ela não se *importa*. Ela simplesmente quer fazer o que colocou na cabeça o que vai fazer: encher os bolsos."

Foi esse desdém por qualquer um além dela mesma que arruinou Ruksana na imprensa. Quando sua prisão foi noticiada, o público ficou estarrecido. O que chocou a todos não foi a parte sobre as seguradoras, mas sua audácia de alegar que estivera *lá*, no meio do sangue e dos gritos e das chamas. "Cruel golpista de Edimburgo", clamou uma matéria do *Scottish Sun*. "A fraudadora mais repulsiva da Escócia", exclamou o *Daily Record*. "Deplorável", disse o juiz ao declarar sua sentença em dezembro de 2018.

Sua sentença foi razoavelmente leve: três anos. Ela se declarou culpada, e o juiz decidiu lhe dar uma sentença leve porque ela estava com a saúde debilitada e sob pressão financeira de cuidar da mãe idosa, o que ele considerou circunstâncias atenuantes. Ela recebera 50.116 libras de empresas de seguro (quase 64 mil dólares). Abrira reivindicações equivalentes a mais 129.030 libras (em torno de 164 mil dólares), todas rejeitadas pelas empresas. No total, Ruksana contratara setenta apólices em três seguradoras diferentes e preenchera cinquenta reivindicações falsas.

Não é um crime terrivelmente impressionante. Menos de 100 mil dólares. Apenas três anos atrás das grades. Mas ninguém diria isso ao ler as manchetes. *Insensível. Vil. Perversa.* Ruksana estava sendo banida da coletividade por ter se beneficiado de uma tragédia pública. A ironia era que, seja como for, ela nunca parecera ter vontade de pertencer ao coletivo. A dor das pessoas não era a dor dela. Ela respondia apenas a si mesma.

ASHLEY

Enquanto o Holy Fire queimava, os esforços de arrecadação de Ashley Bemi estalavam junto no embalo. Só havia um problema: seu passado.

Certas pessoas na comunidade de Ashley sabiam que ela tinha uma tendência a enfeitar a verdade. Portanto, quando viram que ela estava postando no Facebook sobre como seu "marido" precisava de doações para continuar combatendo o "Holy Hell Fire", as pessoas ficaram imediatamente desconfiadas. Um desses vigilantes por acaso era funcionário do Cal Fire — o suposto empregador do suposto marido de Ashley Quando ele pesquisou o nome "Shane Goodman" em uma base de dados no trabalho, nada apareceu. Então ele foi à polícia.

O que a polícia descobriu era que Ashley tinha um histórico de dez anos de esquemas bizarros, todos girando em torno de casamento e maternidade. Apesar de postar há anos sobre "Shane Goodman", uma pesquisa reversa por imagem revelou que Shane era, na verdade, um ator australiano chamado Jesse Spencer, que interpretava um bombeiro na série *Chicago Fire*.

E essa era só a ponta do iceberg. A maior parte das atividades de Ashley nas mídias sociais envolvia gravidezes falsas e fotos de bebês que não eram dela. Ela vinha fingindo gestações havia anos, na verdade. No ensino médio, quando disse às pessoas que o namorado casado da mãe a estuprara, ela também alegou estar grávida. Com o passar dos meses, ia colocando enchimentos na barriga, e até deixou os amigos organizarem um chá de bebê para ela. Depois do evento, vendeu e doou alguns dos presentes, mas guardou os favoritos, torcendo para usá-los um dia quando tivesse um bebê de verdade.

Só que o bebê de verdade nunca chegou. Em vez disso, Ashley simulou outra gravidez, então mais uma, e mais outra. Ela postava fotos de maternidade encantadoras, ou vídeos bobos nos quais dançava pela sala com uma barrigona de grávida. A barriga, que era surpreendentemente realista, não passava de um lençol dobrado e preso com uma cinta de gestante e finalizada com um bolo de lenço de papel: o falso umbiguinho saliente. (Mais tarde, quando foi presa, Ashley pareceu ofendida com as alegações de que havia comprado uma barriga falsa quando na verdade *ela mesma fizera a barriga*, insistia.) Baixava fotos de ultrassons da internet e as mostrava para colegas de trabalho. Os colegas organizavam chás de bebê para ela. Ela comparecia, sorridente e grata, aceitando todos os presentes, então depois de um tempo dizia que o bebê tinha nascido morto ou morrido logo depois. Normalmente, colocava a culpa em algum problema cardíaco. Todo mundo lamentava com ela. Ela aceitava os pêsames. Então, em pouco tempo, ficava "grávida" de novo.

Em 2010, Ashley começou a trabalhar como babá para uma mulher chamada Emily Strickland que tinha um bebê chamado Blake. Sem que Strickland soubesse disso, Ashley levava Blake para passear e fingia que ele era filho dela. Às vezes, postava fotos dele no Facebook. Outras vezes, o vestia com roupas de menina e postava fotos em uma conta diferente do Facebook, alegando que ele era a sua filha, "Cheyenne".

Ashley também disse a Strickland que estava grávida e, por um tempo, a mulher acreditou. Afinal, a barriga de Ashley era lindamente arredondada, e ela sempre parecia receber ligações de seu médico. Mas, um dia, Strickland viu Ashley andar até o carro... e tirar uma almofada de debaixo da camiseta.

Tranquilamente, Strickland bisbilhotou nas mídias sociais e descobriu que Ashley vinha postando fotos de Blake na internet. Na mesma hora, demitiu Ashley, que por sua vez usou as mídias sociais para informar aos amigos que Blake morrera em uma colisão frontal com uma motorista bêbada *e* que ela abortara sua gravidez mais recente também. Em outra página do Facebook, onde postava sobre "Cheyenne", Ashley disse às pessoas que sua filha morrera de um ataque cardíaco. "Não há palavras para explicar a dor de perder um filho!", escreveu ela. Como de costume, os amigos do Facebook responderam com uma torrente de apoio.

Ao todo, Ashley fingiu sete gravidezes, incluindo uma de gêmeos. Suas narrativas eram sempre marcadas pela tragédia. Ela alegou que os gêmeos nasceram prematuros e postou fotos de dois bebezinhos minúsculos na UTI neonatal — eram fotos roubadas de um artigo do *Huffington Post*. "Shane Goodman" frequentemente aparecia nessas narrativas, mas sua personalidade era inconsistente: às vezes era o marido perfeito, outras vezes um homem abusivo e traidor. Certa vez, Ashley alegou que ele também morrera.

E então, enquanto o Holy Fire queimava furiosamente, o passado de Ashley começava a surgir. Enquanto a polícia continuava investigando seus rastros, Ashley decidiu se explicar para o mundo no programa *Dr. Phil*. Na TV, ela usou um vestido azul e pareceu nervosa e assustada. Alegou que sua arrecadação de fundos para o Holy Fire tinha sido genuína e que ela nunca teve a intenção de ficar com os 11 mil dólares em doações, mas que inventara o marido bombeiro para legitimar a história. "Eu senti que, se fosse só uma garota querendo ajudar, ninguém acreditaria em mim", disse ela. "Senti que precisava fornecer um *porquê*." Quando o dr. Phil perguntou sobre todas as gravidezes falsas, Ashley começou a chorar. "Acho que eu queria que elas fossem reais", respondeu. "Todo mundo que me conhece sabe que tudo o que eu mais quero é ser mãe." Ashley disse que amava a atenção, a "sensação de que se importavam" com ela. E, em seu próprio mundinho da fantasia, *ela* controlava as narrativas. "Todas as vezes em que dei um tempo dessa vida e fui viver a vida real, me magoei", disse ela. "Fui traída. Fui enganada."

A vida real era muito mais difícil, mas acabou vencendo. Em dezembro de 2018, Ashley foi presa e, em março, se declarou culpada de uma acusação de roubo, quatro de invasão de propriedade, seis de dissuadir testemunhas a reportar um crime e duas dúzias de fraudes. Ela foi sentenciada a 177 dias na cadeia.

A essa altura, as últimas brasas do Holy Fire já tinham finalmente se apagado, mas não antes de destruir dezoito construções e devorar 23 mil acres de terra. Como Ashley, o incêndio queria tudo o que não podia ter.

TANIA

Em 2007, Tania indiscutivelmente já se tornara a rainha dos sobreviventes. Como seu melhor amigo gostava de dizer, ela era a "superestrela do World Trade Center". Ela transformara um grupinho on-line de sobreviventes em uma respeitada organização de luta por direitos, da qual era presidente. Guiara o prefeito de Nova York por um tour no Marco Zero. Dera diversas declarações para jornalistas. E agora o *New York Times* queria publicar um perfil dela, porque Tania era tão inspiradora, tão *guerreira* — a epítome da beleza e resiliência do espírito norte-americano.

A matéria seria obviamente engrandecedora, então os amigos de Tania ficaram confusos quando ela se recusou a falar com o repórter. Na verdade, quanto mais ele tentava entrar em contato com ela, mais agitada ela ficava. Quando ele tentava confirmar alguns fatos simples, fazendo perguntas como "Qual é o sobrenome do seu marido?", ela caía no choro. Aquilo era *assédio*, esbravejava para seus colegas de sobrevivência. Ela estava sendo *perseguida*! Como esse repórter ousava obrigá-la a reviver aquele trauma, o pavor de estar no 78º andar quando o segundo avião atingiu o prédio às 9h03 em ponto, apenas minutos depois do primeiro avião se chocar contra a Torre Norte, onde seu marido-barra-noivo Dave trabalhava no 98º andar, aonde ele fora depois de se despedir dela mais cedo naquela manhã depois de uma briguinha?

Quanto mais Tania agia de forma evasiva, mais o repórter do *New York Times* investigava. A matéria foi publicada no dia 27 de setembro de 2007 com a manchete "Em uma das história de sobrevivência do 11 de setembro, as peças simplesmente não se encaixam". Os amigos de Tania leram a matéria e ficaram enjoados. Tania nunca fora funcionária do Merrill Lynch. Nunca fora casada com um Dave que trabalhava na Torre Norte. Não houvera nenhuma discussão de casal naquela manhã. Tania nunca tivera uma assistente chamada Christine cuja cabeça fora arrancada. Ela nunca fora salva por um homem com uma bandana vermelha sobre o rosto. Na verdade, Tania Head nunca sequer *entrara* no World Trade Center.

A verdadeira Tania Head era uma sobrevivente, mas não de terrorismo. Ela nascera Alicia Esteve Head, filha privilegiada de uma rica família de Barcelona. Era obcecada pela cultura dos Estados Unidos quando criança, a ponto de pendurar a bandeira vermelha, azul e branca gigantesca na parede no quarto. Vivia inventando histórias sobre namorados, que os amigos sabiam ser mentiras, mas que aceitavam como parte de sua personalidade. Aos dezoito anos, se envolveu em um terrível acidente de carro, no qual foi arremessada pela janela e teve o braço direito completamente decepado. (Médicos conseguiram prendê-lo de volta e futuramente ela usaria as cicatrizes para reforçar sua história sobre o 11 de setembro.) O pai era um homem de negócios corrupto e, quando ele e o irmão mais velho de Tania foram trancafiados na cadeia por apropriação indébita, ela começou a se retrair cada vez mais para seus mundos de fantasia. Em 11 de setembro de 2001, era provável que ela estivesse em Barcelona, fazendo faculdade de administração. Depois de se formar, mudou-se para a cidade de Nova York, onde criou uma história que chocaria o mundo.

A genialidade do golpe de Tania estava na natureza extremamente sensível da história. Se não quisesse falar sobre alguma coisa, se tivesse um acesso de raiva quando um repórter lhe fizesse uma simples pergunta, ou se desse informações erradas, seus amigos presumiam que ela estava traumatizada demais para revisitar o acontecido. (Além disso, ela dera informações apenas suficientemente corretas para soarem convincentes. *Realmente* havia um homem com uma bandana vermelha no 78º andar da Torre Sul. Welles Crowther salvara muitas pessoas naquele dia antes de morrer nas chamas. Sinistramente, Tania chegou a jantar com a família dele uma vez.) Sua história suscitava compaixão ao mesmo tempo que exigia discrição. Assim como Blanche DuBois em *Um bonde chamado desejo*, assim como Ruksana, cujas reivindicações foram prontamente atendidas pelas seguradoras, assim como Ashley, cujas arrecadações na internet foram fortalecidas por histórias de um marido que corria perigo, a história de Tania dependia totalmente da gentileza de estranhos.

Para as *tragediennes*, o 11 de setembro sempre fora especialmente atraente. Era uma catástrofe tão imensa que havia espaço de sobra para farsas. Com milhares de mortos, quem tinha tempo ou habilidade para checar os fatos e comparar versões de cada uma daquelas angustiantes histórias? Os golpistas do 11 de setembro eram tantos que até Tania se deparou com um deles, um homem que tivera a audácia — a *audácia* — de entrar no fórum de sobreviventes do 11 de setembro *dela* e fingir ser uma vítima. ("Quem iria querer inventar que foi um sobrevivente do World Trade Center, não é?", escreveu ela para um amigo, ultrajada. "Só Deus sabe pelo tanto que passei, e esse cara vem até aqui só para chamar a atenção ou seja lá qual for seu motivo doentio.") Uma psiquiatra chamada Jean Kim se deparou com tantos falsos sobreviventes do 11 de setembro que escreveu uma coluna de opinião sobre o assunto no *Washington Post*. "Nenhum outro evento inspirou tantas alegações falsas entre meus pacientes", disse ela.

Mas essas alegações falsas não pareciam ser motivadas apenas por dinheiro. A própria Tania nunca depositou um único cheque de indenização do governo ou embolsou um dólar da organização que comandava. Em vez disso, como Kim escreveu, "pessoas de todo tipo e classe socioeconômica pareciam desfrutar do poder que espreitava por trás dessa espécie de atenção, desse tipo de relevância histórica". *O poder.* Alegar uma conexão com uma tragédia global era encarnar certa autoridade sinistra, e, para as *tragediennes*, essa autoridade era terrivelmente atraente. Os verdadeiros sobreviventes de tragédias não desejariam seu destino a ninguém, mas é claro que as *tragediennes* jamais se importaram com os verdadeiros sobreviventes.

Depois da grande revelação, Tania foi expulsa da própria organização e desapareceu. Seus amigos, os verdadeiros sobreviventes, se contorceram de angústia e decepção. Mas Tania nunca pediu desculpas e nunca respondeu judicialmente por seus atos. Afinal, contar histórias não era contra a lei, e a dela havia sido uma boa história, baseada — como é o caso de tantas boas histórias — em apenas um pouco de verdade. A verdadeira Tania já era familiarizada com o trauma, mas seus sofrimentos individuais não fariam o mundo parar e escutá-la. Então ela reescreveu seu papel, se posicionando no centro da maior tragédia que pôde encontrar, as chamas caindo ao seu redor como holofotes.

"É MEIO ROTINEIRO, NÃO É?"

Toda vez que as manchetes ficam feias, as *tragediennes* aparecem. "Provavelmente existem golpistas em todas as tragédias, sem exceção", diz Michael Thatcher, CEO da Charity Navigator. "As boas passam despercebidas. Elas se safam."

Por mais que as *tragediennes* usem sentimentos como arma, elas próprias tendem a ser bem insensíveis, ao menos quando se trata de outras pessoas. Pense em Ruksana, sentada por horas dentro de viatura policial em silêncio profundo; ou em Tania, desaparecendo sem um pedido de desculpas; ou em Ashley, baixando fotos de UTI neonatal de pais apavorados. Estejam elas fazendo isso por dinheiro, fama ou por uma necessidade patológica de mentir, a atenção dessas mulheres está sempre voltada para si mesmas. A não ser que uma tragédia as afete pessoalmente, a história escolhida nada mais é do que um roteiro a seguir.

Por esse motivo, o público as odeia. *Odeia*. Geralmente temos alguma capacidade de torcer por uma vigarista de colarinho branco ou por um golpe do baú especialmente bem aplicado, mas ninguém quer torcer pelas *tragediennes*. Elas cruzam uma fronteira ética invisível ao lucrar tão insensivelmente com a morte e a desgraça, e não somos capazes de perdoá-las. Abaixo de matérias falando sobre Tania Head, é possível encontrar comentários como: "Tomara que queime no inferno", "Essa mentirosa merece a morte ou um suicídio assistido", "Tania

Head precisa de um exorcismo", "Nojenta", "Ela é uma completa sociopata" e "Existem diferentes níveis de maldade por aí, mas essa mulher encarna um dos piores tipos". Nós as odiamos não só porque elas nos enganaram, mas porque usurparam muito das verdadeiras vítimas: dinheiro, atenção, a própria narrativa de sobrevivência. Vai saber quantos sobreviventes do bombardeio de Manchester tiveram suas reivindicações negadas pelas seguradoras porque Ruksana estava ali, atravancando o sistema? E quanto aos 11 mil dólares angariados por Ashley que poderiam ter ido para bombeiros de verdade? Quantas vítimas legítimas do 11 de setembro tiveram suas histórias abafadas pelo monólogo melodramático de Tania?

As *tragediennes* sempre existiram e sempre existirão. Em setembro de 1888, o corpo de Elisabeth Stride foi encontrado em um jardim estreito de Whitechapel — a terceira vítima de Jack, o Estripador. Mas, dez anos antes de sua própria tragédia, Elisabeth usara as tragédias dos outros para sobreviver. Quando um navio a vapor chamado *Princess Alice* colidiu com outro navio, matando em torno de setecentas pessoas, Elisabeth decidiu alegar que estivera presente no desastre. Havia londrinos arrecadando dezenas de milhares de libras para um fundo de assistência, por que ela não deveria receber uma parcela daquele dinheiro? Então, saiu por aí anunciando sua história. "Meu marido morreu naquele navio", dizia ela às pessoas. "E dois filhos meus."

Cento e vinte e quatro anos depois e a um oceano de distância, um atirador matou vinte crianças e seis adultos na Escola Primária Sandy Hook em Newton, Connecticut. Quatro horas depois do tiroteio, uma mulher do Bronx chamada Nouel Alba alegava ser tia de uma das crianças assassinadas. Por meio de posts em mídias sociais, e-mails e até mesmo ligações, ela implorou por doações para custear o "funeral" do sobrinho, dizendo às pessoas que vira o corpo do menino crivado de balas.

"Isso é tão chocante", declarou um repórter da CNN, "mas, de fato, a parte mais chocante de tudo isso é que é meio comum, não é?" A vida segue, a morte dá as caras, e, em algum lugar, a próxima *tragedienne* já escolheu um roteiro, borrou a maquiagem de lágrimas e espera pelo levantar das cortinas.

BONNY LEE BAKLEY

1956-2001

pseudônimo:
Florence Paulakis,
Sandra Gawron, Leebonny
Bakley, Elizabeth Baker,
Lorraine Drake,
Sylvia Stefanow,
Alexandria King Daniela,
Christina Scheier

MORRER EM HOLLYWOOD NÃO era justo. Sua reputação poderia ser destruída antes mesmo do cadáver esfriar, e o que você poderia fazer? Nada. Menos de uma semana depois da pobre, loura e cheia de botox Bonny Lee Bakley ser encontrada curvada no banco do passageiro do carro do marido, seus amigos e familiares começaram a vazar todos os seus segredos para a imprensa. A mãe explicou que Bonny "gostava de viver no limite". O meio-irmão disse a uma revista que ela "não era nenhuma Madre Teresa". A irmã comentou que Bonny tinha o hábito de perseguir estrelas do rock.

Os detalhes sórdidos de sua vida não paravam de emergir: seu negócio de pornografia por correio, sua ficha criminal, sua obsessão por celebridades. Todos os esforços vulgares e desesperados de sua vida foram escancarados, e ela não podia mais se defender. E a parte mais estranha era que a maioria desses detalhes nada lisonjeiros vinham diretamente do marido "enlutado", que os fornecia ao advogado, que por sua vez repassava para a imprensa.

Os detetives que trabalhavam no caso não puderam deixar de notar o esforço do marido para destruir a reputação da falecida esposa. "É meio injusto", ponderou um porta-voz do Departamento de Polícia de Los Angeles (LAPD). "Uma pessoa é assassinada e todo mundo começa a pintá-la como má pessoa. O foco da investigação não é o passado dela. Temos que nos concentrar em uma coisa: quem a matou?"

A ironia era que Bonny teria sido a primeira a admitir sua obsessão por celebridades ou a pornografia por correio se não tivesse levado um tiro na cabeça. Era uma mulher alegremente honesta sobre sua ambição, e ninguém no mundo era mais incansável na tarefa de documentar a própria vida do que Bonny Lee Bakley. Ela vinha gravando suas ligações telefônicas havia décadas. Mantinha uma coleção bem-organizada das próprias fotografias nuas, que mandava por correio para todo o país. Não era preciso ler os tabloides para descobrir sobre sua sórdida vida dupla; se Bonny estivesse por perto, ela mesma contaria tudo a respeito, depois lhe pagaria uma bebida.

A obsessão de Bonny por homens famosos começou quando ela morava com a avó, e ela só estava morando com a avó porque o primeiro homem de sua vida, seu pai, era um alcoólatra agressivo. Nascida em Morristown, Nova Jersey, em 7 de junho de 1956, Bonny tornou-se uma menina nervosa, a mais velha de seis. Seu pai tinha o hábito de bater na barriga da esposa grávida e de queimar o dinheiro dos dois. De acordo com a irmã mais nova de Bonny, os dois colocaram três filhos para adoção. Em determinado momento, a família inteira estava tão falida que tiveram que morar numa garagem, onde as crianças tinham ratos como animais de estimação. Quando Bonny tinha sete anos, a mãe entrou em trabalho de parto e foi levada para o hospital — no meio-tempo, em casa, o pai tentou molestá-la.

Então Bonny foi mandada para morar com a avó, fosse para escapar do pai ou porque ele mesmo não podia mais sustentá-la. A avó era uma mulher estranha e sovina que morava no meio do mato. Tendo vivido na época da Grande Depressão, essa avó tinha um medo mórbido de ficar sem água, portanto não deixava

Bonny lavar o cabelo. Bonny aparecia na escola sempre com as mechas sebosas e emboladas, o que a tornava alvo de zombaria por parte das outras crianças. (Quando adulta, Bonny adorava tomar banhos demorados.) A televisão se tornou sua única fuga. Na tela, todas as meninas tinham cabelo limpo e todos os homens eram bonitos. Ela amava os galãs pelos quais sua mãe e avó também eram obcecadas: Humphrey Bogart, James Cagney, Elvis Presley, Robert Blake.

Décadas depois, Bonny estava batendo papo com uma amiga ao telefone — e gravando a conversa, é claro —, quando começou a refletir sobre o passado. "Eu era a criança que todo mundo odiava na escola porque era, tipo, pobre e não podia me vestir bem e, sabe, todo mundo sempre zombou de mim porque eu era, tipo, muito solitária", disse ela. "Então a pessoa cresce pensando: ah, eu vou dar um jeito nisso, vou mostrar pra essa gente, vou ser uma estrela de cinema."

Bonny logo descobriu que ser uma estrela do cinema não era fácil, mas ser modelo de fotos nuas *era* — ao menos para ela. Era loira, curvilínea e tinha uma beleza acessível, mais para uma espécie de vizinha-levemente-desgrenhada do que sedutora de Hollywood. (As pessoas frequentemente a descreviam como um pouco mal acabada, como se estivesse vestindo roupas de brechó.) E, além disso, ela amava ficar nua. Quando era pré-adolescente, ela e a irmã foram nadar em uma colônia de nudismo, e, por mais que a irmã tenha ficado horrorizada com a experiência, Bonny achou aquilo o máximo. Quando jovem, começou a publicar anúncios na parte de trás de revistas de nudez, divulgando seus serviços como modelo. Ela se enfeitava, posava e recebia seu pagamento, dinheiro que gastava imediatamente em passagens de ônibus e ingressos para ir aos shows de seus artistas favoritos. Passou um tempo completamente obcecada por Frankie Valli. Depois, só falava de Elvis. Depois de Jerry Lee Lewis. Outras garotas talvez prendessem pôsteres desses cantores na parede, mas Bonny estava verdadeiramente tentando se tornar namorada deles. Ela fazia amizade com seus seguranças e secretários, e os seguia pelo país durante as turnês. Houve uma vez em que ela chegou a escalar o muro de Graceland, a propriedade de Elvis, e subir numa árvore para espiar dentro do quarto do cantor, até que um segurança arrastou-a para fora. Inabalada, Bonny mais tarde se referiu a si mesma como uma "ex-namorada" de Elvis.

Depois de abandonar o ensino médio e receber um certificado de modelo de um lugar chamado Barbizon School of Modeling, Bonny se mudou para Nova York e entrou na fila interminável de moças que tentavam se tornar atrizes famosas. Cheia de otimismo, disse à família que tinha recebido seu cartão do Screen Actors Guild e sido escolhida para o elenco do sexy drama *Nove semanas e meia*. Nenhuma das afirmações era verdadeira. Na verdade, o ponto alto de sua carreira no cinema foi trabalhar como figurante em um filme chamado *Turk 182!*, descrito pelo crítico Roger Ebert como "um insulto à inteligência do espectador".

Seu plano B era uma tentativa de se tornar cantora. Se atuar não a deixasse famosa, talvez ela pudesse se tornar a próxima rainha do pop. Batizando-se com o nome artístico "Leebonny", Bonny gravou dois singles bizarros e fatalistas intitulados "Just a Fan" e "Let's Not Dream". Cantadas em sua voz desafinada, as letras são ligeiramente assustadoras: *I'm chasing a celebrity/ God only knows what he means to me/don't know where I'll ever be/ there's no future in it, don't you see?* ou "Estou perseguindo uma celebridade/só Deus sabe o que ele significa para mim/não sei onde eu poderia estar/não há futuro nisso, você não vê?" (Décadas depois, os singles seriam disponibilizados no YouTube e descritos como "*Stalker* Pop dos anos 1970".)

Nesse ínterim, Bonny seguia posando nua. Certo dia, um homem grego chamado Evangelos Paulakis viu seu contato na parte de trás de uma revista de nudez e entrou em contato. Paulakis queria um *green card*, e estava disposto a pagar por isso. Bonny concordou em se casar com ele (e chegou atrasada para o próprio casamento). No entanto, quando Paulakis começou a agir de forma agressiva, ela o denunciou para que fosse deportado. Bonny sabia que havia vários outros peixes no mar dispostos a pagar por seu tempo, seu corpo e seu dedo anelar. Décadas depois, quando finalmente ficou famosa, um repórter da *Rolling Stone* escreveu: "Dependendo da fonte, Bakley teve algo entre nove e mais de cem maridos."

O problema de posar nua era que só havia uma Bonny, e ela só podia estar em um estúdio de fotografia por vez. Nesse ponto, Bonny começa a mudar seu foco para pornografia por correio, um negócio com muito mais potencial de crescimento. Com uma carta padrão libidinosa e uma máquina de fotocópia, Bonny poderia compartilhar seus atributos com centenas de homens por todo o país.

Ela começou a colocar um novo tipo de anúncio nas revistas, dizendo que era apenas uma garota solitária em busca de amizades por correspondência — amizades por correspondência de preferência com um homem mais velho. Quando um homem respondia ao seu anúncio, ela se apresentava em uma carta provocante. (A carta era padrão, mas o destinatário nunca sabia disso.) No texto, Bonny mencionava que adoraria mandar algumas, hum, *fotos especiais*, se ele pudesse mandar um pouquinho de dinheiro antes. À medida que a correspondência continuava, Bonny mantinha registro das informações do alvo da vez, a fim de arrancar o máximo de dinheiro possível dele: nome, endereço, número de telefone, o pseudônimo específico que ela vinha usando com ele, e, é claro, seus desejos particulares. Em uma de suas anotações se lia: "ama sexo por telefone".

Para manter os clientes felizes, Bonny criou uma robusta biblioteca de fotos pornográficas, nem todas dela. Em seu acervo, havia fotos de peitos grandes e pequenos, quadris estreitos e largos, e todos os tons de pele possíveis e imagináveis. Mesmo escrevendo cartas-padrão, Bonny tinha uma habilidade bizarra de fazer os homens se sentirem especiais. Ela brincava com eles, os manipulava e pegava seu dinheiro — o tempo todo fazendo-os pensar que, a qualquer momento, ela poderia largar tudo e aparecer em sua porta usando só um sobretudo.

Seu negócio não era simplesmente receber dinheiro pelas fotos. Ela tecia histórias tristes em suas cartas, dizendo que não tinha como pagar o aluguel daquele mês, ou que tinha contas médicas a pagar, ou que algum ente querido estava hospitalizado. Às vezes, pedia dinheiro para comprar uma passagem de ônibus e ir até o homem em questão. (Inevitavelmente, algum imprevisto aconteceria antes que a visita pudesse se concretizar.) As cartas-padrão eram recatadas e pueris: "Não tenho com quem passar as festas de fim de ano, você tem? Minha família mora muito longe, será que eu poderia passá-las com você?".

Às vezes, ela não ganhava mais do que dez dólares por foto, mas Bonny era expert em farejar os homens que estavam *realmente* dispostos a gastar dinheiro com ela. Ela fazia uma verificação de crédito e descobria seus bens; encontrava o número do Seguro Social e falsificava a assinatura do sujeito para desviar seus cheques, pelo correio, até ela. Se o homem fosse muito rico — ou muito velho, com um seguro de vida polpudo —, Bonny era capaz de ir mais longe e se casar com ele. (Quando um desses alvos morreu, os filhos do falecido ficaram chocados ao descobrir que ele tinha uma "noiva" que herdaria uma parte de sua propriedade.) As cartas-padrão eram organizadas em oito níveis: no mais baixo, ela pedia dinheiro por fotos nuas; no mais alto, pedia para ser incluída no testamento. Quando o negócio cresceu, Bonny recrutou parentes para ajudá-la a lamber selos e enfiar fotos de peitos de desconhecidas nos envelopes. Fez tanto dinheiro que conseguiu comprar diversas propriedades.

No outono de 1977, Bonny se casou com um primo de primeiro grau, Paul Gawron. Como tantos outros homens em sua vida, Gawron era fisicamente violento com ela, chegando ao ponto de quebrar seu nariz uma vez. Em outras ocasiões, ele agia com submissão. Bonny e Gawron tiveram dois filhos, e era Gawron quem ficava com eles enquanto Bonny perseguia celebridades e pagava o aluguel. Quando o negócio por correspondência cresceu o suficiente, o marido começou a trabalhar para ela. Bonny gostava que suas cartas-padrão fossem escritas à mão, achava que isso dava um toque mais pessoal à correspondência. Gawron passava seus dias copiando cuidadosamente frases como: "Você me deixa molhada quando penso em lamber suas bolas grandes e peludas."

"Se Bonny tivesse se dedicado a outra coisa, poderia ter sido genial", declarou ele, anos depois. "É uma pena que tudo o que ela fazia era desonesto."

Enquanto Bonny pagava o aluguel alimentando as fantasias daqueles homens, seus sonhos continuavam ali. Estavam mais efervescentes e urgentes do que nunca, e quando ela e Gawron se divorciaram, Bonny decidiu que o próximo marido *tinha* que ser alguém famoso. Afinal, ela já não tinha declarado suas intenções para o mundo todo quando gravou "Just a Fan"? *I'll chase my celebrity/in hopes one day he may notice me...* ("Vou perseguir minha celebridade/na esperança de que um dia ele me note...").

Bonny perseguia celebridades com a mesma organização e avidez que dedicava a seu negócio de pornografia por correio. Ela fazia listas de homens famosos, rastreava seus movimentos pelos tabloides como a *Star* e o *National Enquirer*. Anotava suas cores favoritas e os bares que costumavam frequentar. Bonny chegava até a verificar seus antecedentes criminais. Por que não? Quando a pessoa leva um objetivo a sério, precisa batalhar por ele. No meio-tempo, sua própria ficha criminal crescia: Bonny foi pega passando cheques sem fundo, foi presa no Tennessee por uma contravenção relacionada a drogas e foi parada pela polícia no Arkansas com cinco cartões de Seguro Social e sete carteiras de motorista. Mas nada disso a distraiu da sua meta.

Em 1984, Bonny decidiu mirar no astro do rock Jerry Lee Lewis, cujo apelido era "The Killer", ou "O Matador". Jerry era tudo o que a avó de Bonny lhe ensinara a amar em um homem: famoso, talentoso e perigoso. Na verdade, quando Bonny começou a correr atrás dele, duas esposas de Lewis já tinham morrido em circunstâncias suspeitas. Mas isso não a incomodou. Ela já sabia que homens podiam ser violentos. Para se aproximar do The Killer, ela fez amizade com seu gerente de turnê, sua irmã e até com a secretária da irmã. Mudou-se com os filhos para Memphis a fim de ficar mais perto dele e fazia piadas sobre matar a sexta esposa de Lewis para que pudesse se tornar a sétima. Por quase dez anos, Bonny o perseguiu — enquanto continuava a comandar seu negócio de pornografia por correio e se casava com clientes quando era conveniente —, até 1993, quando foi longe demais. Bonny ficou grávida, possivelmente de Paul Gawron (eles estavam divorciados, mas continuavam dormindo juntos), e disse a todo mundo que o bebê era de Jerry Lee Lewis. Para provar a relação, Bonny batizou a filha "Jerilee Lewis", mas ninguém acreditou nela. Lewis se recusou a assumir a criança, Paul Gawron tinha certeza de que a pequena Jerilee era dele, e, como a irmã de Bonny, Margerry, explicou, sem papas na língua: "Não dá pra engravidar de um boquete."

Em dado momento, Bonny foi forçada a admitir que provavelmente não se tornaria a sétima sra. Lewis, então desviou sua mira a laser dos palcos e apontou para as telonas. Bonny começou a passar cada vez mais tempo em Hollywood, sempre de olho em caras durões como Robert De Niro, Sylvester Stallone e Robert Redford. Suas motivações, se não genuínas, eram transparentes. "Eu gosto de estar rodeada de celebridades", disse a uma amiga. "Faz com que eu me sinta melhor do que outras pessoas."

Na casa dos quarenta, Bonny parecia tão animada e ambiciosa como sempre, mesmo que nenhum de seus esquemas tenha dado resultado de verdade e que ela não tivesse qualquer plano B, a não ser continuar seu esquema de pornografia por correio para o resto da vida. Mas não era fácil ser uma mulher de quarenta e tantos anos em Los Angeles, a cidade da eterna juventude. Ela fazia aplicações de botox e mentia sobre a idade e o peso. Conseguia entrar de penetra em bares exclusivos e festas de aniversário de celebridades, mas normalmente era vista apenas como uma groupie de meia-idade obcecada. Na ocasião dos setenta anos de Dean Martin, Bonny descolou um convite para a festa e logo telefonou para a família, dizendo que estava saindo com ele. Bonny chegou a colocar ao telefone um homem cuja voz se parecia bastante com a do famoso cantor. Era uma jogada típica: ela sempre era capaz de conjurar uma aura de glamour e empolgação, mesmo que só por uma noite.

Sim, Bonny era muito divertida à noite. Seus amigos adoravam andar com ela. Ela comprava bebidas, flertava com os homens mais perigosos do bar, levava o grupo para um passeio em alta velocidade em seu carro com a placa 1RSKTKR — Number 1 Risk Taker, ou "Número 1 em Correr Riscos". Se o convidado não pudesse estar na ocasião festiva, ela telefonava e conversava com a pessoa por horas, contando todos os detalhes. Mas, durante o dia, Bonny seguia a mesma rotina de quanto tinha dezoito anos: dormia até tarde, lia tabloides, arrumava o cabelo e esperava pela próxima noite, quando certamente, enfim, conheceria o homem dos seus sonhos.

Em uma noite quente de verão em Los Angeles, Bonny entrou em mais uma festa de aniversário de celebridade — essa para o comediante Chuck McCann — e notou um homem mais velho do outro lado do salão. Era um sujeito bonito, de um jeito meio bruto, meio perigoso, e usava uma camiseta preta sem mangas. Fizeram contato visual e alguma coisa se acendeu ali. Bonny se sentou à mesa dele.

O homem era o ator Robert Blake, paixonite da avó de Bonny. Blake fora ator mirim no programa *Our Gang*, de década de 1940, e ficou ainda mais famoso ao interpretar o assassino Perry Smith no filme *A sangue frio*, de 1967, e um policial linha dura no programa *Baretta*, dos anos 1970. Assim como Bonny, ele nascera em Nova Jersey e tivera uma infância problemática. Quando trocou olhares com Bonny Lee Bakley, em 1998, estava com 64 anos, mas graças ao exercício diário, uma plástica no rosto e tintura preta no cabelo, conseguia simular ser alguns anos mais novo. Blake tinha a reputação de ser um camarada irritadiço e explosivo — era uma estrela em decadência, já decadente o bastante para que Bonny a arrancasse do céu.

Por mais que Bonny estivesse empolgadíssima em conhecer Robert Blake pessoalmente, ela já tinha conseguido descolar um amante famoso àquela altura. O cara não era exatamente uma celebridade, mas com certeza estava perto disso. Ela estava transando com o filho de Marlon Brando, Christian Brando, um jovem problemático que acabara de sair da prisão por atirar no rosto do namorado abusivo da irmã. Bonny, que reconhecia uma plateia cativa quando via uma, começou a escrever para Christian enquanto ele ainda estava atrás das grades, então contratou um investigador particular para encontrá-lo depois que ele entrou em liberdade condicional. E então ela o seduziu com agressividade e eficiência. Uma jogada típica de Bonny.

Mas ali, diante da chance de transar com Robert Blake, ela não deixaria uma besteirinha feito Christian Brando ficar no seu caminho. Sentada ao lado de Blake, ela começou a rir de suas piadas. Blake, por sua vez, a olhou de cima a baixo e reforçou seu sotaque de *bad-boy* de Nova Jersey para impressioná-la. Em questão de minutos estavam saindo de fininho da festa para transar no SUV dele. Logo depois, Bonny correu até seu quarto para ligar para a irmã e sua melhor amiga. Ela acabara de transar com uma estrela do cinema, uma estrela do cinema real e oficial, contou. Seu sonho de uma vida inteira de se casar com uma celebridade estava finalmente ao alcance das mãos. Agora, bastava ficar na dela e esperar que ele telefonasse.

Blake findou telefonando e os dois continuaram se encontrando. O caso, no entanto, não era tão romântico quanto Bonny esperava. Blake parecia terrivelmente casual a respeito da coisa toda. Não havia menção a eles serem almas gêmeas. Nenhum papo sobre alianças. À medida que os meses iam passando, Bonny começou a se questionar: será que deveria insistir em Blake ou ficar com Brando? Quem tinha mais chances de se transformar no marido famoso de Hollywood com quem ela tanto sonhara? E havia ainda uma questão mais sombria: quem tinha menos chance de machucá-la? Os dois eram homens bonitos, problemáticos e violentos. Em certa ocasião, Christian gritou com ela no telefone, irritado com o negócio de pornografia por correio. (Como sempre, Bonny estava gravando a ligação.) "Você tem sorte, sabia?", esbravejou ele. "Quer dizer, não a meu pedido, mas você tem sorte por não ter ninguém por aí querendo meter uma bala na sua cabeça."

Bonny passava horas no telefone com os amigos, debatendo os prós e os contras de cada amante. "Bem, quando conheci Blake, eu meio que quis ficar com ele, mas ao mesmo tempo não porque ele não tem o mesmo nível de beleza e também porque pensei que já estava apaixonada por Christian", disse ela a uma amiga. "Com quem você ficaria? Blake ou Christian? Eu me sentiria mais segura com Blake."

O conceito de "mais segura" era relativo para Bonny, já que, desde o primeiro momento, ela cogitava que Robert Blake pudesse matá-la. Às vezes, ela até brincava a respeito com seus amigos. Blake tinha uma personalidade violenta que poderia manifestar-se imprevisivelmente. Quando transavam, Blake de vez em quando a estrangulava ou tentava arrancar seu cabelo — mas Bonny relevava, pensando se tratar de uma de suas fantasias, e se tinha uma coisa que ela estava acostumada a fazer era realizar fantasias masculinas. Em vez de se afastar, com medo, ela decidiu ficar o mais próxima possível de Blake. Garantiu a ele que, se um dia engravidasse, ela faria um aborto. Então parou de tomar a pílula.

Quando contou a Blake que estava grávida, ele ficou furioso. "Você me jurou pela sua vida que, não importasse o que acontecesse, eu não precisaria me preocupar com isso e agora vejo que isso não passava de uma mentira podre, nojenta e imunda. Você engravidou de propósito", esbravejou ele ao telefone. "Sua menstruação acabou no dia 20 de agosto e você trepou comigo no dia certinho. Você planejou a coisa toda. Tudo. Mas agora terá que conviver com isso pelo resto da sua vida, e nunca vou me esquecer pelo resto da minha."

Bonny ignorou a fúria de Blake e a menininha nasceu em 2 de junho de 2000. A princípio, Bonny a batizou de Christian Shannon Brando, alegando que era filha de Brando. Pouco tempo depois, no entanto, convenceu Blake a fazer um teste de DNA que provou que a filha era dele. (Mais tarde, Bonny trocou o nome da menina para "Rose Lenore Sophia Blake".) Após certa hesitação, Blake se apaixonou pela criança, mas àquela altura já começava a odiar Bonny. Mesmo que estivesse passando muito tempo em Hollywood, ela teoricamente ainda cumpria liberdade condicional no Arkansas pela vez em que foi parada pela polícia com diversos cartões do Seguro Social e carteiras de motorista. Blake sabia disso, então, durante uma das visitas dela a Hollywood, mandou alguém ligar para o oficial de liberdade condicional dela e dedurá-la. Bonny foi arrastada de volta para o Arkansas, e Blake ficou com a filha deles.

Mas seria preciso mais do que um oficial de condicional para impedir Bonny de alcançar seus objetivos. Ela disse a Blake que o exporia nos tabloides se ele não se casasse com ela. Ela sabia que ele não a amava, mas não se importava. Apesar de sua tendência a sonhar alto, Bonny sempre fora um tanto pé no chão. Tal e qual dissera naquela canção de 1977, mais de duas décadas antes de conhecer Blake: *Baby, baby let's not dream/I don't mean to be mean but that's the way it must seen* ("Baby, baby, não vamos sonhar/não quero ser má, mas deve ser o que parece").

Naquele mesmo ano, Blake dera uma entrevista para a *Playboy*. Depois de interpretar um assassino em *A sangue frio*, confessou que passara a ponderar sobre todo o conceito de assassinato. "Consigo *me* imaginar matando alguém", declarou ele, "mas isso é porque sou humano, não Deus, e espero que alguém me impeça de fazê-lo".

Nenhum dos dois sabia que, décadas depois, ambas as citações assumiriam um novo e sinistro significado.

Bonny Lee Bakley e Robert Blake finalmente se casaram em 19 de novembro de 2000. Bonny teve que comprar a própria aliança, e Blake se recusou a passar a noite de núpcias com ela. Em vez disso, forçou Bonny a morar num bangalô no quintal dos fundos de sua casa e a fez assinar um contrato pré-nupcial dizendo que ela não andaria com "criminosos conhecidos" quando a filha estivesse por perto. Bonny manteve o jeito alegre, ignorando os insultos ao máximo. Transferiu a sede de sua empresa de pornografia postal para o bangalô e mandou cartões de Natal para todo mundo que conhecia, anunciando que tinha acabado de se casar com Robert Blake. Não era fabuloso?

Mas, apesar da atitude positiva, Bonny não podia negar que Robert Blake começava a assustá-la. Blake colecionava armas (muitas armas) e, por mais que geralmente se recusasse a transar com ela, pedia para Bonny posar para uma série de fotos sensuais segurando as armas de fogo. Blake também tinha um guarda-costas, Earle Caldwell, e os dois estavam claramente envolvidos com alguma coisa. Sussurravam tanto um para o outro que a princípio Bonny pensou que fossem amantes. Mais tarde, ela começou a se perguntar se Earle estava tentando matá-la. Em duas ocasiões, ela o vira se aproximar segurando algo que parecia uma arma. Em ambas as vezes ele parou, vomitou e precisou ser acalmado por Blake, que murmurara coisas como: "Está tudo bem, vou arranjar outra pessoa." Não fazia sentido algum.

Bonny não fazia ideia de que Earle também estava anotando listas de compras para o patrão: *2 pás, trenó pequeno, pé de cabra, preparar a arma de festim, tapetes velhos, silver tape preta, desentupidor de ralo drano, ácido muriático, soda cáustica...* Também não sabia que Blake andava tendo estranhas conversas "hipotéticas" com algumas pessoas sobre a possibilidade de estarem dispostas a matar alguém por dinheiro. Ele falou com dois velhos dublês a respeito disso e chegou até a comentar com o próprio irmão de Bonny, Joey, que tinha o tipo de passado sujo que aparentemente deixava as pessoas à vontade para falar com ele sobre assassinato. Joey ficou tão perturbado com a conversa que falou para a irmã: "Blake vai te pegar."

Ainda assim, Bonny parecia estranhamente calma em meio à desordem. Ela contou à mãe sobre uma briga que tiveram, durante a qual Blake esbravejou: "Garota, é melhor você lembrar com quem está mexendo! Eu mato você, caralho!". Em dado momento, ela perguntou à família: "Vocês acham que ele vai me matar?". Mais tarde, a ideia deixaria de ser uma pergunta e se tornaria uma afirmação. Bonny disse à irmã: "Eu sei que ele vai me matar".

As noites de primavera em Los Angeles eram frescas e estreladas. O tipo de noite que dá vontade de vestir um casaco leve e ir ao seu restaurante de bairro favorito com seu amado. Em 4 de maio de 2001, Bonny e Blake fizeram exatamente isso, indo de carro até um estabelecimento próximo chamado Vitello's, um restaurante italiano das antigas que Blake adorava. Ele comia tanto no Vitello's que nomearam um prato em sua homenagem. O *Fusilli alla Robert Blake* era uma massa parafuso com alho, azeite, espinafre e tomate.

O casal entrou no restaurante às 19h30. Blake pediu o fusilli homônimo. Ninguém se lembra do que Bonny pediu. Ninguém se lembra se os dois brigaram, flertaram ou permaneceram em silêncio sepulcral. Mas fato é que os dois comeram, pagaram e saíram do restaurante, retornando para o carro de Blake. Bonny sentou-se no banco do passageiro. Blake hesitou. Tinha esquecido alguma coisa no restaurante, disse — uma arma.

Como Blake explicaria futuramente, ele tinha levado uma arma para o Vitello's porque o mundo estava *transbordando* de homens que queriam matar Bonny Lee Bakley. Ela fizera tantos inimigos por causa dos esquemas pelo correio que ele se sentia quase na obrigação de carregar uma arma o tempo todo, alegou. Então, naquela noite, Bonny esperou no carro enquanto Blake voltava ao Vitello's para procurar a arma que ele, tão distraidamente, havia esquecido. E, enquanto Bonny esperava ali, sentada sozinha sob o céu de Hollywood, alguém se aproximou do carro e atirou na cabeça dela.

Bonny não morreu na hora. O sangue começou a vazar pelas narinas, pelos olhos e pelas boca. Seus olhos se reviraram nas órbitas e ela se esforçava para respirar. Na verdade, ainda respirava quando Robert Blake voltou para o carro, viu o sangue e saiu correndo, gritando que precisava de ajuda. Em segundos, voltou com um vizinho e uma enfermeira que estavam jantando no restaurante. O vizinho e a enfermeira dispararam na direção de Bonny, tentando salvá-la, enquanto o próprio Blake ficou mais distante, gritando coisas como: "O que aconteceu?". Enquanto a enfermeira verificava a pulsação, Bonny soltou seu último suspiro agonizante. A última pessoa do mundo a tocá-la foi uma desconhecida.

Não havia sinal de que ela lutara com ninguém ou de que tentara se levantar do assento. Mais tarde, a polícia levantaria a hipótese de que ela talvez conhecesse o assassino.

Enquanto o corpo de Bonny era lavado, maquiado e preparado para o enterro, Robert Blake arrumou um advogado e começou a difamar a falecida esposa para a imprensa. O advogado vazou as ligações gravadas, suas cartas lascivas e até alguns escritos dolorosamente particulares nos quais ela se preocupava com o peso e se perguntava se deveria fazer cirurgia plástica. Todo mundo tinha algo a dizer sobre Bonny, e a maioria dos comentários eram maldosos. Bonny foi assassinada aos 44 anos, e a imprensa não deixou ninguém se esquecer disso — a chamavam de "a vigarista brega".

Bonny foi enterrada em um "megacemitério" chamado Forest Lawn, com vista para o letreiro de Hollywood, rodeada dos ossos das celebridades que ela tanto amava. Um ano depois, Robert Blake foi preso pelo assassinato. Mesmo que muitas pessoas acreditassem que Blake a matara — ou que ao menos contratara alguém para fazê-lo —, ele foi absolvido. Muitos anos depois, em um julgamento civil, Blake foi considerado culpado e acabou pagando uma soma não divulgada à família da falecida esposa. O imbróglio foi comparado ao(s) julgamento(s) de O.J. Simpson, que havia(m) acontecido vários anos antes — exceto pelo fato de que, como apontou a opinião pública, Blake era bem menos famoso e, ao contrário de O.J., ninguém jamais foi enganado a pensar que ele era um cara legal.

Atualmente, Rose, que herdou os belhos olhos redondos da mãe, é modelo e tem milhares de seguidores no Instagram. Robert Blake tem quase noventa anos. Em uma recente entrevista para a TV, olhou para a câmera e rosnou: "Ainda estou aqui, seus canalhas. Ainda estou aqui". Ninguém nunca foi condenado pela morte de Bonny.

O final de Bonny era o mais triste que alguém poderia ter em Hollywood. Depois de uma vida de tentativas mal-sucedidas de chegar ao estrelato, sequer seu assassinato amplamente noticiado a transformou na vítima amada. Ela era velha demais, conivente demais, *óbvia* demais. Hollywood é um lugar que recompensa olhares furtivos, flertes velados e garotas descoladas que não se esforçavam demais. Bonny, na contramão disso, sempre fizera tudo em excesso. Mandou muitas fotos nuas, correu atrás de muitos homens famosos, gravou muitos telefonemas. Tinha um hábito terrível de dizer às pessoas exatamente o que queria. *Ah, vou dar um jeito nisso, vou mostrar para essa gente, vou ser uma estrela de cinema. Gosto de estar cercada de celebridades. Sei que ele vai me matar.* Quando foi enterrada em meio aos ossos das celebridades, Bonny Lee Bakley finalmente estava famosa... e, ao mesmo tempo, infame.

Ainda assim, Bonny teria sido a primeira pessoa a aprovar o desenrolar dos acontecimentos após sua morte. Provavelmente ficaria feliz quando a irmã aceitou 20 mil dólares da revista *Star* para dar uma entrevista exclusiva e quando a mãe assinou um "lucrativo" contrato com a *National Enquirer*. No mundo de Bonny, a pessoa agarrava o que podia, quando podia. Se alguém oferecesse dinheiro pela sua história, você falava. Se alguém oferecesse dinheiro pela sua foto, você posava. Bonny sabia melhor do que qualquer um que era preciso aceitar o dinheiro, mergulhar na banheira, escalar as paredes da mansão e dançar conforme a música enquanto ela toca. Porque a noite era uma criança, mas o amanhecer se aproximava.

AS FU
TIVAS

LAURETTA J. WILLIAMS
MARGARET LYDIA BURTON
SANTE KIMES

MISCELÂNEA Três etnias falsas ~ Dois carros Lincoln ~ Uma peruca ruiva ~ Duas fugas da prisão ~ Numerosos casos de fugas ~ Sardas ~ Um bigode falso ~ Três buquês de flores agourentos ~ Um embaixador falso ~ Ao menos cinco discussões com o FBI ~ Uma doppelgänger de celebridade ~ Uma série de desmaios falsos ~ Um romance chamado Dynasty of Death ~ Um folheto intitulado "Final Dynasty" ~ Uma arma de choque

LAURETTA J. WILLIAMS

1842(?)-1923

pseudônimos: Loreta Janeta Valasquez ou Velazquez, tenente Harry T. Buford, Ann Williams, Mary Ann Williams, Mary Ann Keith, Sra. M. M. Arnold, Sra. L. J. V. Beard, Señora Beard, Loretta J. Wasson, Sra. Bonner, Lauretta Clapp, Lauretta Clark, Lauretta Roach, Lauretta Roche etc.

UMA BELA CUBANA DE OLHOS ESCUROS e brilhantes desfila pelas ruas do Sul dos Estados Unidos, vestida de homem. O ano é 1861. Todo mundo ao redor está falando sobre a guerra. A garota passara meses observando, com inveja, enquanto homens de uniformes cinza se juntavam ao movimento, com os rostos iluminados pelo propósito. Então, ela tirou a saia, apertou os seios sob uma cinta e se alistou como soldado. Afinal, ela nao tinha ido aos Estados Unidos para ficar esperando no banco de reservas.

Conheça Loreta Janeta Velasquez: a orgulhosa soldada confederada cubana-americana que não existia. A "Loreta" de olhos escuros era o *alter ego* — *um dos* alter egos — de Lauretta, uma moça que compensava com coragem o que lhe faltava em honestidade. Na primeira aparição de Lauretta na história, ela era uma profissional do sexo em Nova Orleans, trabalhando em bordéis notoriamente barra-pesada e saindo e entrando de tribunais por crimes de baixo potencial ofensivo. Foi um começo ignóbil, então Lauretta rapidamente apagou essa parte do seu passado e substituiu por uma história melhor: passou a dizer que era uma orgulhosa descendente de famosos políticos e artistas espanhóis que nascera em Cuba e que recebera a melhor das melhores educações em escolas americanas. Em outras palavras, ela era *alguém*, então você com certeza deveria dar ouvidos a ela... e investir generosamente em seu golpe da vez.

A verdadeira Lauretta nasceu por volta de 1842, talvez em Cuba, no Texas, em Nova York ou nas Bahamas. Ela mudou o nome dos pais tantas vezes que ninguém mais faz ideia de quem eles eram. Às vezes, ela se chamava de Lauretta J. Williams, ou Clark, ou Roach, ou Roche, ou Clapp, ou Arnold, ou Burnet, ou Wasson, ou Bonner, ou DeCaulp — dependendo de quem ela alegasse ser seu pai, ou com quem estivesse casada na época, e da capacidade de soletrar do jornalista que a entrevistasse. (Quando anunciou que seu sobrenome, na verdade, era "Velasquez", um jornal o escreveu "Velazquex".) Na adolescência, atendia por Ann ou Mary Ann Williams, mas "Lauretta" foi o nome que ela usou por mais tempo.

Sua identidade cubana, que ela só começou a divulgar quando mais velha, é corroborada por pouco mais do que sua própria palavra. É possível que um de seus pais, ou ambos, fosse hispânico ou latino, visto que houve ocasiões em que jornalistas mencionaram um resquício de sotaque na voz dela, ou certa sensibilidade "latina" em sua aparência. Mas ela conseguia passar por uma americana branca sempre que precisava. Quando anunciou para o mundo que seu *verdadeiro* nome era Velasquez, pareceu mais uma estratégia de *rebranding* do que uma revelação.

E ela era a rainha do *rebranding*. Lauretta passou a vida toda tentando se metamorfosear em outra pessoa, alguém *melhor*, alguém com um passado fascinante e um futuro tão brilhante que deveria ser *imediatamente* financiado. Nem sempre era bem-sucedida. Por um ângulo, ela era uma trapaceira bastante medíocre, que vagou pelos Estados Unidos por sete décadas solitárias sem nunca conseguir juntar muito dinheiro. Por outro, no entanto, foi uma heroína norte-americana clássica: uma empreendedora espertalhona, uma mulher que cresceu sem a ajuda de ninguém, uma contadora de histórias com uma imaginação tão vasta e serpenteante quanto o Mississippi. Até hoje as pessoas acreditam em seus contos.

Em 12 de abril de 1861, os Estados Unidos se fragmentaram em Norte e Sul, e a Guerra Civil começou. Quando as primeiras armas ressoaram em Fort Sumter, ninguém poderia ter previsto o banho de sangue que duraria os quatro anos seguintes. Naqueles primeiros dias, muita gente achava que o conflito todo era meio... romântico.

Sim, antes de começarem a surgir as pilhas de corpos, antes das cirurgias no campo de batalha, antes das pilhagens, do estupro e de irmão matando irmão, muitos norte-americanos brancos se deixaram levar por uma onda de empolgação patriótica. No Sul, onde Lauretta morava, o patriotismo foi exacerbado pela percepção de que estavam sendo invadidos pelo Norte e deviam defender o que era seu de direito. Até as mulheres sentiram certa sede de sangue nas veias. Como exaltou um poeta em um poema intitulado "Song of the Southern Women", ou "Canção das mulheres do Sul": "O fogo que dorme em nossos olhos escuros de sulista/Acenderiam-se na batalha; somos Joanas d'Arc".

A retórica parece melodramática hoje em dia, mas o sentimento era muito verdadeiro. Muitas mulheres de fato queriam entrar para o exército, independentemente de em que lado estivessem. Elas não apenas lutariam por uma causa na qual acreditavam como receberiam um salário muito melhor do que qualquer outro que uma mulher em saias armadas conquistaria por conta própria. Além disso, o emprego prometia liberdade e aventura — o que, para certas mulheres em busca de emoção, parecia bem melhor do que enrolar ataduras para as tropas. Sua presença no campo de batalha era um tipo de segredo aberto. Os jornais viviam imprimindo histórias empolgantes sobre soldados jovens e impetuosos que no fim das contas se revelavam mulheres — às vezes elas até estavam *grávidas*.

Naquela época, não era muito difícil fingir ser outra pessoa. Ninguém andava com passaporte ou carteira de motorista. Quase ninguém tinha certidão de nascimento. Se você dissesse que era Emma Wilson, você era Emma Wilson. Caso se mudasse de estado e declarasse que era o soldado Alonzo Gifford, quem poderia dizer que não? E se não quisesse arriscar a vida ou os membros, mas quisesse compartilhar da glória da guerra mesmo assim, só o que precisava era de alguns metros de tecido — cinza dos Confederados ou azul da União, pode escolher — e uma passagem de trem para uma cidade onde ninguém o conhecesse.

Em um belo dia de setembro de 1861, um jovem e asseado tenente Confederado que se apresentava como Harry T. Buford apareceu nas ruas de Lynchburgh, Virgínia. O rapaz ficava bem de uniforme. *Muito* bem. E andava por aí com tamanha bravata que as pessoas não conseguiam deixar de notá-lo. As mulheres se derretiam. Os homens fechavam a cara. Na verdade, o jovem soldado estava vestido de maneira tão espalhafatosa que as pessoas não demoraram a notar que esse tenente era, na verdade, uma bela moça de fantasia. Harry T. Buford era ninguém menos do que a adolescente Lauretta, que abandonara os dias de profissional do sexo em Nova Orleans e tentava adotar uma nova identidade. Ela pavoneou pela cidade, se deleitando com a atenção. "Seus modos intrépidos, bela aparência, uniforme colorido e *physique* perfeita a tornaram 'a observada de todos os observadores'", relatou um jornal.

No entanto, o prefeito da cidade não se impressionou e mandou prendê-la sob suspeita de ela ser uma espiã. Lauretta lhe disse que seu nome era Mary Ann Keith e afirmou *não* ser espiã. Não, insistiu, ela não era nada além de uma leal Confederada com esperanças de lutar pelo que acreditava! Veja bem, ela havia sido casada com um sulista que a traíra ao fugir para o exército da União, e agora ela queria se juntar aos rebeldes para compensar os pecados dele.

Notícias sobre o rapazinho vaidoso e convencido rapidamente chegaram à capital Confederada de Richmond, Virgínia, e as autoridades de lá exigiram que "Mary Ann Keith" fosse mandada para ser interrogada por eles. Lauretta obedeceu de bom grado, mas, em vez de se entregar, entrou calmamente no Departamento de Guerra, ainda em seu uniforme falso, e disse ao atendente que precisava de ajuda para voltar ao seu posto em Kentucky, visto que o general dela estava exigindo sua presença. O atendente ficou desconfiado, mas entregou os documentos necessários mesmo assim, e Lauretta escapou sem nem um arranhão. Na saída, ela esqueceu que estava disfarçada de homem... e fez uma reverência feminina.

Em pouco tempo, a história do tenente Harry T. Buford e seus truques sorrateiros se espalhava pelo país, devorada por leitores de ambos os lados da Linha Mason-Dixon. Algumas pessoas se impressionavam com a coragem de Lauretta, outras se intrigavam com a estranheza da situação toda, mas *todo mundo* falava dela. Com nada além de uns metros de tecido cinza e um andar arrogante, Lauretta conquistara algo verdadeiramente impressionante: fama. Ela era a "primeira celebridade" da Confederação, como escreveu seu biógrafo William C. Davis, "criada inteiramente pela imprensa".

Lauretta logo voltou para Nova Orleans, onde morara na adolescência, mas, quando a cidade foi dominada pelos Yankees na primavera de 1862, ela se deu conta de que andar por aí em uniforme de Confederado não era mais uma ideia muito boa. Para salvar a própria pele, declarou abertamente que era simpatizante da União e roubou algumas joias de *verdadeiros* simpatizantes, o que a fez passar seis meses na cadeia. Jornalistas locais já estavam bastante familiarizados com os truques dela a essa altura, visto que se lembravam dela em seus tempos de adolescente problemática. Quando ela conseguiu fugir da prisão, os jornais comemoraram. Uma "heroína astuta", clamou um deles. "Essa ilustre ligeirinha", escreveu outro.

Mas sua fuga foi frustrada quando ela cruzou acidentalmente com o mesmo policial que a prendera. Ela foi reconhecida e jogada de volta na prisão. Derrotada, cumpriu o resto da sentença sem nenhum tropeço e foi solta em maio de 1863. As flores desabrochavam, a guerra estrondava, e Lauretta estava pronta para retomar sua andança.

Ficara óbvio para ela que o disfarce de Harry T. Buford era uma maneira fácil de conseguir atenção. Então Lauretta foi até Jackson, Mississippi, onde desfilou até o editor do jornal local *Mississippian* e lhe vendeu uma história fantástica. O editor ficou tão obcecado pelo conto dela que imprimiu a coisa toda sem nem se dar ao trabalho de checar os fatos, e a matéria resultante tornou Lauretta ainda mais famosa.

Nela, o editor do *Mississippian* escreveu sobre como Lauretta fora traída por seu traiçoeiro marido Yankee e então decidira participar pessoalmente da guerra. Com isso, ela conquistou uma carreira no exército que só poderia ser descrita como duvidosamente estrelar. Comandou uma tropa de soldados por algumas das batalhas mais famosas do conflito, lutou lado a lado com o próprio pai (que não a reconheceu), contrabandeou medicamentos e uniformes através de um bloqueio inimigo, e foi até chamada de uma "rebelde incorrigível" por um dos generais de alta patente da União. *Rebelde incorrigível!* Lauretta deve ter amado se autointitular dessa forma. Também deve ter amado o fato de que o editor reservou uma grande parte da matéria para exaltar o quanto ela era maravilhosa. "Como a maioria das mulheres do Sul, sua alma estava inteiramente dedicada à luta pela independência", escreveu ele, sem fôlego. "Possuindo pouco da característica fraqueza do sexo feminino tanto no corpo quanto na mente, [ela] jurou dedicar sua vida sobre o altar de seu país."

Quando a matéria saiu, Lauretta capitalizou em cima de sua crescente fama se presenteando com um novo uniforme, desfilando pelo Sul e dando o máximo de entrevistas a jornais que conseguia. Mesmo que alegasse ser uma soldada, ela não tinha interesse em se juntar ao combate outra vez. Se quisesse lutar de verdade, teria descartado seu então muito conhecido alter ego e entrado sorrateiramente no exército com outro disfarce. Mas ela manteve sua identidade como tenente Buford, sabendo que as pessoas veriam "tenente Buford" e pensariam *Lauretta*. Ela queria exatamente isso, queria a atenção do mundo.

Quando ela não estava dando entrevistas, estava ocupada com seu outro hobby favorito: escrever cartas para homens poderosos. Esse era um truquezinho genial que ela desenvolvera: escrevia para alguém de importância, ele mandava de volta uma resposta entediante, graciosa e *assinada* em seu papel de carta oficial, e Lauretta guardava essa resposta para futuras trapaças. Assinaturas e cabeçalhos de cartas, ela sabia, eram extremamente valiosos. Era possível mostrá-los rapidamente para pessoas e até mesmo impressioná-las. Em uma ocasião, ela escreveu para o general adjunto Samuel Cooper dizendo que havia rapazes saudáveis demais trabalhando em empregos civis e que ele deveria forçá-los a entrar para o exército, senão o Sul definitivamente perderia. (Ela assinou a carta como "a tenente cuja alma inteira está dedicada à causa do seu país".) Quando ele respondeu ("Obrigado por sua sugestão etc."), ela adicionou a carta à crescente coleção. Bastava um vislumbre da assinatura *general-adjunto Samuel Cooper* para os alvos de Lauretta ficarem bastante impressionados. Por que um homem tão poderoso escreveria para essa mulherzinha obstinada a não ser que ela fosse especial?

Então Lauretta se apaixonou. Um dia, em algum lugar remoto do Sul, ela conheceu um capitão alto e bonito com olhos acinzentados deslumbrantes que se chamava Thomas C. DeCaulp. Mais tarde, Lauretta alegaria que eles se apaixonaram como homem e mulher, mas lutaram lado a lado como homem e homem, e DeCaulp não se deu conta de que seu soldado favorito e sua linda namorada eram, na verdade, a mesma pessoa até que ele fosse ferido e Lauretta adentrasse seu quarto de hospital, ainda com o bigode falso, para se revelar. Foi tudo incrivelmente romântico (e um pouco homoerótico também), mas a verdade era muito mais sem graça. O próprio DeCaulp também era um golpista de menor importância: seu nome verdadeiro era William Irwin, e ele já tinha uma esposa, mas Lauretta talvez não soubesse de nada disso. Como "DeCaulp", os dois se casaram em setembro de 1863. Depois disso ele foi mandado de volta para a batalha e Lauretta continuou dando seu carrossel de entrevistas.

Apesar do grande discurso de Lauretta sobre como ela apoiava a Confederação com todos os músculos do seu corpo e todos os botões de cobre do uniforme falso, ela e DeCaulp eram leais, em primeiro lugar e acima de tudo, ao dinheiro. Enquanto ainda estavam em lua de mel, decidiram fugir para o Norte, onde os salários eram melhores. Lá, DeCaulp entrou para o exército da União e Lauretta aceitou um emprego num arsenal em Indiana. É claro que fabricar balas para soldados nortistas não passava uma boa imagem para uma garota sulista "cuja alma inteira está dedicada à causa do seu país", então, posteriormente, quando voltou ao Sul, ela disse às pessoas que só trabalhara no arsenal para poder explodir o lugar.

Trabalhar na fabricação de balas era um trabalho monótono, então Lauretta logo decidiu que se tornaria espiã — ou melhor, convenceria as pessoas de que *havia sido* uma espiã. Ela visitou vários homens importantes do exército e inundou-os com lorotas, mencionando nomes importantes e mostrando de relance cabeçalhos de cartas impressionantes até que um deles lhe entregou uma passagem de trem que a declarava "em serviço secreto" por uma única viagem. O bilhete em si era meio entediante. Mas Lauretta sabia transformar tédio em ouro. Se você estreitasse os olhos para o papel, quase parecia que Lauretta era uma espiã, levando em conta toda a parte do "serviço secreto". Mais uma vez, ela alcançara seu objetivo de não desempenhar o trabalho — ou, ao menos, não desempenhar o trabalho *convencional* —, mas levar o crédito mesmo assim.

Pelos dois meses seguintes, Lauretta se divertiu fingindo ser espiã, vestindo seu uniforme falso quando queria atenção e seguindo o marido de campo em campo. Ela também engravidou. Em uma carta para DeCaulp, ela se refere à sua "atual condição"; em outra carta, DeCaulp menciona "minha criança". É provável que Lauretta tenha parido o bebê em meados de 1864. Mas não se sabe o que aconteceu com a criança, visto que Lauretta estava quase constantemente de mudança, ziguezagueando pelo país feito a Ferrovia Transcontinental (cuja construção começara um ano antes). Em dado momento, ela apareceu em Nashville fingindo ser uma agente de seguros do exército, onde distribuiu folhetos alarmantes nos quais se lia "Venham logo, venham todos, pois esta pode ser sua última oportunidade de fazer um seguro de seus órgãos e vidas". Em outra ocasião, publicou anúncios falsos nos jornais que eram supostamente direcionados a ela e alegavam que seu pai morrera e deixara muito dinheiro para ela ou que ela precisava mandar um representante para Cuba a fim de lidar com uma disputa sobre sua propriedade. Esses anúncios eram engenhosos, visto que Lauretta podia simplesmente recortá-los de jornais e mostrá-los a pessoas como prova de que era dona de propriedades ou receberia uma generosa herança. Tradução: era uma mulher importante. Conclusão: você deveria lhe emprestar dinheiro.

Naquela época, com certeza ela não era a única mentirosa marcando sua trajetória pelas ruínas dos Estados Unidos. Uma de suas contemporâneas foi uma moça chamada Caroline Wilson, que gostava de alegar que perdera todo seu dinheiro ao, graciosamente, "sustentar soldados da União" — você não recompensaria o patriotismo dela com uma ajuda financeira? Mas a diferença entre Lauretta e mulheres como Caroline Wilson era que a primeira quase nunca recorria a histórias tristes. Em vez de fazer seus alvos sentirem pena dela, ela sempre tentava impressioná-los. Vivia insinuando que *fora* rica ou *seria* rica em breve. Declarava que estava prestes a fazer uma enorme virada financeira e que *aquele* era o momento de investir se a pessoa também quisesse ficar tão rica quanto ela logo se tornaria! Seus contos eram grandiosos ao ponto da incredulidade, mas a lábia e a confiança ilimitada ajudavam.

A Guerra Civil terminou em 9 de abril de 1865, mas ainda assim Lauretta continuou a aplicar golpes. DeCaulp tinha morrido ou a deixado no começo do ano e seu filho estava Deus sabe onde, então ela estava livre para continuar perambulando. Começou a dizer às pessoas que estava escrevendo um livro de memórias e viajava pelo país aceitando dinheiro por pré-vendas apesar de o livro nem existir. Em 1866, um navio a vapor chamado *Miami* explodiu, matando 120 pessoas, e Lauretta alegou ser uma das sobreviventes por um tempo, mas foi forçada a descartar essa identidade quando o nome das duas únicas sobreviventes foi divulgado. Ela se casou três vezes em um curto período de tempo: com um homem de "cabelo louro-claro longo e ondulado" chamado John Wasson e que morreu logo depois; com um prospector chamado Edward Hardy Bonner que nunca tirou a sorte grande; e depois com um motorista de carruagens de transporte coletivo chamado Andrew Jackson Bobo que saiu da cidade depois de matar um homem. Ela nunca se divorciou de Bonner, então tecnicamente era bígama quando se casou com Bobo; ou polígama, talvez, se DeCaulp ainda estivesse vivo.

Lauretta também viajou para a Venezuela. Depois do fim da guerra, alguns sulistas brancos furiosos quiseram sair de vez do país e começar um novo Sul em outro lugar. A Venezuela parecia promissora, então, Lauretta foi para ver se conseguia se estabelecer antes de ser moda. A viagem pareceu política na superfície, mas, assim como muitos dos esquemas de Lauretta, provavelmente se resumia a um desejo por dinheiro. Ela não tinha interesse em começar um novo Sul, mas se alguém fosse fazer muito dinheiro com o começo de um novo Sul, ela queria um pedaço. Quando estava entre sulistas, dizia que era sulista até a raiz dos cabelos, óbvio, mas quando estava no Norte, jurava lealdade às estrelas e listras. No fim das contas, sua única fidelidade era a si mesma.

Quando nenhum de seus esquemas deu resultado, Lauretta voltou a falar sobre o livro de memórias. A Guerra Civil poderia ter acabado, mas os Estados Unidos ainda nutriam um grande apetite por histórias de guerra, e Lauretta começava a pensar que poderia contar uma boa. Ela era uma contadora de histórias nata. Tinha raciocínio rápido e inventava histórias tão envolventes que seus ouvintes frequentemente deixavam de notar como eram implausíveis e puramente contraditórias.

Mas falar e escrever eram duas coisas diferentes, e Lauretta se deu conta de que precisava de um coautor. (Sua ortografia era questionável... E, fosse como fosse, é difícil imaginar Lauretta diligentemente rabiscando seus pensamentos por três horas todas as manhãs.) Visto que era uma mulher crente de que merecia apenas o melhor da vida, decidiu contratar o melhor escritor do país para trabalhar para ela. Então mandou uma carta para Mark Twain.

Só Deus sabe o que Mark Twain pensou quando abriu a correspondência do dia e leu que uma zé ninguém ousada chamada Lauretta o estava chamando para colaborar em um livro de memórias de guerra questionável. Ele recusou o convite e, quando ela pediu para vê-lo de novo, ele recusou pela segunda vez. Mas Lauretta sabia que a verdade verdadeira não importava tanto quanto a "verdade" que ela declarava nos jornais, então foi em frente e fez um grande comunicado para a imprensa: ela estava felicíssima em anunciar que seu livro de memórias teria a colaboração de ninguém mais ninguém menos do que... Mark Twain!

Ela não se abalou quando Twain escreveu aos jornais, negando furiosamente a afirmação. Sequer vacilou quando o mesmo jornal que publicou sua negação *também* imprimiu uma carta furiosa de um homem de seu passado, um que a conhecia e odiava. Ele fora amigo de seu ex-marido, Bonner, o prospector, e queria que o mundo soubesse que Lauretta não era digna de confiança. "Ela é, sem sobra de dúvida, uma vigarista baixa, vulgar e sem princípios", esbravejava em sua carta. "Suas ideias de moral são do tipo mais frouxo, e ninguém neste país deve acreditar nela nem sob juramento. Para resumir, essa mulher é o que as pessoas chamam de biscate."

Lauretta podia ser uma biscate de moral frouxa, mas não deixaria uma difamaçãozinha se meter entre ela e sua fama literária. Então, assinou um contrato com William Ramsay da Southern Publishing Company e, sabe-se lá como, encontrou um coautor para escrever sua narrativa. Talvez imaginando que uma origem mais exótica a ajudaria a vender o livro, ela anunciou nos jornais que revelaria pela primeira vez sua *verdadeira* identidade. Ela não era mais a boa e velha norte-americana Lauretta — em vez disso, era uma cidadã cubana de classe alta e boa educação chamada *Loreta Janeta Velasquez*.

Escrever o livro foi trabalhoso — ela brigou com seu editor sobre direitos autorais e o perseguiu rua abaixo com uma faca enquanto ele gritava pela polícia — mas finalmente, depois de aterrorizar o suficiente todos os colegas de trabalho, Lauretta conseguiu publicar o livro de memórias sobre o qual ela vinha mentindo havia tantos anos. Em julho de 1876, *The Woman in Battle* [A mulher em batalha] foi lançado para um público desavisado.

O título ia direto ao ponto, sim. Mas o subtítulo dava aos leitores uma dica do caos do lado de dentro: *Uma narrativa sobre as façanhas, aventuras e viagens de madame Loreta Janeta Velazquez, também conhecida como tenente Harry T. Buford, do Exército Confederado dos Estados Unidos. Neste, há descrições de inúmeras batalhas das quais ela participou como oficial Confederada; de suas perigosas atuações como espiã, como portadora de boletins, como agente do Serviço Secreto e como alguém que se infiltrou atrás das linhas inimigas; de suas aventuras nos bastidores de Washington, inclusive na fraude dos títulos; de sua carreira como agente de recompensas e substitutos de conscritos em Nova York; de suas viagens pela Europa e América do Sul; de suas aven-*

turas de mineração pela encosta do Pacífico; de sua residência entre os mórmons; de seus casos amorosos, cortejos, casamentos etc, etc.

Era um subtítulo recheado até a boca de iguarias tentadoras, feitas para fazer os livros voarem das prateleiras. Violência! Sexo! Segredos de governo! Seu interior continha um retrato estranhamente não elogioso de Lauretta no qual ela parecia ter uns 55 anos (ela estaria na casa dos trinta na data da publicação), e o texto em si era, previsivelmente, cheio de alegações ultrajantes. Mesmo que fosse óbvio que Lauretta tenha recebido muita ajuda com a escrita, a prosa carregava um tom muito compatível com sua personalidade. Era ousada, autocentrada, vaga, prolixa e cheia de contradições. No prefácio, ela diz que usará a linguagem mais básica e simples que conseguisse, então parte para a ofensiva com essa primeira linha rebuscada:

A mulher em batalha é uma figura infrequente nas páginas da história, e, no entanto, o quanto não perderia a história caso os registros gloriosos das heroínas — as mulheres faustosas, que se posicionaram na linha de frente, onde a batalha é mais intensa e a luta mais letal — fossem obliterados?

O restante do tomo de mais de seiscentas páginas era tão caótico e inconsistente que levou um historiador a se perguntar se seria um sinal de "problemas mentais incipientes". Mas Lauretta vinha se contradizendo desde sua primeiríssima entrevista jornalística. Ela não ligava para consistência, mas sim para fama, comoção e dinheiro vivo. Sua vida inteira até então lhe ensinara que veracidade era muito menos importante do que entusiasmo e emoção; se ela simplesmente fosse *convincente* o bastante ao contar uma história, as pessoas talvez se esquecessem de checar os fatos. O livro seguia essa linha de raciocínio. Ela usa múltiplos nomes diferentes para se referir a um irmão, alega ter lutado em uma batalha em 18 de julho de 1861 e acordado na manhã seguinte a 65 quilômetros de distância, plagia outro livro, raramente informa o nome completo das pessoas (dificultando que suas alegações sejam confirmadas ou negadas) e recheia o livro com passagens longas e estranhas sobre detalhes irrelevantes como a flora e a fauna da Venezuela. ("As cebolas são numerosas, mas pequenas.") Ela também omite convenientemente as partes mais constrangedoras de sua vida, como a fase de ladra de joias, e, em vez disso, foca em uma série de anedotas sugestivas sobre como as mulheres sulistas vivem se apaixonando por ela e seu atraente bigodinho falso. Quando fala da guerra, pinta a si mesma como uma peça fundamental. Diz que teve a oportunidade de matar Ulysses S. Grant, mas graciosamente escolheu não fazer isso. Alega que estava presente quando "Stonewall" Jackson recebeu seu famoso apelido. Declara ter conhecido Abraham Lincoln em pessoa. E insiste que, se *ela* tivesse recebido permissão para comandar um exército, o conflito inteiro teria tido um desfecho bem diferente.

Logo depois do lançamento do livro, o editor de uma revista chamada *Southern Historical Society Papers* duvidou de sua veracidade. O general Confederado Jubal Early julgou-o na mesma hora como inteiramente falso devido aos seus "diversos absurdos, inconsistências e impossibilidades". Com o passar das décadas, os historiadores continuaram encarando o livro com desconfiança. Em 1999, um deles declarou que seria impossível ler aquelas memórias "sem concluir que a autora era, no mínimo, uma oportunista". Em 2016, a primeira biografia completa de Lauretta anunciou: "Até esta data, não há qualquer testemunha ocular independente e diretamente contemporânea para corroborar suas alegações. Temos apenas a palavra dela e, levando em conta seu histórico com a verdade, aceitá-la seria uma insensatez".

É fácil dizer isso agora que Lauretta não está mais entre nós, lisonjeira e persuasiva. Mas, lá nos anos 1800, a palavra dela era terrivelmente convincente, em especial se ela estivesse no mesmo ambiente. E, portanto, o livro vendeu.

Vendeu, mas não o bastante para deixá-la rica. Casar-se mais uma vez com um marido rico também não. Os anos se transformaram em décadas, e a única coisa que Lauretta ganhou com todos os seus esquemas desonestos e viagens intermináveis foi notoriedade. E, agora que chegava aos sessenta anos, essa notoriedade tornava-se um problema.

Golpes são tipicamente uma estratégia dos jovens. São estratégias que exigem uma grande quantidade de energia e vigor, além da habilidade de mudar de direção rápido, tanto mental quanto fisicamente. Quando os investidores percebem que *nenhum* hotel californiano está sendo construído — como aconteceu com os investidores de Lauretta na primavera de 1899 --, é preciso conseguir sair da cidade, e rápido. Quando se está numa sala cheia de homens e eles começam a fazer perguntas incisivas sobre as ferrovias que você alega estar construindo — como aconteceu com Lauretta na primavera de 1900 —, é preciso pensar rápido para que eles não mandem você para a cadeia.

Lauretta se virava bem, mas sua reputação começava a precedê-la. Ela crescera em um mundo onde era fácil enganar. Podia contar uma história numa cidade, subir num trem e contar uma completamente diferente no lugar seguinte. Ninguém saberia — ao menos não por uma semana mais ou menos. Mas agora, graças à invenção das agências de notícias, que as divulgavam via rádio ou telegrama, as matérias dos jornais podiam circular pelo país muito mais rápido do que Lauretta, o que significava que as notícias sobre seu último golpe poderiam chegar antes dela. À medida que o mundo mudava, Lauretta se via menos apta a convencer as pessoas e mais sujeita a ser recebida com risadas. Ela também começava a ficar com uma aparência estranha. Sua preciosa coleção de documentos crescera tanto que era alvo de comentários de jornalistas que escreviam sobre ela.

Ainda assim, ela dava o seu melhor. Chegou a morar na Filadélfia por um ano sem pagar um centavo. Dizia a todos que era uma princesa cubana com o ambicioso plano de construir uma ferrovia usando benefícios do governo mexicano, e conseguiu angariar milhares de dólares de investidores. Também convenceu seu senhorio a isentá-la do aluguel e persuadiu restaurantes e lojas locais a deixá-la fazer refeições e compras no crédito. Ela podia ser mais velha, mas continuava sendo a loquaz Lauretta de sempre. "Ela é uma das mulheres mais críveis e fluentes que já conheci", disse um dos homens que ela enganou. "Parece ser capaz de persuadir as pessoas a quase tudo."

Mas, à medida que os anos se passavam, sua mente perspicaz e ágil começou a se autodestruir. Em 5 de agosto de 1912, com mais ou menos setenta anos, Lauretta ingressou no hospital psiquiátrico Government Hospital for the Insane na capital

Washington. Ao ser admitida, declarou que sua ocupação era "escritora", mas foi registrada como "indigente" — em outras palavras, sem um tostão. Sua peregrinação terminaria ali. O cérebro de Lauretta foi devorado pela demência senil, e os últimos onze anos de sua vida foram passados dentro do hospital enquanto todas as identidades que ela construíra lhe escapavam. Ela morreu, sem alarde, no dia 6 de janeiro de 1923. E nunca recebeu um obituário.

Mas quem precisa de um obituário quando já escreveu um memorial de seiscentas páginas para suas próprias conquistas, reais e imaginárias? Hoje, o nome "Loreta Janeta Velasquez" aparece em livros com títulos como *Immigrant Women* [Mulheres imigrantes] ou *Heroines of Dixie* [Heroínas de Dixie] e *They Fought Like Demons: Women Soldiers in the Civil War* [Elas lutaram como demônios: mulheres soldadas na Guerra Civil]. Seu nome até aparece no site do American Battlefield Trust [Consórcio de Campo de Batalha Americano], onde "Loreta" é listada como uma das personagens centrais da Guerra Civil. Há uma dose suficiente de verdade em seu livro — certas datas, localizações e mesmo descrições do tempo são precisas -- para que, ao longo das décadas, muitas pessoas tenham optado por acreditar nela. Seu livro acabou sendo seu maior e melhor golpe.

Lauretta teria amado toda essa atenção. Ainda assim, estranhamente, seu livro de memórias é cheio de pequenas dicas que alertam o leitor a fazer o contrário. "Uma boa parte das informações que lhes dei era ficcional", escreve ela em certo ponto, "e o resto foi inventado a partir de telegramas, jornais e conversas que entreouvi". Em outro momento, ela escreve: "O fato é que a natureza humana tem uma grande tendência a confiar; tanto que as pessoas mais fechadas e desconfiadas normalmente são as mais fáceis de extrair informações, desde que se use a abordagem certa." Era como se ela estivesse piscando para o leitor. *Foi assim que consegui.* Talvez estivesse nos mostrando apenas o suficiente de suas cartas para garantir que continuássemos impressionados. "Nós, mulheres, temos a reputação de sermos ruins em guardar segredos", continuou ela, com toda sua insolência. "Bem, isso depende das circunstâncias. Eu sempre tive sucesso em guardar os meus."

MARGARET LYDIA BURTON

1906-1992

pseudônimos: Sra. Leda McGlashan, Sra. Margaret E. Mitchell, Sra. Jasper W. Burton, Sra. Margaret Edna Burton, Sra. M. B. Royal, Sra. L. D. Grayson, Sra. Edmond Landsden, Margaret Leda Burton, Janet Scott, Sra. James A. Scott, Jeanette Watson Scott, Janice J. Scott, Janet Royer Gray, Sra. C. E. Laine, Sra. H. Adams, Sra. C. Snowden, Janice Scott, Clara Buxton

A MULHER DE ROSTO SARDENTO SE apresentando como "Janet R. Gray" era fabulosamente abastada e amaldiçoada com um passado trágico. Ao menos, foi nisso que os cidadãos influentes de Atlanta foram levados a acreditar. Janet aparecera por ali no outono de 1954, trazida pelo vento feito uma folha de Washington, D.C., onde seu marido milionário morrera recentemente. Ambos os filhos também não estavam mais entre nós: o primeiro morrera no parto, e o outro fora — ah, era quase horrível demais para dizer em voz alta — *atropelado por um ônibus escolar* apenas uma semana depois de o marido dela falecer. Então ali estava Janet, chegando ao Sul para lamber as feridas. Ela era amigável, graciosa. Todo mundo gostava dela. Não falava muito do passado, por mais que circulassem boatos de que ela era filha de um general de alto escalão do Exército dos Estados Unidos. Depois de tudo pelo que havia passado, quem poderia culpá-la?

Janet não estava sozinha quando apareceu em Atlanta. Trazia consigo uma adolescente loura curvilínea que parecia bem mais velha do que seus quinze anos. Janet explicou que a garota, Candace Victoria Laine (ou "Candy" para encurtar), era a sobrinha que ela estava criando graças à bondade de seu coração, já que a mãe da menina era uma fútil e irresponsável que morava na Suíça com o quarto marido. Os bons cidadãos de Atlanta achavam a atitude de Janet maravilhosa, apesar de precisarem admitir que não eram muito fãs de Candy. A garota era meio mimada. "Puramente arrogante", explicou um deles. Além disso, não agia como uma garota de quinze anos. O jeito como se vestia, o modo como flertava, era tudo um pouco... inapropriado. Uma cabelereira local, que sabia de todas as fofocas da classe alta, opinou: "Ela tinha um corpo de Marilyn Monroe... e era constrangedor quando usava suéteres pequenos demais".

Mas Janet era outra história. "Brilhante e atraente", observou a mesma cabelereira. O dono de uma loja de vestidos comentou: "Ela tinha a aparência e os trejeitos de qualquer mulher bem--criada e bem-educada da idade dela". Era gentil com as pessoas e dava gorjetas bastante generosas. Dada a natureza delicada de seu passado, ninguém sabia exatamente quanto dinheiro ela possuía, mas a mulher radiava riqueza. Seu decorador contou que Janet tinha um gosto excelente, "uma aparência comum, mas de um jeito chique", e que ele presumia que ela fosse rica "apenas pelo tom de voz". Ela era dona de cavalos e de cocker spaniels premiados o suficiente para encher um canil. Tinha um armário cheio de casacos de pele caros e recentemente instalara uma piscina no quintal de casa. Por causa de tudo isso, pareceu um pouco estranho quando ela aceitou um emprego como gerente de uma clínica médica perto de Decatur. Mas como opinou seu decorador: "Eu tinha a impressão de que ela trabalhava só por diversão".

Depois de três anos morando na Geórgia, se misturando aos ricos e dando gorjetas gordas, Janet recebeu uma ligação do trabalho. Seus chefes no consultório médico haviam contratado um contador para analisar as finanças da empresa e o contador descobrira algo um tanto perturbador: quase 200 mil dólares haviam sumido de suas contas. Os médicos tinham certeza de que não era nada sério — provavelmente só um erro de conta, rápido de resolver! —, mas queriam saber se Janet poderia comparecer ao escritório na manhã seguinte para responder a algumas perguntas, só para garantir.

Janet concordou. Na manhã seguinte, ela telefonou bem cedinho para o consultório para dizer que passaria lá depois de levar uma amiga ao aeroporto. Algumas horas depois, como Janet não aparecera, os médicos ligaram para a casa dela e foram informados — por uma mulher que se apresentou como empregada — que Janet tivera um problema com o carro, mas que planejava passar lá.

Mal sabiam eles que, naquele mesmo momento, "Janet R. Gray" estava em disparada pelos campos da Geórgia num carro cor-de-rosa, acompanhada de "Candy"... e milhares de dólares em cocker spaniels.

"Janet", cujo nome verdadeiro era Margaret Lydia Burton, nem sempre fora obcecada por cocker spaniels, mas sempre fora apaixonada por dinheiro. No entanto, ao contrário de suas colegas golpistas, que tinham obsessão por dinheiro a fim de alcançar poder e atenção, Margaret nunca quis ser alvo de todos os olhares. Ela vinha de uma vida elegante, privilegiada e instável, que pareceu instar nela dois desejos contrastantes: por riqueza, mas também por anonimato. Ela se encolhia diante dos holofotes. Sentia-se mais em casa em um carro de fuga.

Em 23 outubro de 1906, ela nasceu Margaret Lydia McGlashan na cidade portuária de Tianjin, China — uma cidadã inglesa branca de uma família abastada. Mas seu pai escocês aparentemente morrera cedo, visto que saiu de cena quando Margaret tem apenas 11 anos. Mais tarde, a mãe dela mudou seu estado civil para "viúva" e se mudou com ela e os outros dois filhos para a Inglaterra. Quando Margaret tinha dezoito anos, emigraram para o Canadá, que foi provavelmente quando ela começou a faculdade. Aos vinte e poucos, sua família seguiu para os Estados Unidos, onde a pressão de sustentar a casa recaiu sobre Margaret. Em 1930, moravam em Nova Jersey, onde ela trabalhava como tesoureira e sua mãe permanecia desempregada.

Não importava onde estivesse morando, Margaret nunca teve dificuldade de encontrar trabalho, e seus empregadores sempre pareciam colocá-la em algum cargo de responsabilidade. Ela era uma dessas mulheres que parecem capazes de *lidar* com as coisas: amigável, competente, boa em manter o registro das finanças e equilibrar o orçamento. Aos 28 anos, já morava sozinha no Panamá e gerenciava uma empresa de tapetes sediada na periferia de sua cidade natal. Lá, casou-se com um auditor norte-americano bonitinho chamado Jasper W. Burton e deu à luz uma menina chamada Sheila Joy. Mas, em 1938, a empresa de Margaret decidiu transferi-la para Honolulu, e Jasper optou por ficar. (Anos mais tarde, Jasper se recusou a comentar sobre a deterioração do casamento, mas expressou surpresa em relação à transformação da ex-mulher. "Ela não tinha nenhum cachorro no Panamá", contou para um jornalista, "e não demonstrava qualquer interesse neles.")

Foi em Honolulu que Margaret cometeu seu primeiro crime registrado. Ela começou a desviar dinheiro da empresa de tapetes. Quando os chefes descobriram, ela foi arrastada para o tribunal. Em maio de 1939, seu caso foi levado a júri popular, mas, antes que conseguissem declarar sua acusação, Margaret já tinha feito as malas e entrado em um navio com a filha pequena embaixo do braço, indo em direção a Los Angeles para morar com a mãe. O departamento de polícia de Los Angeles assumiu o caso e prendeu Margaret alguns meses depois, mas o governador da Califórnia se recusou a mandá-la de volta para o Havaí — talvez ele não tenha achado o pedido de extradição convincente o suficiente —, então Margaret continuou em liberdade.

Depois dessa sorte, Margaret se lançou numa onda de crimes que durou quase vinte anos. Ela era viciada em mentiras e fraudes, em reinvenções e riscos. E não parecia conseguir parar. Mesmo que fosse capaz de encontrar um bom emprego e levar um salário estável para casa, nunca conseguia resistir a pegar uma fatia um pouco maior do bolo, o que inevitavelmente significava que ela teria que sair da cidade e encontrar outro emprego em outro lugar. A cada novo emprego, ou seja, a cada cena de crime, ela criava um novo pseudônimo e uma história de vida elaborada. A pequena Sheila Joy recebia um pseudônimo também. Por anos, as duas foram pulando de cidade em cidade, se paparicando com belas casas e escolas chiques para Sheila Joy, depois fugindo com os policiais na cola delas.

Em Los Angeles, Margaret disse às pessoas que abriria uma rede de lojas de tricô. Ela angariou 9.500 dólares de investidores loucos por lã... e depois pulou fora. Em Vancouver, surrupiou 5 mil dólares de um empregador. Em San Antonio, passou cheques sem fundo. Foi também em San Antonio que descobriu seu amor por cachorros — especificamente, cachorros chiques de exposição que custavam milhares de dólares. Ela vinha trabalhando para um canil e, em pouco tempo, entrou pessoalmente no ramo, comprando tantos animais que, quando inevitavelmente precisava empacotar todos os seus bens e fugir da cidade, o FBI descrevia seus cachorros como, simplesmente, "numerosos".

E assim ela e a filha passaram por Nova Orleans, Denver, St. Louis e Norfolk, na Virgínia — ela arrumava um emprego, dava algum golpe na empresa e depois fugia da cidade. Visto que o currículo de Margaret começava a ficar um pouco irregular, ela o reforçava com mentiras. Em uma ocasião, ao se inscrever para uma vaga em uma clínica, ela disse aos empregadores que viera de uma posição importante no Johns Hopkins Hospital. Em outra, quando perguntaram por que ela não tinha referências, alegou que vinha trabalhando para o marido até que ele despedaçasse o coração dela com um caso amoroso — motivo pelo qual ela não *tinha como* pedir uma referência para ele. E ela sempre impressionava seus empregadores com suas habilidades financeiras. *Me deixe cuidar das finanças*, dizia ela. *Você nem vai precisar de um auditor quando eu acabar!*

Para a pequena Sheila Joy, pulando de cidade em cidade no banco traseiro durante as fugas da mãe, tudo deve ter parecido normal. Era a única vida que ela conhecia; uma vida onde a mãe era "Leda McGlashan" em um dia e "Sra. C. Snowden" no outro. Ela não tinha certeza de onde o pai estava. Sequer sabia se ele ainda estava vivo. A menina vivia em um mundo cíclico: chegar de repente numa cidade, viver tranquilamente por um tempo, sumir do nada. Talvez o passado da mãe, pulando entre países e continentes sem nunca criar raízes, as tivesse treinado em sua capacidade migratória. Talvez Margaret tenha aprendido enquanto criança que ser humana era ser nômade, e ser nômade podia ser muito divertido. Era a lição que ela agora transmitia à filha.

Desse modo, quando as duas saíram em disparada de Norfolk, perseguidas por um médico irado que perdera 2 mil dólares, Sheila Joy já sabia o que esperar. Elas não pararam até chegar a Atlanta, onde sua mãe decidiu ser "Janet R. Gray" e lhe deu o nome "Candy". A mãe arrumou um novo emprego em uma nova clínica e começou a comprar cachorros novos. Sheila Joy foi matriculada em uma nova escola, particular e exclusiva. A mãe estava com 48 anos naquela altura, mas se deu uma nova idade: quarenta. Deu a Sheila um novo papel: sobrinha. As duas compraram uma casa nova, roupas novas. Contrataram alguém para instalar uma piscina. Era tudo novinho em folha e bonito — e, é claro, nada daquilo iria durar.

"Candy" e "Janet" se misturaram muito bem à alta sociedade de Atlanta. A história de vida delas era enfeitada na medida certa para ser interessante e sensível na medida certa para evitar que as pessoas fizessem perguntas demais. É claro, o estilo de vida das duas não era compatível com o salário de Janet como gerente de uma clínica modesta, mas todos presumiram que elas tinham dinheiro de família. Por dois anos e meio, ninguém questionou nada, exceto por uma ou outra sobrancelha erguida para os suéteres apertados de Candy.

Quando não estava na clínica, Margaret estava fazendo um show e tanto na área de criação de cachorros. Sua obsessão por cocker spaniels a fazia torrar milhares de dólares em novos filhotes de orelhas sedosas. Em pouco tempo, ela estava com 48 animais. (Comprados... ou roubados. Futuramente, quando suas posses foram leiloadas, donos de cachorros por todo país alegaram que alguns dos cocker spaniels de Margaret eram, na verdade, *deles*.) Seu cachorro favorito era um spaniel celebridade chamado Rise and Shine, algo como "Levante-se para Brilhar", que ganhara o prêmio de Melhor da Competição na Exposição do

Westminster Kennel Club de 1954. Sheila Joy também adorava o cachorro e o chamava de "Shiney", ou "Brilhantinho".

Infelizmente, Sheila Joy não se adaptou muito bem na escola e, ao final do ano letivo de 1955–56, abandonou os estudos. Passara a maior parte do ano ausente por motivo de "saúde debilitada", e, por mais que os professores gostassem dela, achavam melhor que ela não retornasse visto que perdera tantas aulas. Ela não era exatamente uma garota popular. Um de seus colegas de turma lembrou que "Candy" sempre parecera meio solitária. Talvez fosse o estresse de levar uma vida dupla que a mantivesse afastada do resto das garotas. Ou talvez fosse a idade. Ela se matriculara na escola como se tivesse dezesseis anos, e em certo momento começou a se passar por *quinze anos* — mesmo que, no fim de seu período em Atlanta, ela já tivesse quase vinte.

A mãe, no entanto, não teve qualquer dificuldade para se encaixar. Os médicos da clínica amavam seu jeito ágil e eficiente. Margaret era *tão* ágil e *tão* eficiente, na verdade, que eles nem mesmo notavam o que ela fazia toda vez que um paciente pagava em dinheiro: embolsava as notas na cara de pau. Apenas dois anos e meio depois, quando os médicos chamaram um auditor para verificar suas finanças, eles perceberam que havia uma grande quantidade de dinheiro faltando.

Margaret não pode ter ficado tão surpresa quando os médicos pediram que ela fosse ao consultório. Quantas vezes aquilo já acontecera? Ela disse que estaria lá na manhã seguinte... e começou a planejar sua fuga com a tranquilidade de um ilusionista profissional. Alugou três vans de mudança e contratou quatro homens do tipo faz-tudo. A equipe trabalhou noite adentro. Quando o sol nasceu, ela encheu duas vans com móveis e roupas caras, a terceira com 38 cocker spaniels confusos, e encontrou um novo lar para os dez que sobraram. Então entrou no próprio carro — um Lincoln 1957 cor-de-rosa — e, às dez da manhã de terça-feira, 30 de julho, quando teoricamente estaria levando uma amiga ao aeroporto, meteu o pé no acelerador e deu o fora do estado. Uma das fugas mais suaves da história das fugas. Ágil. Eficiente. Típica de Margaret.

Os médicos ligaram para a polícia, e a polícia ligou para o FBI. Visto que Margaret estava supostamente cruzando fronteiras interestaduais com propriedade roubada, o caso se transformou em crime federal, então o FBI saiu na cola dela. Imaginavam que Margaret e sua caravana seriam fáceis de encontrar. Afinal, ela estava dirigindo um carro rosa-shocking. Tinha uma van com 38 cachorros. Não seria a tarefa mais difícil do mundo, certo? Um porta-voz do FBI disse a jornalistas, cheio de confiança, que encontrar Margaret seria como encontrar "um elefante num monte de neve". Mas eles subestimaram a habilidade muito bem aperfeiçoada que Margaret tinha de desaparecer.

Conforme os dias se passavam sem qualquer sinal de Margaret ou Sheila Joy — exceto pela descoberta do Lincoln cor-de-rosa, que elas haviam abandonado em Greenville, na Carolina do Sul —, o FBI foi forçado a admitir que a expressão "elefante no monte de neve" não condizia com a realidade. A mulher era mais fugidia do que eles esperavam. A única pista que encontraram foi por meio de seus cocker spaniels, que ela estava deixando para trás como uma trilha de migalhas. Na Carolina do Norte, ela se encontrou com o adestrador dos cães e deixou a maioria dos cachorros com ele. Então, comprou um carro novo e seguiu viagem. O FBI rastreou os cachorros obsessivamente e descobriu que dois deles haviam morrido por causa do calor enquanto viajavam, cinco tinham sido levados de volta para Atlanta por um dos integrantes da caravana de fuga, e entre vinte e 25 tinham ido parar em New Haven, Connecticut, com o adestrador. (O número oscilava um pouco porque um dos cachorros parira uma ninhada de filhotinhos na estrada.) Em certo momento, o FBI descobriu que Margaret só ficara com três: seu amado Rise and Shine, um encantador de pelo sedoso chamado Piccolo Pete e um filhote chamado, apropriadamente, de Capital Gain, ou "Ganho de Capital".

Jornais por toda Geórgia salivavam por causa dessa história. Não era o tipo de história que dava para inventar. O carro de fuga cor-

-de-rosa. A sobrinha-que-era-filha. Os cocker spaniels! O *Atlanta Constitution* reportou cada detalhe da jornada disparatada de "Janet", e os bons cidadãos da Geórgia se viram torcendo por ela, mesmo que tivessem sido enganados. "Incrível", diziam os jornais, e "audaciosa", e "extravagante", e "fascinante". O *Constitution* foi inundado por ligações telefônicas de curiosos querendo saber mais sobre o caso. Janet já tinha sido pega? Era verdade que ela fugira para o Peru? "Ela se tornara uma heroína do tipo Jesse James", escreveu um jornalista. Outro acrescentou: "Veja bem, espero que o FBI não nos interprete como pouco patrióticos ou algo do tipo, mas não seria adorável se eles não pegassem a sra. Janet Gray... ao menos por um tempinho?".

Mesmo assim, nem todo mundo pensava em "Janet R. Gray" como uma heroína. Um grupo chamado Cocker Spaniel Club organizou uma reunião soturna para discutir essa perturbadora reviravolta, e um jornalista que compareceu à reunião comparou a atmosfera a um "velório". O clube declarou que estava "abalado" pelas notícias de que sua colega Janet se revelara uma pessoa tão ruim. "Foi como pegar o jornal e ler que Eisenhower era espião comunista", disse um dos integrantes.

No meio-tempo, a recepcionista de uma clínica em Tulsa, Oklahoma, também começava a se sentir um pouco "abalada". Ela acabara de contratar uma gentil senhora chamada "Madge Burton" como tesoureira oficial, mas agora se perguntava se cometera um erro terrível. Claro, Madge não tinha nenhuma referência, mas deu uma explicação (algo terrível, de verdade — ela trabalhava para o marido, e ele teve um caso...). Os médicos tinham ficado impressionados com o conhecimento de Madge dos termos médicos. Na verdade, ela declarara que a clínica não precisava do auditor, porque ela teria muito prazer em fazer ela mesma toda a auditoria.

Então tudo deveria estar bem, exceto pelo fato de que a recepcionista acabara de ler uma história no *Tulsa World* sobre como uma mulher de rosto sardento com uma filha loura e voluptuosa fugira recentemente de uma clínica em Atlanta depois de desviar milhares de dólares. A descrição do jornal tinha uma semelhança sinistra com a de Madge Burton e, imagine só, Madge também tinha uma filha loura e voluptuosa. A recepcionista conversou com os médicos. Todos acharam estranho e concordaram em ligar para o FBI — só para garantir.

Quando um agente do FBI entrou na clínica em 21 de agosto, encontrou "Madge" na sua máquina de escrever, trabalhando com a habitual agilidade e eficiência. O agente se identificou. Madge ficou paralisada. Então, com um suspiro audível, se levantou e o seguiu até o lado de fora.

Sua maratona acabara.

Enquanto mãe e filha esperavam para serem enviadas de volta a Atlanta, detalhes do extenso histórico criminal de Margaret vazaram para a imprensa. Além dos mandados de prisão que a esperavam em outros estados, ela acumulara todo tipo de dívidas menores e mais estranhas: devia sessenta dólares para o motorista do carro de fuga; 1.695 para uma loja de roupas em Atlanta; 59,50 por um chapéu chique. Devia até trinta dólares para um fotógrafo que documentara uma festa que ela organizara para "seus amigos amantes dos cachorros". Na prisão, recebeu dois buquês misteriosos, de gladíolos e crisântemos, de alguns homens da Carolina do Norte, acompanhados de um bilhete ameaçador: "Obrigado pela surra que você nos deu. Não será nada comparado à surra que está prestes a levar". Ninguém jamais descobriu quem mandou o bilhete, mas era um sinal sutil de que o rastro de destruição de Margaret era mais longo até do que o FBI suspeitava.

Para uma mulher que vivera de forma tão extravagante, os bens restantes de Margaret não valiam tanto assim: algo em torno de 40 mil dólares. Seus credores ficaram arrasados em descobrir que nunca seriam totalmente recompensados. Ainda assim, tudo o que ela possuía foi leiloado: a casa, os cavalos, as roupas de pele, os vestidos, a prataria, as peças de jade e até mesmo o infame Lincoln 1957 cor-de-rosa. Seus três cocker spaniels restantes foram levados para Tulsa depois de os integrantes do American Spaniel Club angariarem 1.555 dólares para comprar Rise and Shine e devolvê-lo ao seu treinador. Em Atlanta, centenas de curiosos passaram de carro pela antiga casa de Margaret a fim de encarar, boquiabertos, a piscina e o canil chique — os detritos da vida de "Janet R. Gray".

Margaret se recusou a falar com a imprensa, mas jornalistas locais desenterraram peças de seu passado mesmo assim. Descobriram que o ex-marido de longa data, Jasper Burton, morava a menos de cem quilômetros de distância em Atenas, na Geórgia, onde trabalhava como gerente noturno de um hotel. Ele ficou feliz da vida ao descobrir que a filha estava por perto — não a via desde que ela tinha dois anos —, e os dois tiveram um reencontro emocionado. Jasper se recusou a falar com jornalistas sobre o quê, exatamente, poderia ter transformado a ex-mulher em uma golpista tão patológica. Sua única reclamação era que os jornais estavam fazendo Sheila Joy parecer alguma espécie de *bad girl* glamourosa, e ele não achava isso justo. Ela era "tranquila, refinada e intelectual", explicou aos jornalistas. "Com certeza não é do tipo 'sedutora chamativa'."

Precisamente um mês depois de fugir de Atlanta, todas as acusações contra Sheila Joy foram retiradas. As autoridades tinham certeza de que ela era apenas uma passageira inocente, carregada para lá e para cá pela mãe manipuladora. Jornalistas lhe perguntaram como ela estava se sentindo, e sua voz tremeu quando ela se perguntou em voz alta se algum dia voltaria a ver a mãe. O irmão mais novo de Margaret, Ian, que agora era produtor de cinema em Hollywood, apareceu para resgatar Sheila Joy, declarando aos jornalistas que sua irmã era uma "pessoa gentil e delicada que desmaia quando vê sangue". Sua explicação para os golpes dela foi que era uma questão de genética, não de criação: ela tinha uma "infeliz peculiaridade" em sua personalidade, declarou ele. Se não fosse por essa peculiaridade, disse ele, "ela seria uma pessoa muito, muito maravilhosa. Na verdade, ela ainda assim é uma pessoa maravilhosa".

Quando o julgamento de Margaret começou, em 9 de dezembro de 1957, as acusações federais contra ela já tinham sido reduzidas em razão de um detalhe técnico. Ela fora acusada de transporte interestadual de propriedade roubada, uma acusação que exigia o envolvimento de bens roubados em um valor de pelo menos 5 mil dólares, mas seus cachorros, roupas de pele, vestidos e o Lincoln rosa não tinham sido tecnicamente *roubados*; apenas comprados com dinheiro roubado. Agora, ela enfrentava acusações de DeKalb County, onde ficava a clínica Decatur... e de San Antonio, Los Angeles, Norfolk, Vancouver e Honolulu. Havia gente de todo o país que não se esquecera de como Margaret, Janet, Madge, Leda McGlashan, Sra. C. Snowden e todo o resto as prejudicara.

O julgamento em DeKalb County dava indícios de que seria um tanto dramático — um dos médicos declarou que "perdera a fé na humanidade" por causa dos crimes —, mas foi anulado quando um integrante do júri ouviu seu pastor falar de Margaret no púlpito. Realmente, quem *não estava* falando dela? Ela era a história jornalística do ano na Geórgia. Um jornalista a visitou na prisão depois do Natal e a encontrou encolhida em um canto, vestindo um pijama de cetim azul-claro, lendo um livro chamado *Dysnasty of Death*.

Seu novo julgamento começou em fevereiro de 1958, ao qual ela compareceu com uma aparência "levemente pálida, porém mais animada". Margaret disse ao tribunal que seus empregadores sonegavam impostos e a *forçaram* a depositar dinheiro deles na conta dela. Disse que só fugira da cidade por medo da Receita Federal. E declarou que seu estilo de vida luxuoso não fora bancado por nada nefasto — não, ela comprara a casa, a piscina e os casacos de pele com a venda de móveis e alguns cocker spaniels de vez em quando. Quando não estava clamando sua inocência, estava desmaiando dramaticamente. Disse a um médico que sofria de desmaios havia quinze anos, mas as pessoas ficavam compreensivelmente desconfiadas toda vez que ela se jogava no chão. O promotor, em especial, não sentiu um pingo de compaixão por essas cenas, e a comparou a "um golpista texano de uma fraude do petróleo".

O júri concordou com o promotor. Margaret foi considerada culpada de duas acusações de furto e duas de falsificação (ela desmaiou ao ouvir o veredito), e o juiz a sentenciou a dois a cinco anos de prisão (ela desmaiou ao ouvir a sentença). "Uma atriz até o fim", declarou um jornal. Era a primeira vez em sua carreira de quase vinte anos de trapaças que ela não conseguira escapar.

Depois de dois anos bem-comportados atrás das grades, Margaret foi solta. Àquela altura, a maioria das acusações contra ela já tinham sido retiradas. San Antonio, Norfolk, Vancouver e Honolulu decidiram que seria melhor deportá-la de volta para a Inglaterra do que se dar ao trabalho de abrir um processo criminal. Ainda assim, Los Angeles queria julgá-la por sua antiga loja de tricô, então ela foi enviada para o "Estado Dourado", onde encarou 240 dias numa penitenciária. Ela cumpriu a sentença e, na primavera de 1960, estava livre para ser deportada. As autoridades a colocaram em um transatlântico chamado *Bremen* e a mandaram para a Inglaterra, a terra de sua adolescência.

Talvez Margaret tenha sentido certo alívio em voltar para um lugar onde, esperamos, ela tinha a ficha limpa. Parecia ter mudado de atitude durante o período na prisão. Alegara inocência na Geórgia, mas, quando chegou o momento de ser julgada na Califórnia, decidiu se declarar culpada — como se tivesse percebido que, depois de duas décadas de trapaças, ela não poderia dar mais chance ao azar. Não haveria mais carros de fuga para ela. As piscinas, os chapéus e os cachorros eram coisas do passado.

Mas seriam mesmo? Nos registros do navio, ela descreveu sua ocupação como "dona de casa". Coisa que ela *não* era. Ela e Jasper haviam se divorciado havia muito tempo, e ela saíra da penitenciária na semana anterior, então era difícil imaginar que já tivesse um novo marido. Talvez já estivesse sonhando sobre novas histórias, novas rotas de fuga.

Incrível. Audaciosa. Exuberante. Fascinante. Margaret sumiu depressa dos holofotes depois de ser deportada, mas não havia como negar que ela deixara sua marca. Mesmo que tenha causado problemas sérios a tanta gente, muitas pessoas acharam difícil não torcer por ela. "A grande mascarada", apelidou um jornalista. "Uma lenda de seu tempo", escreveu outro. "A notável sra. Burton", declarou um terceiro, "cujas façanhas e fugas parecem um romance de banca."

Dois anos depois da captura de Margaret, um livro recheado de façanhas e fugas *foi* publicado, apesar de seu anti-herói ser um homem, não uma mulher. Resenhas de *O talentoso Ripley* chamaram Tom Ripley de um "sonhador norte-americano heroico e demoníaco", e ele rapidamente se tornou o trapaceiro original, um golpista ficcional ao qual todos os golpistas subsequentes seriam comparados. É estranho que ninguém o tenha comparado a Margaret, por mais que os jornais tenham feito isso de maneira subconsciente ao darem a ela títulos como *A notável sra. Burton* e *A misteriosa sra. Gray*. Os leitores viram um quê de sonhadora norte-americana nela também. Margaret não nascera do lado dos oprimidos, mas conseguiu ser um pouco antissistema mesmo assim, ao entrar sorrateiramente na alta sociedade por meio de um currículo exagerado e um nome falso. E, falando pelos Estados Unidos, era impossível negar sua habilidade na reviravolta mais norte-americana de todas: a fuga. De certo modo, ela era como John Dillinger ou Clyde Barrow — um desses grandes ladrões capazes de gerar o caos e depois dar o fora da cidade em um piscar de olhos. Mas, diferente de Dillinger, Barrow e Ripley, ela fez isso tudo dirigindo um carro cor-de-rosa.

Na verdade, talvez o motivo pelo qual Margaret nunca tenha se tornado uma criminosa famosa nos Estados Unidos seja sua tendência à fuga. Ela nunca se tornou assunto dos romances de banca de jornal. Deu uma breve entrevista a um jornalista depois de ser presa, durante a qual manteve seu jogo para si, dando respostas como "é difícil dizer" e "nós só acabamos indo parar lá". Mesmo o fotógrafo que ela gostava de contratar para suas festas de cachorros lembrava como ela era fugidia. "Parando para pensar melhor", disse ele, "ela sempre fazia questão de não aparecer nas fotos."

Em 1972, um leitor escreveu para o *Atlanta Constitution* com uma pergunta enervante. "O que aconteceu com a sra. Gray que tinha todos aqueles cachorros e roubou todo aquele dinheiro dos médicos em Decatur alguns anos atrás? Acho que me lembro de ela ter escapado de alguma forma, mas não tenho certeza." O jornal respondeu: "Em maio de 1960, aos 53 anos, Margaret foi enviada de navio para a Inglaterra sob ordens de deportação. Ninguém parece ter ouvido falar dela desde então". Margaret acabou voltando aos Estados Unidos, onde se estabeleceu em Los Angeles e morreu em 1992 como "Margaret Evans", tendo aparentemente se casado de novo... ou adotado outro pseudônimo. Mas, na época, ninguém além de seus amigos e familiares notou.

Seu desejo por anonimato e amor por uma boa perseguição de carro foram legados passados para sua filha. De volta a 1957, quando as acusações contra ela foram retiradas, Sheila Joy declarou a jornalistas que seu maior desejo era simplesmente fugir. "Quero me tornar a 'Srta. Anônima'", disse ela. "Se isso for necessário para escapar das pessoas, eu gostaria de pular de carro em carro até sair do alcance de todos os curiosos. Mas temo não ser tão boa nisso quanto mamãe."

SANTE KIMES

pseudônimos: Shante Kimes, Santee Kimes, Sante Louise Singhrs, Sandra Singhrs, Sandra Singhres, Sandra Singer, Sandra Chambers, Sandra Louise Powers, Sra. Eddy Walker, Sandra Walker, Sandy Kimes, Louise Walker, Marjorie Walker, Santa Louisa Powers, San Tag Singhrs, Sandra Seligman, Sandy Jacobson, Donna Frances Lawson, Eva Guerrero etc.

ESTAVA ESCURO QUANDO KENNETH Kimes foi encontrar a mãe em casa, levando um buquê de flores gigantesco. Ele acabara de matar um homem. Estava pronto para comemorar.

O corpo do homem seria encontrado no dia seguinte, e Kenny e sua mãe virariam foragidos. Mas, bem naquele momento, Kenny se sentia incrível, com as flores transbordando dos braços e a adrenalina correndo nas veias. Ele não quisera cometer outro assassinato, mas, agora que o corpo estava enrolado em plástico e o sangue fora limpo do chão da cozinha, ele foi novamente lembrado que sua mãe sempre sabia o que era melhor. Sempre. Ele gastara cem dólares em suas flores, só porque sim, e se sentia tão elétrico que até passou seu número de telefone para a garota do caixa. Agora ele iria para casa, daria as flores à mãe e a beijaria na bochecha. Ele era mesmo um "filho alma gêmea", como ela gostava de chamá-lo. Seu "pãozinho de mel". Eles tinham sangue nas mãos, é verdade, mas sangue podia ser lavado. Era muito fácil se safar das coisas quando se agia com esperteza, e sua mãe era a pessoa mais esperta do mundo.

Do pó viestes, ao pó retornarás.

Sante Kimes nasceu em uma terra destruída pela seca. Ela era uma criança pobre de Oklahoma que chegou gritando ao mundo em 24 de julho de 1934, bem no meio do fenômeno climático Dust Bowl. Sua mãe, Mary Van Horn Singhrs, era holandesa, e seu pai, Prame Singhrs, indiano. Sante mentiria para quase todos os homens que cruzassem seu caminho, mas o primeiro homem de sua vida mentiu para ela: sim, o pai também era uma espécie de golpista, inventando histórias sobre como trabalhara como capitão do exército na Índia, médico na China, mágico na Rússia. Ele alegava ser um raja, um príncipe indiano, ou ao menos que *deveria* ser, mas que o título lhe fora arrancado durante um desentendimento familiar. Mas, quando Prame emigrou para os Estados Unidos, seus truques de ilusão não foram páreos para as terríveis tempestades de areia que encontrou por lá. Não havia empregos em Oklahoma, então Prame e a família migraram para a Califórnia, mas logo descobriram que também não havia empregos lá. Então voltaram para seu estado natal esturricado.

Quando Prame morreu em 1940, Mary se mudou para Los Angeles com os quatro filhos, torcendo para que a vida ficasse mais fácil para eles. Não ficou. De acordo com Sante, sua mãe era alcoólatra e abusiva, e sempre levava desconhecidos para dentro de casa. Seus dois irmãos mais velhos fugiram assim que puderam, enquanto Sante, a filha do meio, tornou-se uma criatura assustadora que atormentava a irmãzinha enfiando fósforos acesos embaixo de suas unhas. (Ao menos, foi isso que a irmã alegou, mas, assim como o pai e a irmã, Sante era uma narradora duvidosa.) Em pouco tempo, ela estava mendigando na rua. Às vezes ia a um café local para descansar, e o gentil casal que era dono do lugar fez amizade com ela. Devem ter visto algo nela — alguma inteligência crua, um vislumbre de potencial — porque, em dado momento, disseram a Mary Singhrs que tinham parentes em Carson City, Nevada, que ficariam felizes em adotar a filha dela. Mary concordou, e Sante foi posta num ônibus para o norte.

Seus novos pais se chamavam Edwin e Mary Chambers, e eles a adotaram oficialmente quando Sante tinha onze anos. Ela agora tinha uma vida mais nova e mais branca e, ao que parecia, gostava disso; ou ao menos tirava vantagem disso. A princípio, as crianças implicavam com ela por seu nome, "Sante Singhrs", mas pararam quando os documentos da adoção mudaram seu nome para "Sandy Chambers". Ela começou a passar pó no rosto para disfarçar a pele morena, e seus colegas de turma de Nevada a achavam esperta, engraçada, bonita e intrigantemente estranha. Apesar disso tudo, ela era um pouco tímida. Tinha dificuldade de fazer amizade com meninas, por mais que atraísse a atenção dos meninos. Tinha uma melhor amiga e um namorado, e mandava nos dois com punho de ferro. Desde o começo, Sante queria controlar todo mundo que conhecia.

Muito depois, ela começaria a retratar seu período em Nevada com pinceladas mais sombrias. Às vezes, dizia que o pai adotivo, Ed Chambers, a estuprara. Em outras, alegava que os dois tinham relações sexuais consensuais. *Alguma coisa* aconteceu para aliená-la da família Chambers, mas não sabemos o que foi. Futuramente, Ed Chambers diria, em tom seco, que Sante e os Chambers passaram por uma "situação de término definitivo".

Depois do ensino médio, seu namorado, um rapaz meigo chamado Ed Walker, planejava se casar com sua linda, empolgante e controladora namorada, mas Sante o surpreendeu se casando de repente com um oficial do exército. Ela o convencera a pedir sua mão dizendo que estava grávida (não estava), mas, quando ele foi honrosamente dispensado do exército e se tornou professor de ensino médio, ela se separou dele em um piscar de olhos. Queria ser a glamourosa esposa de um oficial do exército, não de um professor humilde de ensino médio. Recentemente divorciada, Sante apareceu na porta de Ed Walker, pronta para reatar. Os dois se casaram em 9 de novembro de 1957, um ano e meio depois do primeiro casamento dela.

Sante só tinha vinte e poucos anos, mas já sabia exatamente o que queria da vida: um marido rico, e todo o poder e controle que vinham com a riqueza. Para alcançar esse objetivo, pressionava Walker a trabalhar cada vez mais. Havia algo de mágico nessa pressão porque, em pouco tempo, Walker *se tornou* o marido rico com o qual ela sonhara, um jovem e respeitado desenvolvedor em Sacramento com todo tipo de projetos empolgantes efervescendo. Só havia um problema: as residências em que moravam viviam pegando fogo, e o dinheiro do seguro sempre parecia acabar no bolso de Sante.

Sante crescera pobre, e sua relação com dinheiro na vida adulta começava a se transformar em algo obsessivo e patológico. Ela precisava ter dinheiro, e não era nem um pouco confiável quando o tinha. Em um ano, ela deixou o marido estarrecido ao gastar 13 mil dólares em presentes de Natal. Em outro, foi presa por furtar um secador de cabelo. E dinheiro não era sua única obsessão. À medida que o casamento progredia, Sante se tornava mais e mais controladora em relação ao comportamento de Walker. Ela era paranoica sobre a limpeza da casa e reclamava quando o marido usava roupas casuais. Vinha transando com outros homens, e fazia questão que Walker soubesse. Quando o filho deles, Kent, nasceu, em 1962, Walker apareceu no hospital para conhecê-lo... e descobriu que um dos amantes de Sante já estava lá.

Era como se ela precisasse ter cem planos B: para homens, dinheiro, esquemas. Sante tinha uma "absoluta paranoia sobre ser pobre", disse o marido em certa ocasião. O cheiro da nuvem de poeira ficara para sempre em suas narinas. Ela vivia fugindo da tempestade. Ou talvez ela mesma fosse a tempestade.

Quando tinha 35 anos, Sante já se reinventara. Divorciou-se de Ed Walker, que não se tornaria multimilionário tão cedo levando em conta que suas casas viviam pegando fogo, e agora estava morando em Palm Springs com o pequeno Kent. Ela acrescentara um acento ao seu nome, Santé, e dizia a todos que era francesa. Em Palm Springs, se mantinha ocupada com uma série de hobbies encantadores: furtar bebidas alcoólicas caras, perseguir o ex-marido, arrastar a nova amiga por aí pelos cabelos enquanto a chamava de piranha e roubar carros extravagantes direto do estacionamento da concessionária. Mas o real motivo pelo qual ela estava em Palm Springs era arranjar um milionário para chamar de seu.

Santé-da-França não combinava muito bem com o pessoal endinheirado de Palm Springs. Na verdade, muitos presumiam que ela fosse uma profissional do sexo: ela usava lingerie à mostra, recentemente colocara silicone nos seios, usava maquiagem pesadíssima e vivia rodeando os milionários. Mas Sante não se importava com o que o pessoal endinheirado pensava dela, porque os milionários locais a adoravam. Eles amavam sua atitude espontânea, sua generosidade com a coqueteleira e sua beleza voluptuosa. Quando estava arrumada, tinha uma semelhança enervante com a atriz Elizabeth Taylor. (A semelhança era tanta que às vezes lhe pediam seu autógrafo, e ela sempre dava.)

Quando um dos seus milionários passava para buscá-la para um encontro, era recebido pela visão perturbadoramente encantadora de Kent, de oito anos, vestido como um pequeno mordomo e lhe oferecendo um drinque. Enquanto o filho preparava as bebidas no canto, Sante desfilava para dentro do cômodo com suas curvas, cabelo volumoso e dentes brancos. O milionário se sentava em seu sofá roubado e bebericava de sua vasta coleção de bebidas furtadas, se deleitando com a atenção. À medida que a relação evoluía, ela começava a apertar a coleira: manipulava o alvo em troca de milhares de dólares e, em algum momento, trazia outro milionário para a jogada a fim de deixar o primeiro louco de ciúmes. Ainda assim, as presas inevitavelmente ficariam até o amargo fim, assim como Ed Walker ficara. O pequeno Kent sabia como os milionários dela sofriam, porque ele sofria também. "Nada era tão bom quanto deleitar-se no calor de seu amor", escreveu ele mais tarde. "Nada doía tanto quanto perdê-lo."

Foi em 1970 que Sante finalmente enlaçou um de seus milionários de Palm Springs. Seu nome era Ken Kimes, um idealizador de hotéis de beira de estrada, que, assim como ela, vinha de uma família pobre de lavradores de Oklahoma. Ele também gostava de fazer suas trapaças: conseguira se registrar como nativo-americano e recebia cheques regulares do governo. E estava totalmente apaixonado por Sante. Ela pavoneava ao redor dele de branco (a cor favorita dele), usando perfume de gardênia (o aroma favorito dele) e *sempre* mantinha o copo dele cheio. Sante mais tarde alegaria que os dois se casaram em 1971, por mais que não houvesse nenhum registro dessa união até uma década depois. Os dois nunca concordaram muito sobre esse tipo de papelada. Ken tinha dois filhos do casamento anterior e, talvez por causa deles — ou talvez porque nunca tenha confiado de verdade na nova mulher —, sempre mantinha o dinheiro levemente fora do alcance de Sante.

Isso não quer dizer que ele não estava disposto a gastar dinheiro com ela. Eles torravam o saldo de suas contas correntes de maneira espetacular, passando férias nas Bahamas, comprando casas em Honolulu, Las Vegas, Santa Barbara e La Jolla, e apostando milhões em cassinos de Vegas. Ela retribuía enchendo seu ego a um nível extremo. Em uma ocasião, ela o intitulou de "embaixador" e o levou a Washington, D.C., onde entraram de penetra em quatro eventos sociais políticos exclusivos em uma só noite, incluindo um organizado pelo próprio vice-presidente Gerald Ford. Sante se vestiu toda de branco e colou um brilhante na orelha, alegando ser um costume indiano. No dia seguinte, tinham ido parar em todos os jornais e estavam sendo investigados pelo FBI, mas conseguiram se safar do drama com nada além de um pouco de notoriedade.

Por mais que Sante futuramente fosse descrever sua relação com Ken como "um caso de amor mágico", os dois brigavam o tempo todo, e essas brigas eram brutais e bizarras. Em uma noite, o jovem Kent ouviu o padrasto gritar seu nome e correu até a cozinha, onde encontrou os dois no meio de uma batalha épica. Sante, de camisola, urinava furiosamente no chão como uma espécie de ataque preventivo. Então, começou a estapear o marido, que a estapeou de volta por um tempo, até que ela subiu no colo dele de maneira sedutora, fingindo que tudo estava perdoado, e enterrou os dedos amorosamente no cabelo dele... e arrancou seus novíssimos implantes capilares. Enquanto Ken uivava de dor, Sante tentou correr para fora e escorregou na própria urina. Naquele momento, o filho pulou em cima dela, que o mordeu no pulso. Quando Kent acordou na manhã seguinte, encontrou Sante e Ken sorrindo um para o outro como se tudo não tivesse passado de um pesadelo.

Os anos passaram assim, entre brigas, e bebidas, e gastos, mas Ken ainda não parecia nem um pouco mais perto de passar toda a sua riqueza para Sante. Então, em 1975, ela decidiu tentar uma nova abordagem. Kent, que tinha doze anos na época, notou que a mãe estava ganhando um pouco de peso, por mais que ela disfarçasse com as roupas brancas esvoaçantes. Ele não deu muita importância. Sante frequentemente reclamava de problemas de estômago. Então ele foi pego de surpresa quando, um dia, Sante foi ao hospital e voltou com um bebê.

O bebê, Kenneth Kareem Kimes, fazia parte do plano de Sante de se casar com um milionário. Agora que ela e Ken Sr. tinham um filho biológico, ele *teria* que deixar todos os seus milhões para ela. Além disso, ela precisava de alguém novo para controlar. Kent estava crescendo rápido e começando a se afastar da família. Então, Sante passou a focar em seu filho mais novo, a quem chamava de Kenny.

Os primeiros anos de Kenny foram passados no Havaí, onde havia drama (e incêndio doloso) em abundância, como era sempre o caso quando Sante estava por perto. Sua mãe o mimava, e não deixava que ele brincasse com as outras crianças. Nesse ambiente rarefeito e solitário, ele cresceu e tornou-se um menino estranho que podia ser tirânico ou aterrorizado, dependendo do que se desenrolasse ao seu redor. Nas raras ocasiões em que recebia permissão para brincar com um amigo, Kenny às vezes começava a chorar e dizer que odiava a mãe. No dia seguinte, estava perfeitamente bem. Desde uma tenra idade, sua relação com a mãe foi marcada pela confusão. Sante o deixou tomar banho com ela até que ele tivesse pelo menos sete anos, dizendo que queria ensinar-lhe como o corpo humano era belo.

As principais companhias de Kenny eram as empregadas da mãe — moças do México e de El Salvador contratadas por Sante para limpar a casa e cuidar do filhinho dela. As empregadas não falavam muito, e ninguém se dava ao trabalho de perguntar como elas estavam. Durante a maior parte do tempo, elas se misturavam ao cenário, feito sombras sobre a manta do temperamento errático de Sante: sua gritaria, suas seduções, seus esquemas. Ela prosperava no caos e, se a casa silenciasse, ela criava caos apenas para se deleitar no barulho.

Sante adotava a mesma tática com a lei, criando tamanho tumulto legal aonde quer que fosse que advogados e oficiais da lei sentiam-se tentados a jogar os braços para cima e considerar o caso encerrado, só para não precisarem mais lidar com ela. Em fevereiro de 1980, ela e o marido estavam bebendo no piano-bar de um hotel de Washington quando ela roubou um casaco de pele de marta de 6.500 dólares de outra mulher que estava no mesmo local. Quando a mulher notou que seu casaco sumira, todo mundo no bar pensou imediatamente na trapaceira imitação de Elizabeth Taylor que fora embora de fininho mais cedo. Sante e Ken Sr. foram presos. Mas fugiram da cidade depois de pagar a fiança, e Sante conseguiu arrastar o caso — ajudada por cartas de médicos alegando que ela estava doente demais para viajar de volta para o julgamento no tribunal — por cinco anos. "Privação de paz", foi como Kenny descreveu essas táticas depois. "Um fluxo constante de drama e insanidade até fazer você pensar que talvez *você* fosse o maluco da situação."

O drama e a insanidade significavam que sempre havia homens da lei e processos no encalço de Sante, como fãs se aglomerando atrás de Elizabeth Taylor. Havia o caso do casaco de pele. Os constantes incêndios dolosos. Sua tendência a roubar carros chiques direto dos estacionamentos das concessionárias. Sempre havia notas frenéticas sobre ela nos jornais, como as intimações que apareciam de tempos em tempos no *Honolulu Adviser*: "PARA: KENNETH K. KIMES e SANTE KIMES conhecida como SINGHRE KIMES, VENHO POR MEIO DESTE NOTIFICAR QUE SEARS, ROEBUCK AND CO [...] ajuizou o processo judicial nº 58812 na esfera cível por INDENIZAÇÃO em face das partes acima mencionadas [...]" (Só Deus sabe o que Sante fizera com a pobre da Sears.) Sante estava acostumada com esse tipo de estrondo legal ressoando ao fundo. Sabia como bloqueá-lo com o som de sua coqueteleira ou da própria voz estridente. Mas o que ela não sabia era que, por trás das cenas, um caso muito mais sério estava sendo montado contra ela, porque alguém finalmente escapara de seu controle.

Em 3 de agosto de 1985, Sante estava assistindo à TV em seu apartamento em La Jolla quando a polícia arrombou sua porta da frente com um chute. Ela e o marido foram presos, bem na frente de Kenny, então com dez anos. Dentro de dias, as manchetes gritavam, incrédulas: "CASAL ACUSADO DE ESCRAVIDÃO".

Escravidão? Todos ficaram chocados; ou melhor, todos exceto as empregadas de Sante. As jovens do México e de El Salvador — aquelas que sempre estiveram ali, misturadas ao cenário, limpando urina do chão e soluçando atrás da porta trancada de seu quarto à noite — tinham sido mantidas, por Sante, completamente contra sua vontade. Mas uma delas escapara e fora à polícia, que passara o caso ao FBI.

Sante adorava ter empregadas — o que representava a riqueza tão bem quanto ter *empregadas*? —, mas ela também adorava ter total e completo controle sobre as pessoas. Então dirigia até o México ou a América Central em busca de moças de famílias pobres que não falassem muito bem inglês. Quando encontrava o tipo certo de garota, prometia um emprego nos Estados Unidos, um *green card* e um salário tão generoso que a garota conseguiria mandar dinheiro de volta para casa. Então, Sante atravessava ilegalmente a fronteira trazendo a garota no porta-malas de um de seus carros chiques e roubados.

Nos Estados Unidos, as garotas descobririam que Sante mentira. Ela as trancava em seus quartos à noite e lhes dizia que, se ligassem para a polícia, os policiais as estuprariam. Ela as agredia incansavelmente, espancando uma com um cabide, queimando outra com um ferro quente e jogando água fervente em uma terceira. Se precisasse aterrorizá-las ainda mais, sacava uma arma e a exibia sem pudor. E, como contribuição pelo privilégio de ser empregada de Sante Kimes, ela esperava obediência inabalável e total silêncio. Para alcançar isso, escrevia páginas e páginas de regras em aterrorizantes letras maiúsculas: "SE VOCÊ PRESTAR ATENÇÃO À FAMÍLIA E NÃO FOR ATÉ A PORTA E NÃO ATENDER O TELEFONE POR ALGUMA RAZÃO, SE NÃO FIZER ESSAS COISAS, então tudo vai ser muito lindo e você vai ter uma vida muito feliz. SE VOCÊ NÃO PRESTAR ATENÇÃO, VAI SER UM INFERNO, UM INFERNO PARA VOCÊ". Ela também escrevia instruções para as tutoras e babás de Kenny, dizendo para que mantivessem um olhar orwelliano sobre as garotas. Uma de suas instruções dizia: "Empregada: CONTROLE! CONTROLE! CONTROLE! CONTROLE! CONTROLE! CONTROLE! CONTROLE! CONTROLE!".

Mas agora seu controle sobre as garotas tinha se estilhaçado. Enquanto se preparava para o julgamento, sua equipe de defesa contratou um psicólogo para justificar seu comportamento, e essa explicação não foi nada lisonjeira. "Clinicamente falando, essa é uma pessoa que 'explode' de tempos em tempos", disse ele, descrevendo-a como alguém que sofria de uma "falta de controle histérica" e "raiva reprimida". (Um dos agentes do FBI que trabalhou nesse caso tinha uma opinião menos reservada: "Sante Kimes era a mulher mais cruel, autocentrada, conivente e bizarra com quem já me deparei nos meus trinta anos como agente".) Sante estava ocupada trabalhando em sua própria e mais literal defesa: ela fingiu estar doente e foi transferida para um hospital local, onde conseguiu escapar, possivelmente seduzindo um guarda. Então, fugiu para a casa de um amigo e imediatamente tomou um banho de espuma. Alguns dias depois, foi capturada de novo, disfarçada de sem-teto. "A melhor golpista que já vi", disse outro agente do FBI.

Ken Sr. conseguiu fechar um acordo judicial, declarando que sabia do abuso desde o início e não fizera nada para impedi-lo, então, quando o julgamento começou em Las Vegas, no dia 10 de fevereiro de 1986, Sante era a única ré. Ela argumentou que os horrores em sua casa — as portas e os portões trancados e as listas de regras — não tinham nada a ver com *escravidão*, mas eram meras precauções adotadas para proteger seu bebê Kenny de ser sequestrado pela maléfica ex-esposa do marido! Mas o júri não engoliu sua versão dos fatos, e Sante foi declarada culpada de "forçar servidão involuntária", "transportar ilicitamente estrangeiros ilegais" e "escapar de custódia federal". Por isso, recebeu cinco anos de prisão, além de uma multa de trezentos dólares; o que era mais do que ela jamais pagara às empregadas. (As vítimas foram forçadas a abrir um processo civil de 35 milhões contra ela, o qual Sante conseguiu convencer sua companhia de seguro a pagar.)

Sante também já tinha recebido uma sentença adicional de três a nove anos pelo furto do casaco de pele em 1980, mas escapara dessa punição com seu típico jeito exaustivo-porém-engenhoso. Ela saiu do tribunal logo antes da leitura do veredito, fingiu ser atropelada, foi para o hospital e fugiu da cidade. Em seguida, argumentou que, como não estava presente quando seu veredito foi lido em voz alta, seus direitos pela Sexta Emenda tinham sido violados, visto que ela nunca escutara a sentença. As autoridades, exaustas, permitiram que ela fechasse um acordo declarando-se culpada de uma acusação de furto de menor potencial ofensivo. Sante foi sentenciada a um ano na prisão, recebeu crédito por tempo servido e uma multa de dez dólares.

Em 11 de dezembro de 1989, voltou a ser uma mulher livre e colocou todo aquele assunto horrível para trás como se não fosse mais importante do que uma multa de estacionamento.

Sante comemorou sua liberdade bebendo champanhe na banheira e devorando sua comida favorita: batata frita com molho *ranch* extra. Então voltou à antiga vida de gritar com o marido, aterrorizar os filhos e escravizar as pessoas. Na prisão, ela escrevera cartas melosas implorando ao juiz para soltá-la porque ela nunca nem pensaria na palavra "escravidão" de novo, mas, agora que estava livre, já se esquecera de toda a cena de *sou uma mulher mudada*. Ela parou de trazer "empregadas" ilegalmente do México e, em vez disso, começou a assombrar abrigos de sem-teto, prometendo aos residentes que eles poderiam dormir na casa dela de graça em troca de uma faxina de vez em quando. ("CONTROLE! CONTROLE! CONTROLE! CONTROLE! CONTROLE! CONTROLE! CONTROLE! CONTROLE!") Sante nunca foi acusada por explorar os sem-teto. A cadeia lhe ensinara uma lição valiosa: faça o que quiser, mas não seja pega.

Kenny não ficou feliz com a volta da mãe. Quando Sante estava presa, ele teve espaço para desabrochar e se permitir ser uma criança boba e sociável, mas, com Sante retornando para a sua vida feito um furacão, todo o seu potencial voltou a ser subjugado pelo caos que ela trazia consigo. Ele adorava a mãe, mas também queria se libertar dela, e essa dissonância cognitiva ameaçava destruí-lo. Ele se tornou taciturno. Violento. Começou a usar esteroides e fazer musculação; além de outros hobbies mais obscuros. Aos quinze anos, tentou estrangular a mãe com uma corda. Aos dezesseis, seu irmão mais velho o encontrou na cozinha, derramando um líquido translúcido misterioso nos copos de drinque dos pais, com um exemplar de *The Anarchist Cookbook* [Livro de receitas anarquista] sobre o balcão. Sante reagiu à sua crescente agressividade isolando-o ainda mais: ela o forçou a terminar o ensino médio nas Bahamas, longe de todos os amigos, e acabou manipulando-o a abandonar a faculdade.

Anos depois, os tabloides alegariam que Kenny e sua mãe não apenas se amavam: eles estavam *apaixonados* um pelo outro. Certamente havia uma estática estranha entre os dois e ninguém entendia isso melhor do que Kent, o primogênito de Sante, que estivera tantas vezes no lugar de Kenny. Ele também sentira a atração do amor de Sante. Era como um feixe de luz de uma nave espacial, sedutor e perigoso. Mas Kent conseguiu escapar. Ele se casou com uma boa moça, parou de atender (à maioria das) ligações de Sante, arrumou um emprego, passou a levar uma vida normal. Kenny nunca teve essa chance. Foi totalmente sugado para dentro da luz.

Por anos, Sante vinha demonstrando que não temia a violência. Ela arrancava seus implantes de cabelo novinhos se você discordasse dela. Jogava água fervente em você se pensasse que está sendo desobediente. Uma vez, processou a própria companhia de seguro e começou a ameaçar seus executivos com histórias sobre crianças sequestradas e desmembradas. Por mais que golpistas sejam descritos como criminosos não violentos, Sante fez o seu melhor para provar o contrário. E, um ano depois de sair da prisão, ela pode ou não ter matado alguém com um martelo.

Um dos muitos, muitos advogados de Sante, era um homem chamado Elmer Holmgren, cujo trabalho era menos "preencher a papelada de Sante" e mais "incendiar a casa de Sante no Havaí para obter o dinheiro do seguro". Em setembro de 1990, Holmgren tinha acabado de fazer exatamente isso. Mas um dia, bêbado, ele contou a um amigo sobre o incêndio doloso. Esse amigo foi à polícia e a polícia forçou Holmgren a se tornar agente duplo. Não estavam tão interessados no crime *dele*. Queriam pegar Sante.

De alguma maneira, Sante, com seu olhar enervante e onisciente, descobriu que Holmgren estava trabalhando para a polícia. Mas, em vez de confrontá-lo, ela o convidou para passar férias na Costa Rica. Holmgren aceitou o convite, por mais que tivesse um pressentimento ruim sobre a viagem. Pediu para o filho notificar as autoridades se ele não entrasse em contato em três dias.

Os três dias se passaram, e nada. Na verdade, o filho nunca mais recebeu notícias dele. Ninguém descobriu exatamente o que aconteceu ao advogado, e seu corpo nunca foi encontrado. Mas o filho mais velho de Sante tinha uma leve suspeita sobre quem era responsável por seu desaparecimento. Um dia, Kent entreouviu Sante e Ken Sr. discutindo, embriagados, sobre um assassinato. Estavam discordando sobre quem, precisamente, matara um sujeito com um martelo enquanto dirigiam por Los Angeles em um carro alugado. Nunca disseram o nome da vítima, mas Kent teve certeza de que estavam falando sobre o pobre Elmer Holmgren.

Não seria tão surpreendente assim se Ken Sr. tivesse matado por Sante ou simplesmente servido como motorista enquanto ela fazia o serviço. Ao longo do relacionamento, Sante exaurira Ken Sr. até ele se tornar um projeto de homem. Ele estava intoxicado pelo álcool, e sua fortuna fora torrada em jogos de aposta, honorários advocatícios e batatas fritas com molho *ranch* extra. (Para ser justa, Sante nem sempre pagava pelas batatas. Às vezes ela fazia uma cena e saía do restaurante para se livrar da conta.) Por quase duas décadas e meia, ela manteve Ken Sr. pendurado ao pêndulo do seu amor: seduzindo-o, humilhando-o, mimando-o como se mima um bebê, aterrorizando-o. Em 28 de março de 1994, Ken Sr. escapou de Sante do único jeito que podia: morrendo de um aneurisma gigantesco.

Sante não perdeu tempo em reescrever a história deles. "Nosso incrível caso de amor viverá para sempre", exclamou ela exageradamente, um ano depois. "Ele era um marido extremamente amoroso, e nós tivemos a melhor história de amor e casamento de todos os tempos. Não conseguíamos tirar as mãos um do outro, mesmo depois de trinta anos! Meu papa maravilhoso! No último dia de sua vida e de nossa incrível, estupenda história de amor, depois de trinta anos de uma vida mágica, ele se virou e me abraçou, na frente de todo mundo, e disse: 'Eu te amo, Mama Kimes!'. Então se foi."

Assim que seu papa maravilhoso estava sete palmos abaixo do chão, Sante se dedicou à tarefa nada romântica de encontrar os milhões de dólares que ela tinha certeza de que ele escondera dela ao longo dos anos. Mas ela mesma praticamente já erradicara essa fortuna, e o testamento de Ken Sr. fora escrito em 1963, sete anos antes de ele a conhecer. Ele nunca o atualizara. O testamento deixava tudo para os dois filhos do primeiro casamento. Sante lutou com unhas e dentes para esconder a morte de Ken Sr. dos dois primeiros filhos dele por quase dois anos, falsificando a assinatura deles em documentos e cheques enquanto procurava desesperadamente por alguma conta estrangeira secreta cheia de milhões, mas nada funcionou. Seu golpe mais longo, de agarrar um milionário, fracassara.

Para Sante, essa era a pior coisa do mundo. Sem a promessa do dinheiro fácil, ela ficou mais cruel e desesperada. Era como se sentisse o cheiro das tempestades de areia de sua juventude se aproximando cada vez mais. Então, ela pegou o filho mais novo e saiu correndo.

Com Ken Sr. morto e Kent tendo ido embora para viver a própria vida, Sante e Kenny se tornaram cada vez mais próximos.

Se Kenny tentara resistir aos avanços da mãe anos antes, indo fazer faculdade longe, tentando estrangulá-la, esses dias tinham ficado para trás. Agora ele entrara de cabeça no plano Mamãe e Kenny contra o mundo. Os dois mergulharam numa série de esquemas para fazer dinheiro, desesperados para encontrar a próxima sorte grande. Ela fazia bico como uma "consultora de longevidade" chamada Princesa Sante enquanto ele vendia charutos cubanos do mercado ilegal. Em uma ocasião, foram pegos furtando batons e disseram ao detetive que os pegara que eram namorados.

Em setembro de 1996, mãe e filho estavam nas Bahamas, tentando convencer um relutante banqueiro local a lhes dar um empréstimo. O banqueiro de 55 anos, Syed Bilal Ahmed, recusou o pedido. Achou-os suspeitos demais para fazer negócios. Infelizmente para Ahmed, ele estava certo. Quando Sante se deu conta de que o homem não seria persuadido, ela o chamou para uns drinques; drinques temperados com Rohypnol, o infame Boa Noite Cinderela. Em dado momento, Ahmed abriu os olhos embaixo d'água. No dia seguinte, Kenny jogou o corpo no oceano. Então Sante e Kenny continuaram em seu alegre trajeto.

A vida era boa — de uma maneira maníaca, obsessiva, desesperada. Mãe e filho davam longos passeios de carro à meia-noite pelo deserto, parando para comer hambúrguer quando sentiam fome, ou então bebendo vinho, fumando charutos e falando por horas sobre o passado. Em outras ocasiões, falavam sobre assuntos mais sombrios. Agora que Sante descobrira como era fácil simplesmente assassinar quem lhe causava problemas, ela queria fazer de novo. Estava tendo problemas com um velho amigo chamado David Kazdin, que morava em Los Angeles, e disse a Kenny que eles deveriam pensar em se livrar de Kazdin também. Antes anos, Kazdin permitiu que Sante colocasse seu nome no contrato de sua casa de Las Vegas a fim de escondê-la de um advogado furioso que queria tomá-la. Mas, em janeiro de 1998, Kazdin se deu conta de que Sante hipotecara a casa por um valor bem alto, embolsara parte dele, transferira a casa de Kazdin para uma de suas "empregadas" sem-teto, contratara um seguro para o imóvel e depois o incendiara. Não é preciso dizer que Kazdin não ficou nem um pouco feliz em saber que seu nome estava ligado a qualquer um desses comportamentos ilícitos. Sante sabia que ele estava com raiva e temia que ele pudesse ir às autoridades, então disse ao filho que seu velho amigo teria que morrer.

A princípio, Kenny se sentiu exausto diante da ideia. Outro assassinato? Quantos mais haveria? Mas havia muito tempo ele aprendera que era bem mais fácil obedecer Sante do que bater de frente com ela. Então concordou. Grata, Sante tentou facilitar a tarefa o máximo possível para seu bebê, exigindo que um de seus "empregados" sem-teto, um andarilho chamado Sean Little, ajudasse Kenny a se livrar do corpo. Ela convenceu Little com "comida boa, drinques e falsa amizade", como lembrou Kenny mais tarde.

Em 13 de março de 1998, o trio acordou ao alvorecer: "Para pensar em tudo que podia dar errado e entrar no estado mental certo", lembrou Kenny. Ele encheu a mochila com luvas, fita adesiva, sacos de lixo e uma arma. "Boa sorte!", exclamou Sante alegremente enquanto os homens partiam. Era como se ela os estivesse mandando para o jardim de infância. "Façam um bom trabalho!"

Kazdin estava visivelmente nervoso quando deixou Kenny entrar em casa, mesmo que Kenny tenha garantido que só queria conversar sobre a questão do empréstimo, e, bem, tomar um cafézinho também não faria mal. Enquanto Kazdin andava em direção à pia da cozinha, Kenny atirou em sua cabeça por trás. Então ele e Sean Little limparam o sangue do chão, embrulharam a cabeça e os pés de Kazdin em sacos de lixo e jogaram o corpo em uma lixeira perto do aeroporto de Los Angeles. A essa altura, a exaustão de Kenny se extinguira junto à luz do sol, e ele se sentiu invencível. Fizera exatamente o que fora treinado para fazer. Obedecera à mãe.

Isso pedia flores.

A euforia de Kenny não durou muito. Um homem sem-teto descobriu o corpo de Kazdin logo no dia seguinte, e Sante e Kenny foram forçados a sair correndo da cidade, perseguidos pelo FBI, pela polícia de Los Angeles e por agentes policiais de múltiplos estados. "Mamãe e Clyde" foi como alguns tabloides os chamaram mais tarde. Eles dirigiam um Lincoln Town verde que Sante comprara com um cheque sem fundo em Utah. Ela já roubara tantos carros que provavelmente não pensou duas vezes antes de roubar aquele, mas o veículo acabaria sendo sua ruína.

Enquanto fugiam, Sante ouviu uma fofoca suculenta envolvendo seu tipo favorito de pessoa: um milionário. Mas, dessa vez, o milionário era uma mulher. Havia uma viúva cheia da grana na cidade de Nova York, Sante ouviu falar, que morava em uma mansão de quase 8 milhões de dólares. O lugar tinha um salão de dança, um jardim no terraço e um Renoir no banheiro. E o melhor de tudo era que a proprietária tinha 82 anos — uma presa fácil, pensou ela. Talvez fosse por *essa* milionária que ela vinha procurando a vida toda, uma mulher frágil e manipulável que devia usar bengala e que talvez sofresse de um conveniente caso de demência? E assim, em 13 de junho de 1998, mãe e filho partiram para Nova York, feito mariposas atraídas pela chama da riqueza.

Demência? Irene Silverman, de 82 anos, estava tão lúcida quanto sempre. Tivera uma infância paupérrima e nunca se esquecera disso. Mesmo naquele momento, com seu salão de dança, e jardim no terraço, e seu Renoir, não havia nada que ela amasse mais do que ser paga em espécie. De certa forma, ela e Sante eram bem parecidas: ambas eram filhas inteligentes e obstinadas de imigrantes, tinham talento para o drama e uma queda pelas coisas boas da vida. Ao contrário de Sante, no entanto, Irene Silverman conquistara uma riqueza verdadeira — e a mantivera. Ela trabalhava como dançarina de teatro na cidade de Nova York antes de se casar com o banqueiro Sam Silverman, que deixou sua fortuna para ela quando morreu, em 1980. Irene andava com champanhe refrigerado a tiracolo e organizava festas lendárias. Seu cabelo era vermelho-vivo e a armação do óculos, idem. Com apenas um metro e meio de altura, Irene podia parecer vulnerável, mas tinha garra de sobra.

Sua mansão, a um quarteirão do Central Park, no Upper East Side de Manhattan, era grande demais para uma minúscula ex-

-dançarina, então Irene remodelou os andares inferiores para transformá-los em luxuosos apartamentos que alugava para pessoas como o ator Daniel Day Lewis e a cantora Chaka Khan. Ela averiguava todos os inquilinos cuidadosamente. Como ex-dançarina de teatro, sabia identificar um tipo esquisito a quilômetros de distância. Mas tinha um ponto fraco. Quando recebeu uma ligação de uma mulher se apresentando como "Eva Guerrero", alegando conhecer uma das boas amigas de Irene e dizendo que queria alugar um apartamento para o chefe dela, "Manny Guerrin", Irene decidiu alugar o 1B para ele. Quando o próprio Manny apareceu na porta de Irene em 14 de junho, ela ficou desconfiada a princípio. Ele não tinha referências, nem sequer um documento de identidade, e ela disse ao zelador que Manny parecia ter acabado de sair da cadeia. Mas o novo inquilino tinha o primeiro mês do aluguel reservado para ela: 6 mil dólares em espécie. Irene cedeu e deixou-o ficar.

Arrependeu-se quase imediatamente. Manny nunca providenciou referências. Não fazia contato visual com ninguém. Escondia o rosto da câmera de segurança do corredor dela. Entreouvia a conversa das empregadas. Passava horas na porta do apartamento espiando o lado de fora pelo buraco da fechadura. E vivia levando uma mulher de meia-idade arrumada demais para o seu quarto às escondidas. Depois de uma semana desse comportamento enervante, Irene pediu que ele saísse... mas ele se recusou.

A essa altura, a equipe de Irene estava insistindo que ela chamasse a polícia, mas Manny Guerrin não era o primeiro homem suspeito com quem Irene Silverman lidava em seus 82 anos nesta terra. Então, em vez disso, *ela* começou a *espioná-lo*, buscando uma prova definitiva que pudesse apresentar aos policiais.

No meio-tempo, Sante se esgueirava pelos bastidores, morando secretamente com o filho em seu apartamento de um quarto e tentando descobrir uma forma de fazer Irene passar a mansão inteira para o seu nome. Ela conseguira surrupiar uma cópia do contrato da casa de Irene e os formulários necessários para uma transferência de titularidade; chegou até a usar uma peruca vermelha e fingiu *ser* Irene enquanto convencia um tabelião a assinar os documentos de transferência. Mas a tarefa mais importante, em sua mente, era conseguir o número do Seguro Social de Irene, e a velha estava provando ser dura na queda. Ao menos três vezes, Sante ligara para Irene e dissera que ela ganhara uma viagem gratuita para o Caribe, e se Irene simplesmente informasse o número do Seguro Social dela pelo telefone, a viagem seria dela! Irene se recusou todas as vezes. Ela não era boba; e isso enlouquecia Sante. "Quanto mais difícil e complicada a tarefa se mostrava, mais desesperados nós ficávamos", declarou Kenny mais tarde, "e mais mórbidos ficavam nossos pensamentos."

Na noite de 4 de julho, Irene recebeu alguns amigos para jantar. Era um sábado. Ela lhes disse que planejava despejar "Manny" na segunda. Enquanto conversavam, Irene apontou para o monitor que mostrava as imagens de sua câmera de segurança. Um jovem entrava no prédio, deliberadamente escondendo o rosto da câmera. Um de seus amigos se lembra de sentir um súbito e aterrador ar de maldade.

Na manhã seguinte, mãe e filho esperaram silenciosamente dentro do apartamento. Era feriado e, quando a última empregada saiu para resolver pendências na rua, a mansão inteira ficou silenciosa. No andar de cima, Irene zanzava de pantufas, cuidando de suas tarefas matinais. Em certo momento, ela desceu para os andares inferiores e seguiu pelo corredor que passava pelo apartamento 1B. "Prepare-se", sibilou Sante. Quando Irene estava perto o suficiente, Kenny saltou para fora do apartamento, agarrou-a e arrastou-a para dentro.

Sante esperava com uma arma de choque.

"Piranha", exclamou Sante, batendo na cabeça de Irene. "Piranha, piranha." Ela espumava um pouco pelo canto da boca. Era como se estivesse furiosa com Irene por ter a audácia de ser tudo o que ela não era. "Vai!", sibilou ela para Kenny. Ele passara a vida inteira obedecendo à mãe. Era tarde demais para parar agora. Então ele se debruçou sobre a mulher, que se debatia, colocou as mãos ao redor de seu pescoço e começou a apertar.

Foi o Lincoln Town verde que acabou entregando os dois; aquele que Sante roubara em Utah. Depois que embrulharam o minúsculo corpo de Irene em sacos de lixo, limparam o sangue (não havia muito), colocaram-na na mala de seu carro roubado e a jogaram numa lixeira de Nova Jersey, Sante e Kenny foram comer doces e tomar café. Mas, naquela noite, o FBI e o Departamento de Polícia de Nova York (NYPD) os detiveram em frente a um hotel. Os dois entraram em pânico, presumindo que estavam sendo presos pelo assassinato de Irene. Sante tentou se livrar da bolsa — que continha o passaporte, talão de cheques, chaves, cartão do Seguro Social e informação bancária de Irene, além de 10 mil dólares em dinheiro — enquanto Kenny molhava as calças de pavor. Mas eles só estavam sendo presos por comprar o carro com um cheque sem fundos. Quando Kenny se deu conta disso, ficou tão aliviado que se ofereceu para pagar um drinque aos policiais.

A sorte perversa não durou. Vários dias depois, um detetive do NYPD por acaso assistia a uma notícia na TV sobre como alguém chamado "Manny Guerrin" estava sendo procurado pelo desaparecimento de Irene Silverman quando percebeu que aquele "Manny" se parecia terrivelmente com o "Kenny Kimes" que já estava sob sua custódia. Depois de passar a vida inteira se safando de problemas, um cheque sem fundos foi o que levou Sante para a prisão.

E lá foram os dois para trás das grades. Cinco meses depois, Sante e Kenny receberam 84 acusações tanto condenatórias quanto legalmente audaciosas: eles estavam sendo acusados de assassinato, entre outros crimes, embora não houvesse qualquer evidência física que os ligasse ao desaparecimento de Irene. Não havia digitais, sangue, absolutamente nada forense e, mais importante, não havia *corpo algum*. A busca por Irene foi exaustiva — investigadores reviraram campos, parques, lixeiras e aeroportos —, mas seu diminuto corpo nunca apareceu. Por causa disso, o caso contra Sante e Kenny precisaria ser inteiramente circunstancial.

Enquanto esperavam o julgamento começar, Sante e Kenny tentaram limpar sua imagem na imprensa. Queriam que o mundo os visse como uma dupla afetuosa de mãe e filho cujas traquinagens — perpetrar ondas de crimes por todo o país, espreitar mansões, ser presos saindo de hotéis — eram atividades totalmente normais de mães e filhos que apenas amavam passar tempo juntos! Para tal, seus advogados permitiram que o programa de TV *60 Minutes* lhes fizesse algumas perguntas. O que se provou um grande erro. Antes que a entrevista desastrosa fosse cortada pelos advogados, os dois conseguiram passar a imagem de bizarros, fora da realidade e edipianos ao extremo. Deram as mãos enquanto Kenny dizia ao entrevistador: "Eu acho que [minha mãe] é uma pessoa linda, espiritual e intelectualmente... além de fisicamente".

Era uma pergunta nojenta, mas todo mundo a fez mesmo assim: aqueles dois eram... *um casal?* Em audiências pré-julgamento, os dois estavam sempre sussurrando e se tocando. Quando foram presos, os policiais perguntaram abertamente a Kenny se ele estava transando com a mãe. (Mais tarde, Kenny relembraria esse momento em seu diário na prisão. "O que eu deveria dizer? Agradecer pelo comentário brilhante? Eu não tenho culpa que ela seja jovem e linda para a idade.") O irmão mais velho de Kenny, Kent, acredita fortemente que a relação dos dois nunca foi sexual — apenas tóxica, sufocante e imatura —, mas ninguém podia negar que a aparência que passavam, pelo menos, não era das melhores. Sante pode ter pensado que aparecer de mãos dadas com o filho adulto em rede nacional a faria parecer afetuosa e maternal, mas o resto do mundo a achou perturbada. E as autoridades não foram distraídas pela cena de "mãe e filho". Em agosto de 1999, os dois também foram acusados do assassinato de David Kazdin na Califórnia.

O julgamento do caso Silverman começou no Valentine's Day de 2000. No tribunal, Sante embarcou em seu ato melodramático de sempre, crises de saúde falsas e, quando todo o resto falhava, gritaria. Quando a promotoria enfatizava a veracidade de seu caso com 125 testemunhas e 350 evidências, Sante gritava coisas como "Vossa Excelência, como podemos alcançar a justiça?" e "Estou com medo de vocês, estou com medo desse sistema corrupto, estou com medo da fofoca, das mentiras que foram inventadas sobre mim e meu filho!". Em uma ocasião, ela se virou para a banca, erguendo um jornal com a manchete "Enquete: policiais fora de controle; monitoramento federal necessário", enquanto esganiçava: "Somos inocentes! Pelo amor de Deus, ajudem-nos!". Em resposta, a juíza Rena Uviller gritava para Sante se acalmar. Houve um momento em que o tribunal todo explodiu em gargalhadas quando Uviller se referiu à "encenação... quer dizer, declaração" de Sante.

Sante podia culpar o "sistema corrupto" o quanto quisesse, mas a montanha de evidências circunstanciais contra ela e Kenny era condenatória. Havia testemunhas ligando ela e Kenny a Irene. Havia perucas, máscaras, armas carregadas, tranquilizantes, algemas e fitas com gravações dos telefonemas de Silverman, tudo encontrado em seus pertences; assim como uma caixa vazia de arma de choque, uma mala flexível grande o bastante para comportar um corpo, uma lata de spray de pimenta, sacos de lixo grossos, fita adesiva, cordas de varal, seringas hipodérmicas e luvas de borracha.

Mas o mais condenatório eram os cadernos. Sante sempre tivera o hábito de tomar notas e fazer listas — CONTROLE! CONTROLE! CONTROLE! CONTROLE! CONTROLE! CONTROLE! CONTROLE! CONTROLE! — e, mesmo durante o julgamento, ela fez anotações intermináveis, como se acreditasse que, ao escrever determinada coisa, pudesse torná-la realidade. Mas seus antigos cadernos estavam cheios de listas que ela escrevera sobre Irene, e essas listas agora estavam sendo usadas como evidência. Havia listas de armas a comprar. Listas de informações a coletar (horários dos funcionários de Irene, planta do prédio de Irene, tipo sanguíneo de Irene, livros favoritos de Irene, número do Seguro Social de Irene, se Irene tinha ou não alarme contra roubo). Listas de panfletos a ler (*Fraude de documentos e outros crimes, Como construir um silenciador de armas de fogo*). Havia até um folheto sinistro intitulado *Dinastia final*, com um contrato falsificado vendendo a mansão de Irene a uma empresa de fachada criada por Sante. As listas eram "basicamente um guia", argumentou a promotoria, "para a prática dos crimes acusados".

Foi o suficiente. Em 18 de maio de 2000, os dois foram considerados culpados de 118 acusações: homicídio em segundo grau, roubo, falsificação, entreouvir informações privadas e mais. Foram precisos vinte minutos para o veredito do júri ser lido em voz alta. "Mãe, vai ficar tudo bem", disse Kenny para ela no meio do veredito. Apesar das declarações de inocência que o *New York Times* chamou de "bizarras, desconexas e às vezes vulgares", e o *New York Post* de "desconexas, amargas e às vezes cômicas", os dois foram condenados à prisão perpétua e um pouco mais: 120 anos e 2/3 para Sante, 126 anos e 1/3 para o filho.

Sante pareceu chocada com o fato de o sistema ter finalmente prevalecido, apesar de todas as suas fugas e de suas intermináveis conspirações. Ela balbuciou e resmungou tanto em reação à sentença que Kenny gritou: "Mãe, pare de falar!". Ela continuou. "Mãe!", exclamou ele, desesperado. "Mãe! Pare!" Ela não parou. Naquele momento, Kenny colocou as mãos sobre os ouvidos. Ele já deveria saber que, com Sante, nunca haveria silêncio.

Estava acabado, mas não na mente de Sante. Larry King a entrevistou na prisão, onde ela proferiu diversas declarações vagas e conspiratórias sobre como os policiais plantaram toda a evidência e como havia pessoas "na Inglaterra" chamando seu julgamento de "o pior e mais injusto erro da história dos Estados Unidos". Ela disse que o júri sofrera "lavagem cerebral". Acusou repetidamente um sombrio "eles" de usá-la como alvo. Disse que a polícia estava "assassinando a Constituição". Alegou que "não havia crime" e que a situação toda fora equivalente a "uma grande mentira de Hitler". Teve a audácia de dizer que ela e Irene eram amigas desde 1994 e que Irene *pedira* sua ajuda para vender a mansão.

Enquanto Sante tagarelava sem parar, Kenny ia ficando cada vez mais desesperado. Os dois estavam prestes a ser extraditados para a Califórnia para ser julgados pelo assassinato de David Kazdin e, lá, enfrentariam a cadeira elétrica. Já era ruim o bastante que *ele* pudesse ser executado, mas a ideia de sua mãe receber a pena de morte era insuportável. Então ele fez sua jogada. Quando uma repórter foi entrevistá-lo na prisão, Kenny avançou sobre ela durante um intervalo, pressionou uma caneta contra o pescoço da mulher e manteve-a refém por quatro horas, exigindo que Sante não fosse extraditada. (Os guardas acabaram imobilizando-o, e a repórter saiu ilesa.) Suas exigências não foram atendidas, e os dois foram levados de volta a Los Angeles, onde Sante mendigara nas ruas quando criança e Kenny limpara o sangue de David Kazdin do chão da cozinha. Na mente de Kenny, só sobrara uma maneira de salvar a mãe: traição.

Em 19 de novembro de 2003, a primeira página da edição local do *LA Times* relatava que Scott Peterson seria julgado pelo assassinato de sua esposa grávida, Laci; que o Rancho Neverland de Michael Jackson estava sendo revistado em busca de evidências de abuso sexual infantil; que o dia anterior fora o 25º aniversário do massacre de Jonestown; e que Kenny Kimes se declarara culpado do assassinato de David Kazdin.

No tribunal, Kenny chorou enquanto testemunhava contra a mãe, e Sante chorou enquanto escutava o filho. Ele disse ao júri como havia segurado Syed Bilal Ahmed embaixo d'água. Falou sobre como jogou o corpo sem vida de David Kazdin na lixeira. E descreveu exatamente quanto tempo levou para Irene Silverman morrer enquanto ele apertava seu pescocinho com as mãos.

Em resposta, Sante apresentou sua típica mistura de negação e teoria da conspiração. Ela esbravejou que David Kazdin fora seu melhor amigo, então era *óbvio* que ela não o teria matado. Insistiu que Kenny só estava testemunhando contra ela porque a promotoria "mexera com a cabeça dele" por meio de "tortura e coerção". Mas o júri acreditou no filho. Ambos receberam uma segunda sentença de prisão perpétua sem condicional e, nessa ocasião, surgiu talvez o detalhe mais cruel de todos: foram enviados para cantos opostos do país para cumprir sua sentença, Sante para a Bedford Hills Correctional Facility em Nova York, Kenny para a Richard J. Donovan Correctional Facility em San Diego. Quase 5 mil longos e solitários quilômetros entre mãe e filho que já tinham sido tão inseparáveis.

Depois de confessar todos os detalhes de seus crimes no tribunal, Kenny retornou à sua cela e se voltou para seu diário com ódio brutal contra si mesmo. "Acabei de passar os últimos dez minutos vomitando", escreveu. "Eu dedurei a minha mãe. Se não tivesse feito isso, ambos iríamos para o corredor da morte."

Apenas a morte livraria Kenny das amarras da mãe. Sante Kimes morreu de causas naturais em 9 de maio de 2014. Tinha quase oitenta anos. Passara a década anterior trabalhando incansavelmente em prol da própria liberdade e, logo antes de morrer, estava ocupada planejando uma entrevista com a *Inside Edition* — na qual era esperado que declarasse sua inocência mais uma vez. Como sempre, Sante esperava que o programa se adaptasse às suas vontades. Pediu aos produtores para mandar batom, base, lápis de olho e uma prancha modeladora de cachos. "Minha aparência na entrevista é importante", escreveu para eles. "Primeiras impressões são tudo."

Com a morte da mãe, Kenny sentiu que finalmente poderia começar a tirar o peso dos ombros. Começou a trocar cartas com uma escritora chamada Traci Foust. Os dois se apaixonaram. Mas Traci morreu em 2018 por complicações de gripe e pneumonia e o sofrimento de Kenny fez com que ele caísse em si. Ele se deu conta de que o que estava sentindo — a dor, a feroz sensação de perda — era o que os familiares de suas muitas vítimas sentiram. Escreveu um artigo sobre o assunto e, mesmo encarcerado, o publicou na internet com a ajuda da escritora Jonna Ivin-Patton. No texto, Kenny declara que "finalmente desenvolveu um senso de ética". Atualmente ele trabalha com Ivin-Patton em um livro de memórias.

Enquanto o filho se prepara para falar com a própria voz, a própria Sante finalmente silenciou. *Do pó vieste, ao pó retornarás.* Quando seu pai golpista morreu, seu obituário foi repleto de mentiras enfeitadas sobre como ele era um mágico e um príncipe. O obituário da filha estava repleto de elogios mais sombrios. "Uma ladra talentosa e obsessiva", afirmou o *New York Times*. "Como um oficial da lei disse no momento de sua prisão, a sra. Kimes era a golpista 'mais engenhosa e perversa' que ele já vira 'em muito tempo'." Era impossível insultar Sante sem elogiá-la, ou elogiá-

-la sem insultá-la. Kent, o filho que escapou, dedica algum tempo de *seu* livro de memórias a relembrar como ela podia ser uma mãe incrível de vez em quando. Quando estava de bom humor, Sante dava notas de cem dólares para desconhecidos, passeava com seus meninos em perseguições de carro em alta velocidade e organizava festas de aniversário elaboradas cheias de mercadoria roubada. Ela podia ser um redemoinho de empolgação. O problema é que esse redemoinho nunca parava de girar.

Deve ter sido muito cansativo ser Sante Kimes: eternamente em busca de controle, fazendo malabarismo com identidades, escrevendo listas intermináveis, aterrorizada diante do que poderia acontecer se ficasse parada. Havia tantas Santes que, de certo modo, não havia uma única Sante real. "Essa senhora tinha dificuldade em discernir o que era real e o que não era", disse um de seus muitos, muitos advogados. "Ela era conhecida por todos os nomes imagináveis", lembrou outro. Sante passara a vida inteira tentando correr mais rápido do que a tempestade... mas a tempestade finalmente a alcançou e a reduziu, enfim, a pó.

CONCLUSÃO

CONFIANTE

LAS NÃO SÃO FABULOSAS? OS PIANOS
de cauda, os carros velozes, os diamantes. A perseguição a celebridades. O jeito para evocar espíritos. A alegria de se safar. Os sorrisos persuasivos, os olhos hipnóticos. A confiança ilimitada.

Ou seria tudo isso apenas outro truque? Se removemos os detalhes fabulosos, a realidade dos golpes é sem graça e terrível. As mulheres neste livro levaram as pessoas à beira do suicídio. Esvaziaram as contas bancárias dos vulneráveis. Uma delas cometeu abuso sexual; outra se envolveu em tantos assassinatos que é possível encontrá-la em listas de assassinos em série da Wikipédia. Essas mulheres arrastaram seus filhos para situações perigosas, abandonaram essas crianças, transformaram-nas em golpistas também. Causaram oceanos de lágrimas, tomaram milhões de dólares e receberam séculos na prisão.

Para alcançar esses finais nefastos, a golpista transforma a própria confiança em arma. A palavra tem dois significados e empunha ambos feito uma espada de dois gumes. "Confiança" significa "acreditar em si mesmo", mas também significa "acreditar em algo", e a golpista nos pede para acreditar em *algo* (uma visão, um conto de fadas, um esquema), enquanto nos convence por meio de sua crença em *si mesma* (ela é confiante, ela é despreocupada, ela é rica, ela não olha para trás). Para a vítima, ambos os significados também entram na jogada. A pessoa tem confiança no que a golpista vende a princípio, mas, quando percebe que foi enganada, sua autoconfiança é abalada. Estilhaçada, até. Frequentemente as vítimas de golpes sequer se pronunciam, humilhadas demais para aguentar o pesado julgamento público que se segue quando elas admitem: *sim, eu acreditei.*

Mas se você segue a árdua trilha cintilante das golpistas por tempo o bastante, acaba tropeçando em uma verdade surpreendentemente delicada: quando a humanidade está operando em nível ótimo, olhamos para o mundo com confiança, não desconfiança. Temos esperança no futuro, acreditamos em coisas maiores do que nós mesmos, temos fé nos vizinhos. Acreditamos na palavra das pessoas. Nossa confiança — a exata coisa que a golpista usa para nos enganar — é a melhor parte de nós.

É por isso que elas nos pegam, é claro. É isso o que nos torna vulneráveis. Se quiséssemos extinguir as golpistas, precisaríamos apenas parar de confiar em qualquer coisa ou pessoa. Precisaríamos trancar nossas portas e bater nossas janelas e espiar um ao outro com apreensão pelas frestas das persianas. Mas vale a pena? As golpistas talvez sejam apenas o pequeno e amargo preço que pagamos pela habilidade de confiar nas pessoas. É melhor corrermos o risco de cair em seus truques do que nos fecharmos de vez para os outros.

E sejamos sinceros. Alguém quer *realmente* viver em um mundo sem as golpistas? Veja como elas são fabulosas. Os carros. Os diamantes. O sorriso persuasivo. Outras pessoas podem cair nesse tipo de papo, mas elas não vão nos pegar dessa vez. Somos mais espertos agora. Confiantes demais para perder. Vamos deixá-las entrar, ouvir o que elas têm a dizer.

AGRADECIMENTOS

OSTARIA DE AGRADEcer em primeiro lugar à mulher que possibilitou a existência de todo esse conteúdo de criminosas: minha agente ruiva fabulosa Erin Hosier, que simplesmente me *entende* e é dolorosamente maneira.

Por falar em ruivas maravilhosas que possibilitam coisas: obrigada a minha linda mãe, Rhonda, não apenas por me dar feedback sobre os capítulos, mas por sempre torcer pela minha escrita. Obrigada à toda minha amada família, por tudo, para sempre, em especial minha irmãzinha, Anna, que é a epítome do tipo *bom* de mulher confiante.

Obrigada a todos na Harper Perennial: Rebecca Raskin, minha editora adorável e obcecada por golpistas; Jamie Lynn Kerner, que fez o design incrível da capa original; Carol Burrell, minha copidesque, e Amanda Hong, minha editora de produção, por me salvarem de todo tipo de erro constrangedor; à galera talentosa da publicidade e do marketing; e a todos que trabalharam neste livro traiçoeiro.

Obrigada a todos que me cederam entrevistas para este livro. Charlie Stack, herói do capítulo sobre Rose Marks — obrigada!

Obrigada a Fred Schwartz, advogado de Rose Marks. Michael Marks, obrigada por falar comigo sobre sua mãe. Do outro lado do Atlântico, obrigada ao detetive Pete Gartland e ao sargento Matt Hussey por me fornecerem detalhes sobre a trapaça de Ruksana, e um grande obrigada a Tom Keating da polícia de Londres por facilitar o contato. Obrigada a Michael Tatcher, presidente e CEO da Charity Navigator, por bater papo comigo sobre as *tragediennes*.

Obrigada a minha brilhante tradutora, Irene Lo, que me ajudou de maneira *imensurável* com o capítulo sobre Wang Ti — e que agora é, quem diria, minha cunhada!

Obrigada a Hope Dunbar, arquivista de Coleções Especiais na E.H. Butler Library do estado de Buffalo, por desenterrar os artigos sobre o período de Roxie Rice na região. O que autores fariam sem os arquivistas? Com certeza, escreveríamos livros mais curtos e mais burros, isso é fato.

Obrigada a ProQuest e newspapers.com, meus velhos amigos, assim como todo mundo que algum dia escaneou fielmente um jornal antigo para uma base de dados eletrônica. Ah, e obrigada às estantes da biblioteca de Columbia, onde aparentemente todos os livros já existentes podem ser encontrados se você tiver a coragem de adentrar seus corredores muito longos e muito escuros... totalmente sozinho... procurando por algum título como *Os últimos dias dos Romanov* ou *Mentes criminosas e, calma aí, tem um par de olhos psicopatas me espiando por trás da estante?*

Obrigada aos leitores do *Lady Killers: assassinas em série* e aos ouvintes do *Criminal Broads*. É uma honra lhes contar essas histórias. (Sinto que vocês TODOS vão apreciar a energia de Mary Ann Scannell.) Obrigada aos meus colegas escritores pelo senso de responsabilidade e pelas horas de drinques por Zoom de que um escritor precisa, em especial Ximena, Emilie, Jo, Meredith e Lavonne.

Gostaria de dedicar o capítulo sobre Margaret Lydia Burton para meu cunhado canino, Bradley Cocker Pitt. Espero que ele goste de ouvir sobre seus colegas de raça! Você é ainda mais lindo do que Rise and Shine.

Charlie! Meu amor, obrigada por *tudo*. Não é possível colocar toda a minha gratidão em um só parágrafo. Obrigada pelas intermináveis xícaras de café, por me dar tempo e espaço para terminar meu trabalho e por controlar uma certa adorável, porém barulhenta criança quando estou com um prazo apertado. Você me inspira a trabalhar com mais afinco desde que tínhamos dezenove anos. Espero que, quando você estiver lendo isto, nós já estejamos morando em um mansão... Ok, tudo bem, um apartamento de dois quartos. EU TE AMO.

E por último, mas certamente não menos importante: Cecil, minha bebê, nós escrevemos este livro juntas, não foi? Você esteve comigo em todos os cafés e a cada capítulo durante todos os nove meses de escrita. Eu revisei o livro enquanto você descansava tranquilamente ao meu lado no sofá, uma recém-nascida minúscula, mas muito comprida. E estou fazendo o copidesque e escrevendo esse agradecimento a dois dias do seu aniversário de seis meses! Você é muito rebelde e agitada, e está sentada entre minhas pernas neste momento, se debruçando sobre minha coxa, tentando com toda a vontade alcançar o teclado. Desculpe por não ter aceitado *todas* as suas alterações (admito que "bzzzzzph" foi uma sugestão muito convincente). Mas obrigada por estar aqui comigo. Dizem que bebês nos tiram a concentração, mas, honestamente, eu não teria conseguido fazer isso sem você. Te amo para todo sempre!

NOTAS

INTRODUÇÃO: ENCANTADORAS

13 "Se conhecê-la, vai gostar dela": Citado no *Daily News* (Nova York), "The Pocketbook Drop... and Other Cons Games", 18 de dezembro de 1977.

15 Um estudo psicológico recente: Rebecca L. Mitchell, Katherine K. Bae, Charleen R. Case e Nicholas A. Hays, "Drivers of Desire for Social Rank", *Current Opinion in Psychology*, 33, junho de 2020, p. 189-195.

15 Escalar socialmente de fato forteleceu seus sistemas imunológicos: "Climbing the Social Ladder Can Strengthen Your Immune System, Monkey Study Suggests", revista *Science*, 24 de novembro de 2016.

JEANNE DE SAINT-RÉMY

21 *Collier d'esclavage*: Jonathan Beckman, *How to Ruin a Queen: Marie Antoinette, the Stolen Diamonds and the Scandal That Shook the French Throne* (Londres: John Murray, 2014), p. 101.

21 Dezessete milhões de dólares: Historical Currency Converter, disponível em <https://www.historicalstatistics.org/Currencyconverter.html> e acessado em 12 de junho de 2019. De acordo com o site, "2 milhões de libras francesas [1663–1795] em 1772 poderiam comprar a mesma quantidade de produtos e serviços na Suécia que 17.215.769,930655662 dólares [1791–2015] poderiam comprar na Suécia em 2015".

22 Eles não podiam pagar: Como Thomas Carlyle escreveu sobre a época: "A era do Cavalheirismo acabou e a era da Falência chegou". Thomas Carlyle, *The Diamond Necklace* (Nabu Press, 2010), p. 30-31.

22 Difícil de olhar: Jacques Claude Beugnot, *Life and Adventures of Count Beugnot* (Londres: Hurst and Blackett, 1871), p. 2.

23 Esperando nas coxias: Em seu livro de memórias, Jeanne escreve: "As pessoas me diziam incessantemente, eu escutava a cada quarteirão que, com alguns pequenos favores, poderia ser fácil recuperar a posse [das terras dos Valois]." Jeanne de La Motte, *Memoirs of the Countess de Valois de La Motte* (Londres: J. Ridgway, 1791), p. 7.

23 Oito mil dólares por ano: A pensão para Jeanne e seus irmãos era de oitocentas libras francesas por ano, o que acaba equivalendo mais ou menos a 8 mil dólares em 2019.

23 Flores frescas: Antonia Fraser, *Marie Antoinette* (Nova York: Doubleday, 2001), p. 178.

23 Lutando por mais: "Todo mundo estava lutando para subir até um patamar de onde pudesse olhar com satisfação aqueles abaixo", escreve um historiador, enquanto "aqueles acima lutavam para evitar a inundação de desesperados vinda de baixo". Beckman, *How to Ruin*, p. 24.

25 "Demônio": Beugnot, *Life and Adventures*, p. 9.

25 "Sem consciência": Ibid.

25 Grávida: Note que historiadores discordam sobre quem, exatamente, engravidou Jeanne. No artigo de Iain McCalman, "The Making of a Libertine Queen: Jeanne de La Motte and Marie-Antoinette", em *Libertine Enlightenment: Sex,*

Liberty and Licence in the Eighteenth Century, ed. Peter Cryle e Lisa O'Connell (Nova York: Palgrave Macmillan, 2004), McCalman afirma que foi um bispo local.

25 Nobres La Motte: McCalman, Ibid., p. 118.

26 Expulsou-os: Frantz Funck-Brentano, *The Diamond Necklace* (Nova York: Brentano's, 1900), p. 82.

26 Palácio [...] éguas inglesas: Ibid., p. 85-86.

26 "Fraco e vaidoso": Henry Vizetelly, *The Story of the Diamond Necklace* (Londres: Vizetelly & Co., 1881), p. 36.

26 Primeiro-ministro: Beckman, *How to Ruin*, p. 64.

27 Seduziu-o magistralmente: "Enfeitando-se com suas melhores penas, assumindo seu jeito mais provocativo e dominando o [cômodo] com o odor de seus perfumes." Vizetelly, *The Story*, p. 39.

27 "Elixir egípcio" [...] "maçonarias demoníacas": Carlyle, *The Diamond Necklace*, p. 89.

28 Para atrair a atenção de Maria Antonieta: Beckman, *How to Ruin*, p. 43.

29 "Mestra" [...] "escravo": Ibid., p. 73, 78.

30 A noite fatídica [...] descobriu: Ibid., p. 88.

30 Jantares luxuosos: Beugnot, *Life and Adventures*, p. 34.

31 "Uma negociação secreta": Jeanne Louise Henriette Campan, *The Private Life of Marie Antoinette* (Londres: Richard Bentley and Son, 1883), p. 375.

32 *Marie Antoinette de France:* Ibid., p. 376.

32 "A maior e melhor rainha": Beckman, *How to Ruin*, p. 128.

32 "Nasceu para ser meu tormento": Campan, *The Private Life*, p. 7.

32 Vestidos: Beugnot, *Life and Adventures*, p. 37.

32 Pássaro mecânico: Vizetelly, *The Story*, p. 162-163.

32 Carruagem: McCalman, "The Making of a Libertine Queen", p. 124.

32 "Febre do balão": *Mércure de France*, 17 de fevereiro de 1784, republicado em J. Jobé, *The Romance of Ballooning: The Story of the Early Aeronauts* (Nova York: Viking Press, 1971), p. 31.

32 Mais dinheiro do que a maioria dos nobres da França: Beckman, *How to Ruin*, p. 126.

33 "Falar de um colar de diamante" [...] Ela deixou cair o guardanapo: Beugnot, *Life and Adventures*, p. 72.

35 *The Royal Bordello*: Corinna Wagner, *Pathological Bodies* (Berkeley: University of California Press, 2013), p. 21.

35 A maior parte da França fora convencida: Robert Darnton, *The Forbidden Best-Sellers of Pre-Revolutionary France* (Nova York: W. W. Norton & Company, 1995), p. 78.

36 "Venha chorar comigo": Funck-Brentano, *The Diamond Necklace*, p. 323.

36 A corte francesa estava admitindo: Beckman, *How to Ruin*, p. 246.

36 "Naquela conjuntura": Funck-Brentano, *The Diamond Necklace*, p. 9. Funck-Brentano está citando Campan aqui.

36 Verdadeiro cérebro: Vizetelly, *The Story*, p. 248.

36 "É o sangue": Funck-Brentano, *The Diamond Necklace*, p. 341.

36 Junho de 1787: Vizetelly, *The Story*, p. 304.

37 "O público precisa ao máximo": La Motte, *Memoirs of the Countess*, p. 5.

37 Acreditava que os visitantes eram enviados pela rainha: Vizetelly, *The Story*, p. 220.

37 "A conhecida Condessa de la Motte": *Jackson's Oxford Journal* (Oxford, Inglaterra), 27 de agosto de 1791.

38 Derrubando a monarquia: McCalman, "The Making of a Libertine Queen", artigo.

38 "Um catalisador": "Entretenimentos populares [...] e estudos acadêmicos modernos concordam que esse escândalo [...] foi tanto um catalisador da Revolução Francesa quanto um molde de suas consequências." Ibid., p. 112.

38 "A morte da rainha deve ser datada a partir daí": Frantz Funck-Brentano, *La Mort De La Reine* (Paris: Hachette, 1901), p. 9.

38 Ninguém que lidou com o colar [...] mais de cem depois de sua criação: Beckman, *How to Ruin*, p. 294-302.

CASSIE CHADWICK

41 Nascida: Elizabeth Bigley [...] Elizabeth Springsteen: C. P. Connolly, "Marvelous Cassie Chadwick", *McClure's Magazine*, XLVIII, nº 1, novembro de 1916. Alice M. Bestedo: "Without Education or

Beauty, Mrs. Chadwick Fascinated Men", *The Daily Province* (Vancouver, Columbia Britânica, Canadá), 14 de dezembro de 1904, p. 4. Elizabeth Springsteen: "Unable to Secure Bail Will Return to Cleveland", *The Berkshire Eagle*, 9 de dezembro de 1904, p. 12.

41 Notas falsas de vinte dólares: "Policeman Talks of Chadwick Bills", *The Washington Post*, 25 de fevereiro de 1906, p. 12.

41 "Tônico para os Nervos Cassie Chadwick": Connolly, "Marvelous Cassie Chadwick".

42 Inteligente de seu próprio jeitinho esquisito: "The Story of Mrs. Chadwick, The High Priestess of Fraudulent Finance", *The Washington Post*, 25 de dezembro de 1904, p. 6.

42 "Possuída desde criança por uma fixação por ficar muito rica, muito rápido": "Want to Kill a Sensation", *Detroit Free Press*, 12 de outubro de 1907, p. 1.

42 "repreendeu severamente": "Mrs. Chadwick's History, Record of Woman's Strange Power, and the Marvelous Gullibility of Financiers", *The Inter Ocean*, 8 de dezembro de 1904, p. 2.

42 A carta foi tão convincente: Connolly, "Marvelous Cassie Chadwick".

42 Cartões de visita: "Her Great Graft", *The Topeka State Journal*, 9 de dezembro de 1904, p. 4.

43 Suou para parecer "excêntrica" no tribunal: "Chadwick Affair Near Its Climax", *Chicago Daily Tribune*, 29 de novembro de 1904, p. 1.

43 Expulsou Cassie: "From Farm to Prison, Then to Life of Ease", *Chicago Daily Tribune*, 4 de dezembro de 1904, p. 2.

43 "Naquela época [...] eu comecei a achar que ela era desequilibrada": "Mrs. Chadwick Spends Night in Prison", *The Berkshire Eagle* (Pittsfield, MA), 9 de dezembro de 1904, p. 12.

43 Ela lhe contou seus vários problemas: "Without Education or Beauty, Mrs. Chadwick Fascinated Men", *The Daily Province* (Vancouver, Columbia Britânica, Canadá), 14 de dezembro de 1904, p. 4.

44 Aprendeu a fazer as gengivas sangrarem quando queria: "The Story of Mrs. Chadwick, The High Priestess of Fraudulent Finance", *The Washington Post*, 25 de dezembro de 1904, p. 6.

44 Agulha: "Active Mind, Cute Lisp and Winning Smile Paved Way to Riches for Cassie", *The Knoxville Journal*, 29 de agosto de 1958, p. 4.

44 "Hemorragia nos pulmões": "From Farm to Prison, Then to Life of Ease", *Chicago Daily Tribune*, 4 de dezembro de 1904, p. 2.

44 "La Rose" [...] "algum tipo de resort semissocial e duvidoso": Connolly, "Marvelous Cassie Chadwick".

45 "Para ela, nenhum homem era notável, e a maioria era tola": Ibid.

45 Importante político de Cleveland: "From Farm to Prison, Then to Life of Ease", *Chicago Daily Tribune*, 4 de dezembro de 1904, p. 2.

45 Singelo valor de 40 mil dólares em notas falsas: "Chadwick Woman Now Under Guard", *The Times Dispatch* (Richmond, VA), 8 de dezembro de 1904, p. 2.

45 **Florida G. Blythe:** "Chadwick Woman's Life Is a Marvel in Millions", *The Minneapolis Journal*, 19 de dezembro de 1904, p. 15.

46 **Descrição detalhada dela:** "Bertillion: Measurements Are Taken of Mrs. Chadwick", *Courier-Journal* (Louisville, KY), 31 de dezembro de 1904, p. 2.

46 **Cassie sugeriu que ele tentasse uma massagem:** Connolly, "Marvelous Cassie Chadwick".

47 **Esmeraldas [...] bandeja:** "Cassie Was a Charlatan, a Crook, But a Lady, Too", *The Pittsburgh Press*, 14 de agosto de 1946, p. 21.

47 **"Tinha obsessão por relógios chiques":** "The Remarkable Financial Operations of a Remarkable, Mysterious Woman", *Courier-Journal* (Louisville, KY), 11 de dezembro de 1904, p. B10.

47 **"Nenhum pedinte que batesse em sua porta era mandado embora":** Connolly, "Marvelous Cassie Chadwick".

48 **"Esse é o seu presente de Natal":** Ibid.

48 **"Ela tinha tudo o que queria":** "Mrs. Chadwick Spends Night in Prison", *The Berkshire Eagle* (Pittsfield, MA), 9 de dezembro de 1904, p. 12.

48 **Os bilhetes eram falsificados:** "The Story of Mrs. Chadwick, the High Priestess of Fraudulent Finance", *The Washington Post*, 25 de dezembro de 1904, p. 6.

50 **"Considerei meu dever protegê-la":** "Mrs. Cassie Chadwick Love Child of Andrew Carnegie", *The Atlanta Constitution*, 12 de dezembro de 1904, p. 1.

51 **Suicídio não consertaria nada:** Connolly, "Marvelous Cassie Chadwick".

52 **"Acordou":** Ibid.

53 **"Ah, isso é terrível, terrível, terrível":** "Husband and Daughter Are Left Penniless", *The Austin Statesman*, 1º de janeiro de 1905, p. 1.

53 **"Tortura e transações e transações e tortura":** "In Tears: Aged Banker Talks of the Chadwick Loans", *Courier-Journal* (Louisville, KY), 6 de dezembro de 1904, p. 1.

53 **"Toda vez que ela me olhava eu me sentia tonto":** "Bank Wrecked by a Woman", *San Francisco Chronicle*, 29 de novembro de 1904, p. 1.

53 **"Eu não sei nada sobre essa mulher ou suas tramoias":** "Mystery of Chadwick Case Grows", *San Francisco Chronicle*, 30 de novembro de 1904, p. 1.

53 **"Declaração antipânico" [...] "Quanto ela tirou de você?":** Connolly, "Marvelous Cassie Chadwick".

54 **"Por favor, desmintam o suicídio relatado":** "On His Bed: The Aged Banker Tells of Loans to Mrs. Chadwick", *Courier-Journal* (Louisville, KY), 1º de dezembro de 1904, p. 2.

54 **"Pela audácia":** *The Berkshire Eagle* (Pittsfield, MA), 9 de dezembro de 1904, p. 4.

54 **O marechal que a prendeu encontrou-a deitada na cama:** "Uncle Sam Nails Cassie Chadwick", *Chicago Daily Tribune*, 8 de dezembro de 1904, p. 1.

55 **"Eu olhei fixamente para aqueles olhos hipnóticos":** "Those Brown Eyes of Fascinating Cassie",

Edmonton Journal (Edmonton, Alberta, Canadá), 30 de dezembro de 1904, p. 5.

55 "Eu fui muito caluniada e perseguida": "Barren Walls of Prison Cell Confront Her", *The Nashville American*, 9 de dezembro de 1904, p. 1.

55 Ela já ter se esquecido totalmente da câimbra: "Verdict Is Guilty", *Detroit Free Press*, 12 de março de 1905, p. 1.

55 "Você não ficaria satisfeito em saber": "Cassie L. Chadwick Arrested on the Charge That She Aided in Embezzlement by Bankers", *The San Francisco Call*, 8 de dezembro de 1904, p. 1.

56 "Nunca saberemos quanto dinheiro ela pegou emprestado": "Find Mrs. Chadwick Guilty Seven Fold", *The Inter Ocean* (Chicago, IL), 12 de março de 1905, p. 5.

56 Um milhão de dólares guardados na Bélgica: "Cassie Chadwick Dead", *Lancaster Intelligencer* (Lancaster, PA), 12 de outubro de 1907, p. 2.

56 Conspirar para defraudar os Estados Unidos por fraude bancária: "Mrs. Cassie L. Chadwick Convicted on Seven Counts", *The Buffalo Sunday Morning News* (Buffalo, NY), 12 de março de 1905, p. 1.

56 "Me soltem! Me deixem ir! Ah, meu Deus, me soltem!": "Verdict Is Guilty", *Detroit Free Press*, 12 de março de 1905, p. 1.

56 "Bruxa das finanças": "Mrs. Cassie Chadwick Dead; Notorious Swindler Goes to Grave With Lips Sealed", *The Washington Times*, 11 de outubro de 1907, p. 9.

56 "Rainha dos golpistas": "Cassie Chadwick Dead", *Lancaster Intelligencer* (Lancaster, PA), 12 de outubro de 1907, p. 2.

56 "A mulher mais falada do mundo": "Find Mrs. Chadwick Guilty Seven Fold", *The Inter Ocean* (Chicago, IL), 12 de março de 1905, p. 5.

56 "Sem instrução ou beleza, a Sra. Chadwick fascinava os homens": "Without Education or Beauty, Mrs. Chadwick Fascinated Men", *The Daily Province* (Vancouver, Columbia Britânica, Canadá), 14 de dezembro de 1904, p. 4.

56 "Poder estranho": "Mrs. Chadwick's History, Record of Woman's Strange Power, and the Marvelous Gullibility of Financiers", *The Inter Ocean*, 8 de dezembro de 1904, p. 2.

56 "Roupas boas são a ferramenta dos fraudulentos": "Grafters Crowd the Metropolis", *San Francisco Chronicle*, 12 de dezembro de 1904, p. 2.

57 "Reprimi-las": "Government Puts Ban on 'Cassie Chadwick' Money", *St. Louis Post-Dispatch*, 8 de agosto de 1908, p. 2.

57 "Essa foi a única ocasião conhecida em que a Sra. Chadwick professou um interesse por religião": "Mrs. Chadwick Baptized in Ohio Penitentiary", *Courier-Journal* (Louisville, KY), 9 de outubro de 1907, p. 3.

57 Culpou sua doença por seu gosto por comidas ricas: "Mrs. Chadwick Dying", *The Washington Post*, 10 de outubro de 1907, p. 3.

57 Seu filho e duas de suas irmãs: "Cassie Chadwick Dead", *Lancaster Intelligencer* (Lancaster, PA), 21 de outubro de 1907, p. 2.

57 O médico da prisão alegou que ela morreu de neurastenia: "Financial Witch Is Dead", *The Dayton Herald* (Dayton, OH), 11 de outubro de 1907.

58 "Cassie Chadwick chinesa": "Chinatown in Tears Over 'Wooey' Game", *Los Angeles Times*, 30 de junho de 1906, p. III1.

58 "Cassie Chadwick romena": "Clever Woman Got $200,000 by Scheming", *St. Louis Post-Dispatch*, 16 de dezembro, de1906, p. 6.

58 "Cassie Chadwick russa": "Russian Cassie Chadwick", *The Washington Post*, 18 de dezembro de 1907, p. 9.

58 "Cassie Chadwick italiana": "Italian Cassie Chadwick", *Nashville Tennessean and the Nashville American*, 8 de agosto de 1911, p. 2.

58 "Cassie Chadwick alemã": "Pretty Widow Dupes Berlin", *Detroit Free Press*, 5 de março de 1917, p. 7.

58 "Competente pupila da Sra. Chadwick": "Called Apt Pupil of Mrs. Chadwick", *The Washington Post*, 1º de setembro de 1906, p. 1.

58 "Como pôde uma mulher sem qualquer brilhantismo em particular": "The Remarkable Financial Operations of a Remarkable, Mysterious Woman", *Courier-Journal* (Louisville, KY), 11 de dezembro de 1904, p. B10.

58 "Suas seguranças sempre foram, em quase todas as instâncias, míticas": "Her Career Astounding", *The Wilkes-Barre News* (Wilkes-Barre, PA), 10 de dezembro de 1904, p. 5.

58 Até seu marido acabou falindo: "Dr. Chadwick Is Bankrupt", *Detroit Free Press*, 15 de agosto de 1908, p. 2.

58 Mesmo no leito de morte, insistia que Cassie *era* filha de Andrew Carnagie: "Quase com seu último suspiro, Beckwith declarou sua fé na sombra do nascimento de Cassie Chadwick." De Connolly, "Marvelous Cassie Chadwick".

59 "Ela era incrível, mesmo de uma forma maléfica, do jeito que era": "Those Brown Eyes of Fascinating Cassie", *Edmonton Journal* (Edmonton, Alberta, Canadá), 30 de dezembro de 1904, p. 5.

WANG TI

61 China, 2008: Detalhes do casamento tirados de "Yang Wei and Yang Yun Tie the Knot [...] Finally", Triple Full (um blog sobre ginástica olímpica), 6 de novembro de 2008, e "Gymnastics-Wedding About Love Not Money, Says China's Yang", Reuters, 11 de novembro de 2008.

61 Balão de ar quente: "Fogos de artifício deslumbrantes arrematam casamento de Yang Wei. A trilogia do casamento exibe inegável romance", Sina Sports, 7 de novembro de 2008. Traduzido por Irene Lo, acessado em 13 de novembro de 2019. Disponível em: http://sports.sina.com.cn/o/2008-11-07/00174056354.shtml.

62 Fez um bom dinheiro: "Detalhes reveladores do caso de fraude de Wang Ti: golpe de 26 milhões para comprar carros de luxo para Xiao Qin", Anhui News, 24 de dezembro de 2013. Traduzido por Irene Lo, acessado em 13 de novembro de 2019. Disponível em: http://www.ahtv.cn/c/2013/1224/00189939_2.html.

62 Se chamavam de "Grupo das Sras.": "Wang Ti é condenada à prisão perpétua por fraude. Diversos campeões olímpicos e estrelas do esporte foram enganados", Anhui News, 24 de dezembro de 2013. Traduzido por Irene Lo, acessado em 13 de novembro de 2019, http://www.ahtv.cn/c/2013/1224/00189885_all.html.

63 Atolado com questões legais: "Wuhan Ejected from Soccer League", *People's Daily Online*, 10 de novembro de 2008.

63 "Pequim não é uma cidade habitável": Edward B. Barbier, "Nature and Wealth: A Parable from Beijing", *China-US Focus*, 10 de novembro de 2015.

63 Construir domos gigantes: "Inside Beijing's Airpocalypse — a City Made 'Almost Uninhabitable' by Pollution", *The Guardian*, 16 de dezembro de 2014.

63 Às vezes a poluição cobria até o sol: "Beijing Olympics Were the Most Polluted Games Ever, Researchers Say", *The Telegraph*, 22 de junho de 2009.

63 As Olimpíadas de Verão mais caras de todos os tempos: "Beijing Games to Be Costliest, but No Debt Legacy", Reuters, 4 de agosto de 2008.

63 Impedir a chuva de chegar: "How Beijing Used Rockets to Keep Opening Ceremony Dry", *Independent*, 11 de agosto de 2008.

64 Compareceu a um casamento cheio de celebridades: "Detalhes reveladores do caso de fraude de Wang Ti: golpe de 26 milhões para comprar carros de luxo para Xiao Qin", *Anhui News*.

64 "Deus do Pônei": "Treinador acompanhou Xiao Qin, o 'Deus do Pônei', ao jardim de infância quando ele tinha quatro anos", *People's Olympics*, 12 de agosto de 2008. Traduzido por Irene Lo, acessado em 13 de novembro de 2019, http://2008.people.com.cn/BIG5/7654995.html.

64 "Mereço umas férias!": "Xiao Qin Claims Pommel Horse Title at Beijing Olympics", *Gov.cn* (o "portal oficial do Governo da República Popular da China"), 18 de agosto de 2008, acessado em 8 de novembro de 2019. Disponível em: http://www.gov.cn/english/2008–08/18/content_1074043.htm.

64 "Nós dois tínhamos bebido um pouco": "Master Con Woman Who Scammed Beijing's High Society", *Telegraph* (Londres), 3 de janeiro de 2014.

65 "Aquele vermelho vai ser seu": Os detalhes do cortejo de Qin a Wang Ti foram tirados de "Detalhes reveladores do caso de fraude de Wang Ti: golpe de 26 milhões para comprar carros de luxo para Xiao Qin", Anhui News.

65 Elegante Audi TT: "Master Con Woman Who Scammed Beijing's High Society", *Telegraph*.

65 A maioria dos cidadãos nunca sonhara em ter um carro até o começo dos anos 1980: "High Speed Scandal: Ferrari Incident

Rocks China", *The Daily Beast*, 13 de julho de 2017.

65 "Homens amam a Audi como mulheres amam a Dior": "Car Brands Represent Status, Stereotypes in China", *China Daily*, 22 de abril de 2014.

65 Enviado pelo marido distante: "Detalhes reveladores do caso de fraude de Wang Ti: golpe de 26 milhões para comprar carros de luxo para Xiao Qin", *Anhui News*.

66 Empresas além-mar: "Leaked Records Reveal Offshore Holdings of China's Elite", *International Consortium of Investigative Journalists*, 21 de janeiro de 2014.

66 Arquitetou uma forma de acobertar todo o incidente: "How Son's Death in a High-Speed Car Crash Led to Powerful Chinese Official's Fall from Grace", *South China Morning Post*, 23 de dezembro de 2014.

66 "Uma questão muito delicada": "Master Con Woman Who Scammed Beijing's High Society," *Telegraph*.

67 Comprou uma BMW para sua nova colega: "Detalhes reveladores do caso de fraude de Wang Ti: golpe de 26 milhões para comprar carros de luxo para Xiao Qin", Anhui News.

67 "Achava que aqueles atletas se vestiam com mau gosto": "Master Con Woman Who Scammed Beijing's High Society," *Telegraph*.

67 "Ela não era deslumbrante": Ibid.

67 Celular da última geração: Ibid.

68 Sua outra namorada compraria para ele: "Detalhes reveladores do caso de fraude de Wang Ti: Golpe de 26 milhões para comprar carros de luxo para Xiao Qin", *Anhui News*.

68 Atraiu críticas da imprensa: "Yang Wei Defends 'Lavish' Wedding to Yang Yun", *International Gymnast Magazine*, 11 de novembro de 2008.

69 Registrada no nome de outra pessoa: "Detalhes reveladores do caso de fraude de Wang Ti: golpe de 26 milhões para comprar carros de luxo para Xiao Qin", *Anhui News*.

69 Ajudando-o a quitar dívidas colossais com cartões de crédito: "Wang Ti é condenada à prisão perpétua por fraude. Diversos campeões olímpicos e estrelas do esporte foram enganados", *Anhui News*.

70 Shuangshuang recebia uma porcentagem dos lucros: "Detalhes reveladores do caso de fraude de Wang Ti: golpe de 26 milhões para comprar carros de luxo para Xiao Qin", *Anhui News*.

70 Planejava se casar com ela: "Fake Princeling 'Scammed Stars Out of Millions'", *South China Morning Post*, 28 de junho de 2012.

70 O proprietário apareceu e se apresentou: "Wang Ti é condenada à prisão perpétua por fraude. Diversos campeões olímpicos e estrelas do esporte foram enganados", *Anhui News*.

70 Nunca se materializou: "Woman Took Celebrities for 55m Yuan, Court Says", *ShanghaiDaily.com*, 27 de junho de 2012.

71 Se matar: Como Wang Ti disse em seu julgamento: "Naquela época, eu estava prestes a me matar com uma faca. Eu pedi para chamarem a polícia, mas eles se recusavam. Eles me mantiveram lá e só ficavam pedindo dinheiro." "Wang Ti é condenada à prisão perpétua por fraude. Diversos campeões olímpicos e estrelas do esporte foram enganados", *Anhui News*.

72 "Será que algum dia nos casaremos de Anna Delvey?": "Will We Ever Be Over Anna Delvey?", *W Magazine*, 4 de outubro de 2019.

72 "Em algum momento entre a Grande Recessão, que começou em 2008, e depois da terrível eleição de 2016": "The Fiends and the Folk Heroes of Grifter Season", *The New Yorker*, 5 de junho de 2018.

72 "Boa e velha trapaça": "Why Are We Suddenly Surrounded by 'Grift'?", *The New York Times Magazine*, 4 de dezembro de 2018.

72 "Espírito distintamente americano": "The Distinctly American Ethos of the Grifter", *The New York Times Style Magazine*, 12 de setembro de 2019.

74 "Não preciso mais mentir": "Wang Ti é condenada à prisão perpétua por fraude. Diversos campeões olímpicos e estrelas do esporte foram enganados", *Anhui News*.

74 "Não sei": "Diversos campeões olímpicos caíram no golpe da ex-namorada de Xiao Qin", *NetEase Sports*, 25 de dezembro de 2013. Traduzido por Irene Lo, acessado em 13 de novembro de 2019. Disponível em: http://sports.163.com/13/1225/08/9GU5IOFM00051C89.html?f=jsearch.

74 "Foi um dinheiro suado": "Wang Ti é condenada à prisão perpétua por fraude. Zou Kai: não vamos conseguir recuperar o dinheiro", *Sohu Sports*, 29 de dezembro de 2013. Traduzido por Irene Lo, acessado em 13 de novembro de 2019.

74 Condenada à prisão perpétua: "Revisão criminal para redução de pena no caso de fraude de Wang Ti", *China Judgments Online*, 8 de agosto de 2019. Traduzido por Irene Lo, acessado em 13 de novembro de 2019.

74 Um terrível acidente de carro que ela causara no início de 2010: "Ex-namorada de Xiao Qin comete fraude de 60 milhões. A maioria das vítimas é estrela do esporte", *Phoenix New Media*, 24 de dezembro de 2013. Traduzido por Irene Lo, acessado em 13 de novembro de 2019.

74 A data de soltura de Wang Ti está agendada: "Revisão criminal para redução de pena no caso de fraude de Wang Ti", *China Judgments Online*.

75 Depende de trabalhos de meio-período para se sustentar: "Campeão olímpico desaparecido por quatro anos por causa da fraude de 58 milhões da namorada agora é um gorducho levando uma vida deprimente", *Sohu*, 8 de outubro de 2019. Traduzido por Irene Lo, acessado em 13 de novembro de 2019. Disponível em: http://www.sohu.com/a/345411586_100078945.

AS ESPIRITUALISTAS

79 "Uma mulher tola": Reuben Briggs Davenport, *The Death-Blow to Spiritualism* (Nova York: G. W. Dillingham, 1888), p. 36.

80 Milhões de seguidores: Há certo debate sobre exatamente quantos seguidores o Espiritualismo Moderno alcançou no seu auge. Os próprios espiritualistas sempre tendem a estimar ter mais seguidores do que tinham de verdade. Atualmente se vê muitas pessoas citando "oito milhões" como o número de espiritualistas existentes no final dos anos 1800, mas céticos da época achavam esse número extremamente improvável. Ver Joseph McCabe, *Spiritualism, a Popular History from 1847* (Londres: T. Fisher Unwin Ltd., 1920), p. 64-66.

80 "Criancinhas inocentes": Davenport, *Death-Blow*, p. 36.

80 No começo de tudo [...] sequer uma maçã: Material introdutório tirado em grande parte de Tori Telfer, "The Female Persuasion", *The Believer*, p. 122, dezembro/janeiro, 2019.

80 1848 foi o ano perfeito: Para mais sobre como 1848 foi um ano perfeito, ver McCabe, *Spiritualism*, p. 9-26.

81 Dois mil psicógrafos: Ibid., p. 57.

82 Tocar o banjo: Ou bateria, acordeão, harpa, triângulo, violino, ou tamborim [...] Frank Podmore, *Modern Spiritualism: A History and a Criticism, Volume 1* (Londres: Methuen & Co., 1902), p. 247.

82 Vazias: Ann Braude, *Radical Spirits: Spiritualism and Women's Rights in Nineteenth-Century America* (Bloomington: Indiana University Press, 1989), p. 23-24.

82 "Roupas de linho limpas e arrumadas": George W. Hudson, *The Marriage Guide for Young Men* (Ellsworth, ME: publicado pelo autor, 1883), p. 116.

83 Pequena e destemida empregada: "Strange Record of Mrs. May S. Pepper, 'Medium'; Broken Homes and Bitter Enemies in her Former Haunts", *The Brooklyn Daily Eagle*, 15 de janeiro de 1905, p. 1.

83 Vestido novo [...] sobrinho: Kerry Segrave, *Women Swindlers in America, 1860–1920* (Jefferson, NC: McFarland, 2007), p. 15-16.

83 "Ele não era real": "Strange Record of Mrs. May S. Pepper", p. 1.

83 *Medicine*: Ibid., p. 5.

84 "Dons psíquicos": "Medium Owns to a Milkmaid's Past", *Los Angeles Herald*, 24 de janeiro de 1905, p. 7.

84 Falar ao telefone, montar um cavalo chamado Charley, comer doce: "Heard 'Bright Eyes' Over Telephone", *New York Times*, 28 de agosto de 1907, p. 4.

84 Depositar cheques: "Spirits Wouldn't Work in Court", *New York Times*, 7 de setembro de 1907, p. 4.

84 "Responsável por lares destruídos e vidas arruinadas": "While in Pulpit Her Life Exposé is Prepared", *The San Francisco Examiner*, 16 de janeiro de 1905, p. 4.

84 Dinheiro [...] casas: "'May Pepper' Dies in Boston", *Times Union*, 28 de abril de 1919, p. 2.

85 "FAROL": M. E. Cadwallader, *Mary S. Vanderbilt, a Twentieth Century Seer* (Chicago: The

85 Os desmascaramentos começaram: McCabe, *Spiritualism*, p. 63.

85 Meses com pernas ocas: Ibid.

86 Católicos irlandeses: Ibid., p. 32.

86 Elsie Reynolds [...] "rebatedores": Segrave, *Women Swindlers*, p. 9.

86 Reto: M. Brady Bower, *Unruly Spirits: The Science of Psychic Phenomena in Modern France* (Urbana: University of Illinois Press, 2010), p. 171.

87 "Parecida com uma orquídea": Baron von Schrenck-Notzing, *Phenomena of Materialisation*, traduzido por E. E. Fournier d'Albe (Londres: Kegan Paul, Trench, Trubner & Co. Ltd, 1923), p. 116.

87 "Introduzi o dedo do meio": Ibid., p. 84.

88 Servidão por contrato: O livro de Hattie é considerado ao menos parcialmente autobiográfico, motivo pelo qual historiadores pensam que Hattie veio de um passado de servidão por contrato antes de se tornar autora e magnata de cosméticos.

88 "Os piores humores": Anúncio em *Hartford Daily Courant*, 20 de junho de 1860, p. 1.

88 Enorme façanha: "First Black Author Published in 1859", *Democrat and Chronicle* (Rochester, NY), 11 de novembro de 1982, p. 5C.

89 Comunicar com o falecido pai: R. J. Ellis e Henry Louis Gates, "'Grievances at the Treatment She Received': Harriet E. Wilson's Spiritualist Career in Boston, 1868-1900", *American Literary History* 24, nº 2, 2012, p. 253.

89 "Médiuns estritamente genuínos, honestos e muito qualificados": Thomas R. Hazard, "The Philosophy and Phenomena of Modern Spiritualism", *The Watchman*, vol. 4, nº 6 (Chicago), fevereiro de 1884, p. 7.

89 "Espírito empreendedor e generosidade": "The Red Man's New Year", *Spiritual Scientist*, 14 de janeiro de 1875.

89 Muitos anos [...] sua morte: Ellis e Gates, "Grievances", p. 246-7, 250.

89 National Spiritualist Association of Churches: "National Spiritualist Association of Churches (NSAC)", *Encyclopedia of Occultism and Parapsychology*, Encyclopedia.com, acessado em 2 de novembro de 2019. Disponível em: https://www.encyclopedia.com/science/encyclopedias-almanacs-transcripts-and-maps/national-spiritualist-association-churches-nsac.

89 Médiuns negras frequentemente caíam no esquecimento: "Muitas médiuns negras, em especial as da classe trabalhadora, não deixaram documentos pessoais ou registros que documentassem sua vida pública e privada." LaShawn Harris, "Dream Books, Crystal Balls, and 'Lucky Numbers': African American Female Mediums in Harlem, 1900–1930s", *Afro-Americans in New York Life and History*, 35, nº 1, 2011, p. 74-110.

90 "Rastro de tristeza": Harry Houdini, *A Magician Among the Spirits* (Nova York: Harper & Brothers, 1924), p. 66.

90 Alegou ser a filha: "Diss Debar's Own Story", *New York Times*, 1º de maio de 1888, p. 8.

91 Tentou matar um médico: "Ann Odelia Diss de Bar [sic]: A Modern Female Cagliostro", *The Belleville Telescope*, 5 de dezembro de 1901, p. 7.

91 Manicômio: Houdini, *A Magician*, p. 69.

91 Puxou o cabelo de alguém [...] fingiu estar morta: Edmund Richardson, "Nothing's Lost Forever", *Arion*, 20, nº 2, 2012, p. 19-48.

91 Eleanor Morgan: "Like a Meteor", *Boston Daily Globe*, 2 de agosto de 1891, p. 1.

91 Vera P. Ava: "Ava or Diss Debar", *St. Louis Post-Dispatch*, 11 de dezembro de 1892, p. 25.

91 "Ordem do Mar de Cristal": "A Diet of Fruit and Nuts", *The Sun* (Baltimore, MD), 11 de novembro de 1898, p. 2.

92 Forçar Deus em pessoa a aparecer: Ibid.

92 Índia [...] África do Sul: "A Figure Not Laughable, But Terrible — DISS DEBAR — A Great Criminal with Grotesque Mask", *New York Times*, 5 de setembro de 1909, p. 47.

92 "Apenas um espetáculo jocoso": Ibid.

92 "Cavalheiro estrangeiro de 35 anos": Segrave, *Women Swindlers*, p. 27.

92 "Cristo de volta à Terra": "Only Perfect Man", *The Baltimore Sun*, 12 de outubro de 1901, p. 1.

92 "Na presença do Senhor": Segrave, *Women Swindlers*, p. 29.

93 "Qualquer revelação da verdade": "The 'Theocratic Community'", *Coventry Evening Telegraph*, 11 de outubro de 1901.

93 "Um tanto impotente": "Theocratic Unity; Horos and His Converts", *The Advertiser* (Adelaide, Austrália), 19 de novembro de 1901, p. 9.

93 "Toga de seda branca suja e enlameada": "Mere Child the Witness", *Boston Daily Globe*, 18 de outubro de 1901, p. 14.

93 "Tornou impossível" [...] "Monstra!": "Theocratic Unity; Horos and His Converts", *The Advertiser*.

94 "Vozes praticamente inaudíveis": Ibid.

94 "Da forma mais cruel": "Notes From London", *The Age* (Austrália), 15 de novembro de 1901, p. 7.

94 Detroit: "Notorious Woman Is Located", *Great Falls Tribune*, 14 de abril de 1907, p. 9; e Segrave, *Women Swindlers*, p. 32.

94 Nova Revelação: "Dis Debar [sic] Founds a New Cult Here", *New York Times*, 26 de agosto de 1909, p. 16.

94 Não comia carne: "Third Degree for Ann", *The Washington Post*, 29 de agosto de 1909, p. 11.

94 "Não preciso de apresentação": "Diss de Bar [sic] Lets Things Be Known", *Detroit Free Press*, 30 de agosto de 1909, p. 2.

94 "O paradeiro": "Master Crooks and Criminals Deluxe: Ann O'Delia Jackson, Reputed Daughter of King Louis of Bavaria and Lola Montez", *The Washington Post*, 16 de novembro de 1913, p. MT4.

95 "Vocês estão me levando para o inferno": Davenport, *Death-Blow*, p. 36.

95 No outono de 1888 [...] estalando os dedos no palco: A confissão de Maggie foi impressa em "Spiritualism Exposed", *New York World*, 21 de outubro de 1888.

96 "Explorei o desconhecido": Davenport, *Death-Blow*, p. 37.

96 2.500 integrantes: E-mail entre o autor e o secretário da NSAC, 25 de fevereiro de 2020.

96 Alguns jovens: "Meet the Young People Who Believe They're Communicating with the Dead", BBC.co.uk, 5 de março de 2019, acessado em 22 de fevereiro de 2020. Disponível em: https://www.bbc.co.uk/bbcthree/article/eabdc0ed-70c0-4af2-8295-96ebfc4dc613.

FU FUTTAM

99 Barra de 3 Musketeers: Lançado nos Estados Unidos em 1938, de acordo com Mars.com. "History in the Making", Mars.com, acessado em 5 de novembro de 2019. Disponível em: https://www.mars.com/about/history.

99 Um martini (recentemente legalizado): Recentemente legal porque a Lei Seca acabou em 5 de dezembro de 1933, baby!

99 Fu Futtam, iogue científica da Índia Oriental: Todos os anúncios dessa seção são dos classificados do *New York Amsterdam News*, 18 de outubro de 1933.

100 Bem ali em Nova York: George J. Lankevich, *New York City: A Short History* (Nova York: New York University Press, 2002), p. 163.

100 Nascera em Kingston, Jamaica: Registro de naturalização de Dorothy Matthews, 18 de maio de 1937. The National Archives and Records Administration; Washington, D.C., Petitions for Naturalization from the U.S. District Court for the Southern District of New York, 1897–1944, Series: M1972; Roll: 1242.

100 Japonês: Por mais que jornais da década de 1930 atribuam a descendência asiática de Fu a todo tipo diferente de país, ela mesma disse a jornalistas que seu avô paterno era japonês. Esse parece ser o relato mais confiável. "Sufi's Widow Tells of Contact with Dead Mate", *The Chicago Defender*, 22 de outubro de 1938, p. 3.

101 Chinesa: "A Bank Is Her Monument: She Led Business Parade Long Before Women's Lib", *Afro-American*, 14 de fevereiro de 1976, p. A6.

101 Todo mundo fingia: Claude McKay, escritora do Harlem Renaissance, passou algum tempo estudando os ocultistas do Harlem, e notou que a maioria alegava ter alguma conexão com o Oriente Médio ou a Ásia. Essa moda também é facilmente notada se olharmos qualquer anúncio de espiritualistas nos classificados da época.

101 "DE Larz, A Garota da Índia": Da seção de classificados do *New York Amsterdam News*, 18 de outubro de 1933.

101 "Tio moderadamente rico": "Widow Carries on Cult Leader's Work", *Philadelphia Tribune*, 20 de outubro de 1938, p. 2.

101 Aos 15 anos, ela emigrara: Registro de naturalização de Dorothy Matthews.

101 "Ver visões e sonhar sonhos": "Link Forbes Girl's Death with Spirits: Delves Into Mysticism", *New York Amsterdam News*, 5 de novembro de 1939, p. 5.

101 Morrera num acidente de carro: Ibid.

101 Rosa para felicidade celestial: Claude McKay, *Harlem: Negro Metropolis* (Nova York: Harcourt Brace Jovanovich, 1968), p. 76.

101 "Como viciados em drogas": Ibid.

101 "'milagreiros' de milagres modernos": "Million Dollar Take", *New York Amsterdam News*, 25 de maio de 1940, p. 13.

102 Salário decente: LaShawn Harris, "Dream Books, Crystal Balls, and 'Lucky Numbers': African American Female Mediums in Harlem, 1900–1930s", *Afro-Americans in New York Life and History*, 35(1), p. 74-110.

102 "Um dos poucos negócios que realmente prosperaram no Harlem": "Million Dollar Take," *New York Amsterdam News*.

102 A mais bem-sucedida: "Madame Fu Futtam Is the Top-Ranking Occultist". McKay, *Harlem*, p. 79.

102 "Tão universalmente lidos no Harlem quanto a Bíblia": "Million Dollar Take," *New York Amsterdam News*.

102 *Madam Fu-Fu's Lucky Number Dream Book*: É possível ver a capa on-line em https://www.luckymojo. com/madamfufusdreambook.html. Acessado em 5 de novembro de 2019.

102 O ritual todo deve ser feito [...] "queimando as velas sagradas de Madame Fu Futtam": "Million Dollar Take," *New York Amsterdam News*.

102 "Voluptuosa autora de livros dos sonhos": "Mme. Fu Futtam Wed to Sufi Adul [sic] Hamid", *New York Amsterdam News*, 23 de abril de 1938.

102 "Uma jovem e atraente espiritualista": "Madame Talks of Sufi", *New York Amsterdam News*, 20 de novembro de 1937, p. 1.

102 "Madame Fu Futtam, a cristalomante": "'[...] he done her wrong': Stephanie Puts Finger on Sufi", *New York Amsterdam News*, 28 de outubro de 1939, p. 15.

103 Stephanie era uns dez anos mais velha que Fu: O passado de Stephanie foi tirado de *The World of Stephanie St. Clair: An Entrepreneur, Race Woman and Outlaw in Early Twentieth Century Harlem*, de Shirley Stewart (Nova York: Peter Lang Publishing Inc., 2014).

103 60% da vida econômica do Harlem: "The Black Mafia Moves Into the Numbers Racket", *New York Times*, 4 de abril de 1971.

104 Se aposentara do jogo milionária: "Harlem Romance", *Afro-American*, 25 de julho de 1936, p. 13.

104 "A história de Sufi Abdul Hamid e Madame Stephanie St. Clair": "'[...] he done her wrong': Stephanie Puts Finger on Sufi", *New York Amsterdam News*.

104 Nascido Eugene Brown: Sufi nasceu ou em Lowell, MA, ou na Filadélfia, PA. É claro que, em se tratando de Sufi, ele queria alegar um local de nascimento mais empolgante; daí o boato sobre o Egito. *Encyclopedia of the Harlem*

Renaissance, Volume 1and 2, A–Z, editado por Cary D. Wintz e Paul Finkelman (Nova York: Routledge, 2004).

104 "Sufi Abdul Hamid": O passado de Sufi foi tirado de *Harlem,* de McKay, p. 185.

104 Brancos desempregados de toda a cidade: Ibid., p. 188.

105 "Eu não conseguia me imaginar colaborando com os nazistas": Ibid., p. 203.

105 "Cabeça quente": Winston McDowell. "Race and Ethnicity During the Harlem Jobs Campaign, 1932–1935", *The Journal of Negro History,* 69, nº 3/4, 1984, p. 140.

105 Rapidamente se apaixonaram: "'[...] he done her wrong': Stephanie Puts Finger on Sufi", *New York Amsterdam News.*

105 Os dois se casaram secretamente: "Sufi-St. Clair 99-Yr. Marriage by Contract, Off: Ex-Numbers Queen Declares They Have Been Apart 4 Weeks", *Afro-American,* 4 de dezembro de 1937, p. 1.

105 "Viabilidade do plano": "Madame Talks of Sufi", *New York Amsterdam News.*

105 "Como fazem no continente": "'[...] he done her wrong': Stephanie Puts Finger on Sufi," *New York Amsterdam News.*

105 Um apostador. Um malandro: Ibid.

106 Auspicioso negócio do livro dos sonhos: "Bride, 3 Months, Urged Sufi on to Death Flight: But Dream Book Lady Predicts He'll 'Rise' in 90 Days", *Afro-American,* 6 de agosto de 1938, p. 3.

106 Procurou os jornais espumando de raiva: A história de Stephanie pode ser encontrada em "Sufi Wooed St. Clair in 'Darkened Room': Ardent Lover Changed Over Into Mad Mate", *New York Amsterdam News,* 29 de janeiro de 1938, p. 3.

106 Empresa de fertilização: "Madame Talks of Sufi", *New York Amsterdam News.*

106 "Aquela mulher é louca": Ibid.

106 "Ele só estava 'trapaceando' minha confiança": "Sufi Wooed St. Clair in 'Darkened Room': Ardent Lover Changed Over Into Mad Mate", *New York Amsterdam News.*

107 Bang, bang, bang: "Mme. Sufi Up for Sentence", *New York Amsterdam News,* 19 de março de 1938, p. 1.

107 Dois a dez anos: "Mme. Fu Futtam Wed to Sufi Adul [sic] Hamid", *New York Amsterdam News,* 23 de abril de 1938, p. 5.

107 "Esses dois deviam realmente pegar os espíritos de surpresa": Ibid.

107 Distribuindo um livro de números da sorte customizado: Ibid.

107 "Ele era tão gentil, tão verdadeiro": "Sufi's Pilot Told to Get More Gas", *Afro-American,* 6 de agosto de 1938, p. 3.

107 "Negócio mais tranquilo de pregador do misticismo oriental": McKay, *Harlem,* p. 79-80.

108 "Depois de oito anos de conflito e luta": "Seek Sufi's Fortune as Followers Begin Fight Over Cult: Pick Carter to Succeed Sufi", *New York Amsterdam News,* 6 de agosto de 1938, p. 1.

108 "A VIDA É UM PROBLEMA?": Anúncio em *New York Amsterdam News*, 28 de maio de 1938, p. 17.

108 Rezava a lenda de que Fu investira: "Sufi Opens Rival 'Heaven'", *New York Amsterdam News*, 16 de abril de 1938, p. 1.

108 O Templo abriu suas portas no dia de Páscoa: A história da cerimônia de abertura do Tempo é de "Bishop Sufi A.A.M.M.S.A.H. Unveils His Universal Buddhist Holy Temple to Public", *New York Amsterdam News*, 23 de abril de 1938, p. 5.

109 "De repente, sem qualquer causa aparente, ela se apagou": As premonições de Sufi vêm de "Sufi's Pilot Told to Get More Gas", *Afro-American*, 6 de agosto de 1938, p. 3.

109 Planejava voar direto para o Egito: "Sufi's Widow in Memorial", *New York Amsterdam News*, 26 de agosto de 1939, p. 2.

109 Voltou a desabar no chão, morto: "Cult Leader and Pilot Die in Crash", *New Journal and Guide*, 6 de agosto de 1938, p. 1.

109 Vestido vermelho: "Sufi's Pilot Told to Get More Gas," *Afro-American*.

110 Voltaria dos mortos em noventa dias: "'Sufi' Cult God Killed", *Afro-American*, 6 de agosto de 1938, p. 1.

110 "Meio-sorriso inescrutável" [...] "Ela nasceu sorrindo": "Old Hymns Stir Sufi Mourners", *Afro-American*, 13 de agosto de 1938, p. 6.

110 "Harlem estava prestes a ter sua primeira profeta negra": "Harlem to Have Black Prophetess",

Star-Phoenix (Saskatoon, Saskatchewan, Canadá), 1º de agosto de 1938, p. 1.

110 "O povo do Harlem quer saber": "Mme. Fu Futtam Slipped Up on Forecasting Doom of Sufi", *New York Amsterdam News*, 6 de agosto de 1938, p. 1.

110 "Tranquilidade! Isso é a Luz": "Sufi Hamid Successor Is Picked", *New York Amsterdam News*, 7 de janeiro de 1939, p. 2.

110 "Como entrar em contato com forças ocultas da alma": De um anúncio no *New York Amsterdam News*, 22 de outubro, 1938, p. 23.

110 "Mãezinha da Devoção Silenciosa": "Widow Carries on Cult Leader's Work", *Philadelphia Tribune*, 20 de outubro de 1938, 2.

111 Seu motorista confirmou: "Mme. Fu Futtam 'Talks' with Dead Hubby, Sufi", *New York Amsterdam News*, 15 de outubro de 1938, p. 7.

111 "Antes de Eva existir, existia 'Ela'": "Sufi's Widow in Memorial", *New York Amsterdam News*, 26 de agosto de 1939, p. 2.

111 "É bem possível que o rapaz": "Link Forbes Girl's Death with Spirits: Delves Into Mysticism", *New York Amsterdam News*, 25 de novembro de 1939, p. 5.

112 Ela usou um longo véu no tribunal: "Sufi's Widow Jailed for Fraud", *New York Amsterdam Star-News*, 22 de março de 1941, p. 1.

112 "Missão": "Delay Hearing in Case of Mme. Futtam, Sufi's Widow", *New York Amsterdam Star-News*, 29 de março de 1941, p. 1.

112 Misteriosamente retiradas: "Error Revealed in Hamid Story",

New York Amsterdam Star-News, 31 de outubro de 1942, p. 5.

112 A loja foi um enorme sucesso: "Old Egyptian Secrets Told in New Dorothy Hamid Book", *The New York Age*, 20 de agosto de 1949, p. 10.

112 Flight to Power: Ibid.

112 "Loja religiosa de Fu Futtam": "'Flight to Power', 'Dream Book' Pub. by Fu Futtam's Religious Shop", *The New York Age*, 8 de abril de 1950, p. 10.

112 "Green card do Guia de espelhos de Fu Futtam": De anúncio do *The New York Age*, 11 de dezembro de 1954, p. 21.

112 Era possível comprar sua mercadoria em lojas religiosas: "'Flight to Power', 'Dream Book' Pub. by Fu Futtam's Religious Shop," *The New York Age*.

113 Leitura gratuita com $3 em compras: Um dos últimos anúncio de Fu Futtam, até onde sabemos, do *New York Amsterdam News*, 6 de agosto de 1966, p. 42.

113 Dorothy Hamid: Ancestry. com, U.S., *Social Security Death Index*, 1935-2014 [base de dados on-line]. (Provo, UT: Ancestry.com Operations Inc., 2014).

ROSE MARKS

115 Pseudônimos: "Colorful Testimony Kicks Off Psychic Trial", *South Florida Sun Sentinel*, 29 de agosto de 2013, p. 1.

115 Uma lojinha de rua, toda iluminada: Descrição da loja de Manhattan de Rose tirada de EUA *v.* Marks, Transcrição dos Processos do Julgamento do Júri, Vol. 3, pg. 70, 28 de agosto de 2013 e Vol. 7, p. 32, 4 de setembro de 2013.

116 Um dos bairros mais chiques de Nova York: O endereço preciso, caso você tenha interesse em passar na frente algum dia, era 21 W. 58th St., Nova York, NY.

116 Bracelete: Charlie Stack (ex-detetive da Polícia de Fort Lauderdale, Unidade de Investigações de Fraude), entrevistado por Tori Telfer, 19 de março de 2019.

116 Sacrifício humano: EUA *v.* Marks, Transcrição dos Processos do Julgamento do Júri, Vol. 3, p. 129-130, 28 de agosto de 2013.

116 Tem um caixa eletrônico do outro lado da rua: A descrição do que aconteceu na Joyce Michael Astrologia foi retirada das declarações de abertura do julgamento de Rose pelo procurador adjunto dos Estados Unidos Roger H. Stefin. Ibid., p. 8-23, 28 de agosto de 2013.

116 3 de maio, 1951: Ancestry. com, *U.S. Public Records Index, 1950-1993, Volume 2* [base de dados on-line] (Provo, UT: Ancestry.com Operations, Inc., 2010).

117 Outras habilidades: Michael Marks (filho de Rose Marks), entrevistado por Tori Telfer, 7 de julho de 2019.

117 Esse casamento não deu certo: Ibid.

117 Rose assumiu o papel de principal provedora: Nas palavras do advogado de Rose, Fred Schwartz: "Mas eu não acho que haja dúvida, pelos livros que lemos, pelas informações sobre a cultura Romani, de que ela seja uma cultura patriarcal [...] No fim das contas, são os homens que tomam as decisões, que controlam onde lojas serão abertas, quais membros da família trabalharão em qual loja em particular e coisa desse tipo. E esse era o caso com Rose e o marido, Nicholas, até que ele morresse em 2006." EUA *v.* Marks, Audiência de Sentença, pg. 21, 3 de março de 2014.

117 Nem oportunidade para tal, também: Exceto que seja indicado algo diferente, as informações sobre o passado de Rose foram tiradas de "Psychic Accused in $25 Million Fraud Says She Is Portrayed 'as Some Kind of Monster'", *South Florida Sun-Sentinel*, 29 de dezembro de 2012.

117 As mulheres da família trabalhavam enquanto os homens supervisionavam: EUA *v.* Marks, Transcrição dos Processos do Julgamento do Júri, Vol. 3, p. 7, 28 de agosto de 2013.

118 Joias: Ibid., Vol. 4, p. 20, 41, 58-59, 29 de agosto de 2013.

118 "Quando eu a conheci, ela mal sabia ler": Fred Schwartz (advogado de defesa de Rose Marks), entrevistado por Tori Telfer, 1º de março de 2019.

118 Valores cinco, dez, quinze vezes mais altos: Em uma ocasião, sua nora estava pedindo a um cliente somas de 9 e 24 mil dólares; quando Rose interveio, ela convenceu o cliente a lhe transferir 370 mil dólares. EUA *v.* Marks, Transcrição dos Processos do Julgamento do Júri, Vol. 6, p. 20, 3 de setembro de 2013.

118 "Rose tinha um conhecimento muito vasto": Ibid., Vol. 5, p. 81, 30 de agosto de 2013.

118 "Ela era muito boa no que fazia": Ibid., Vol. 8, p. 23, 6 de setembro de 2013.

119 "Era mais do que depressão": Os detalhes da vida de Jude Deveraux, inclusive essa citação, foram tirados de seu testemunho em Ibid., vol. 10, p. 71-160, 10 de setembro de 2013.

119 "Nunca tinha visto um ser humano tão furioso": Ibid., p. 89.

119 Rose contratara um detetive particular: Ibid., vol. 8, p. 119, 6 de setembro de 2013.

120 Um divórcio tranquilo: "Novelist Says She Faced Threats", *South Florida Sun Sentinel*, 12 de setembro de 2013, p. 8A.

120 Modestos 1.200 dólares: "Author Writes Off Lost Money", *South Florida Sun Sentinel*, 13 de setembro de 2013, p. 2B.

120 Remédios, álcool e jogos de azar: EUA *v.* Marks, Audiência de Sentença, p. 53, 3 de março de 2014.

120 Tornou-se cliente regular do Seminole Hard Rock Casino: "Novelist Says She Faced Threats", *South Florida Sun Sentinel*, 12 de setembro de 2013, p. 8A.

120 Vivia irritada: Michael Marks (filho de Rose Marks), entrevistado por Tori Telfer, 7 de julho de 2019.

120 Uma "apostadora patológica": Fascinantemente, o *DSM-IV* inclui "já cometeu atos ilegais como [...] fraude [...] para sustentar o vício em apostas". Essa parte foi deixada de fora no *DSM-5*. Substance Abuse and Mental Health Services Administration, Impact of the DSM-IV to DSM-5 Changes on the National

Survey on Drug Use and Health [Internet] (Rockville, MD: Substance Abuse and Mental Health Services Administration (US), 2016), Table 3.38, DSM-IV to DSM-5 Gambling Disorder Comparison. Disponível em: https://www.ncbi.nlm.nih.gov/books/NBK519704/table/ch3.t39/.

120 **"Perdi controle sobre tudo":** EUA *v.* Marks, Audiência de Sentença, p. 61, 3 de março de 2014.

120 **"Ia para a rua abordar clientes":** Ibid., p. 23, 3 de març de, 2014.

121 **"Talvez o F.D.P. mais durão que eu já conheci":** "In Fortune Teller Probe, Fort Lauderdale Cop Emerges as a Tough But Gentle Hero", *South Florida Sun Sentinel*, 24 de agosto de 2011.

122 **"Pinkey":** "Jailed South Florida 'Psychic' has Written a Book in Prison but Profits Will Go to Her Victims", *South Florida Sun Sentinel*, 7 de abril de 2017.

122 **100 mil dólares em um único mês:** "Jurors Weigh 'Psychic' Case", *South Florida Sun Sentinel*, 26 de setembro de 2013, p. 7A.

122 **A procuradora britânica:** "Widow: I Paid Psychic for Hope", *South Florida Sun Sentinel*, 3 de setembro de 2013, p. 1A e 7A.

122 **Japonesa [...] turco:** "Last of Psychic Fraud Family Gets 31/2 Years", *South Florida Sun Sentinel*, 29 de março de 2014, p. 9A.

123 **A americana:** "Psychics Took Advantage of Woman, Says Ex-Husband", *South Florida Sun Sentinel*, 29 de agosto de 2011, p. 1A e 6A.

123 **"Cinco é o seu número":** EUA *v.* Marks, Transcrição dos Processos do Julgamento do Júri, vol. 9, p. 32, 11 de setembro de 2013.

123 **Não comente isso com ninguém:** Ibid., vol. 3, p. 18, 28 de agosto de 2013.

123 **"Calma, calma, você está ficando histérica":** Ibid., vol. 4, p. 150, 29 de agosto de 2013.

123 **Sua vida seria arruinada:** Todas as mulheres da família Marks usavam a mesma retórica. Durante o julgamento, uma das vítimas citou a seguinte frase de Nancy Marks: "Não aposte com a sua vida [...] sua vida será destruída se você não continuar". Ibid., vol. 3, p. 80-81, 28 de agosto de 2013.

123 **Vale-presentes:** Ibid., vol. 5, p. 3-4, 30 de agosto de 2013.

123 **Relógio:** Ibid., vol. 4, p. 146, 29 de agosto de 2013.

123 **Suposta alma gêmea acabou na cama com outra mulher:** Ibid., vol. 7, p. 130, 4 de setembro de 2013.

123 **"Sacrificar":** Ibid., vol. 6, p. 160, 3 de setembro de 2013.

123 **"O Arcanjo Miguel":** "Three 'Psychics Admit Fraud", *South Florida Sun Sentinel*, 10 de março de 2013, p. B3.

124 **As médiuns nunca sabiam distinguir a verdade da mentira:** Exceto indicado algo diferente, a informação de toda essa seção veio de Charlie Stack (detetive aposentado da Polícia de Fort Lauderdale), entrevistado por Tori Telfer, 19 de março de 2019.

124 **Voltara a sonhar com suicídio:** EUA *v.* Marks, Audiência de Sentença, p. 15, 3 de março de 2014.

124 **"Ele vale milhões de dólares agora":** EUA *v.* Marks, Transcrição dos Processos do Julgamento do Júri, vol. 10, p. 93, 10 de setembro de 2013.

125 Ela participou de todo o processo de inseminação artificial da autora: EUA *v*. Marks, Audiência de Sentença, p. 37, 3 março de 2014.

125 Teve um filho: Obituário de Sam Alexander Montassir, *The Washington Post*, 8 de outubro de 2005.

125 "Talvez eu possa dar uma fugida para te encontrar": EUA *v*. Marks, Transcrição dos Processos do Julgamento do Júri, Vol. 4, p. 82, 29 de agosto de 2013.

125 "Me pergunto se deveria continuar a ligar": "Author Writes Off Lost Money", *South Florida Sun Sentinel*, 13 de setembro de 2013, p. 2B.

126 Pescar e caçar: Obituário de Sam Alexander Montassir, *The Washington Post*, 8 de outubro de 2005.

126 O motorista do caminhão, que avançava a quase cem quilômetros por hora, sequer chegou a vê-lo: A história da morte de Sam foi tirada de EUA *v*. Marks, Transcrição dos Processos do Julgamento do Júri, vol. 10, p. 115-116, 10 de setembro de 2013.

126 Rose organizou o funeral: EUA *v*. Marks, Audiência de Sentença, p. 38, 3 de março de 2014.

126 Chorando posição fetal: EUA *v*. Marks, Transcrição dos Processos do Julgamento do Júri, vol. 10, p. 117, 10 de setembro de 2013.

127 "Foi como se alguém tivesse me acertado com um martelo": Ibid., p. 127, 10 de setembro de 2013.

128 Clarividência por si só não é ilegal: Do julgamento de Rose: "Clarividência por si só [...]

não é ilegal. Ler mãos ou cartas de tarô em troca de pagamento não é crime. No entanto, torna-se um crime se as pessoas são enganadas ou iludidas para entregar grandes somas de dinheiro sob falsos pretextos." Ibid., vol. 3, p. 7, 28 de agosto de 2013.

128 "Perverso o suficiente para me fazer soltar um: 'uau!'": "Operation Crystal Ball: Gullibility in Astrology, Ponzis", *South Florida Business Journal*, 17 de agosto de 2011.

128 "O incêndio, o incêndio de 11 de setembro": EUA *v*. Marks, Transcrição dos Processos do Julgamento do Júri, vol. 18, p. 54, 25 de setembro de 2013.

129 "Moedas de ouro": De "DENÚNCIA contra Rose Marks [...]" ajuizada em 11 de agosto de 2011.

129 Milhões de dólares como indenização: "Woman Gets Four Years in Scam", *The Palm Beach Post*, 14 de janeiro de 2014, p. B2.

129 "É ridículo": EUA *v*. Marks, Audiência de Sentença, p. 19, 3 de março de 2014.

129 "Eu fazia tudo o que Joyce Michael me pedisse": EUA *v*. Marks, Transcrição dos Processos do Julgamento do Júri, vol. 3, p. 133, 28 de agosto de 2013.

129 "Eu estava fazendo coisas que não faço normalmente": Ibid., vol. 9, p. 24, 11 de setembro de 2013.

130 Se esforçando para respirar: "'Psychic' Gets 10 Years for Fleecing Millions from Clients", *South Florida Sun Sentinel*, p. 6A.

130 "Envelhecemos juntos": EUA *v*. Marks, Audiência de Sentença, p. 61, 3 de março de 2014.

130 "Acho que ela provavelmente começou a fazer promessas para os clientes": Michael Marks (filho de Rose Marks), entrevistado por Tori Telfer, 7 de julho de 2019.

131 "Os delitos dos quais a acusam sempre foram parte intrínseca de nossa cultura": Carta das famílias Marks e Eli para o juiz Marra, 16 de junho de 2016.

131 Inspirou a escrever seu próprio: "Jailed 'Psychic' Isn't Reading Minds, but Writing Book", *South Florida Sun Sentinel*, 9 de abril de 2017, p. 18A.

131 Arte do boxe: EUA *v.* Marks, Transcrição dos Processos do Julgamento do Júri, vol. 11, p. 16, 11 de setembro de 2013.

131 "Quando uma coisa horrível acontece comigo": "FAQ", judedeveraux.com, acessado em 5 de novembro de 2019. Disponível em: https://judedeveraux.com/faq/.

132 "Médiuns são os novos coaches do bem-estar": "Psychic Mediums Are the New Wellness Coaches", *New York Times*, 19 de março de 2019.

132 "Mercado de serviços místicos": "Venture Capital Is Putting Its Money Into Astrology", *New York Times*, 15 de abril de 2019.

132 "É meio como... a máfia": Michael Marks (filho de Rose Marks), entrevistado por Tori Telfer, 7 de julho de 2019.

AS ANASTASIAS

137 Baioneta: Greg King e Penny Wilson, *The Resurrection of the Romanovs: Anastasia, Anna Anderson, and the World's Greatest Royal Mystery* (Nashville: Turner Publishing Company, 2010), p. 7.

137 Berliner Illustrirte Zeitung: Essa era a edição de 23 de outubro de 1921.

138 Ficou vermelha e começou a tremer: King e Wilson, *Resurrection*, p. 88.

138 "A origem de toda a travessura": Robert K. Massie, *The Romanovs: The Final Chapter* (Nova York: Random House, 1995), p. 166.

138 "Ela era uma verdadeira gênia em sua traquinagem": King e Wilson, *Resurrection*, p. 23.

139 "Solo fértil": Massie, *Final Chapter*, p. 144.

139 Depois *centenas*: "Кто тут в цари последний?", *Nasha Versia*, 23 de julho de 2018.

139 Uma Anastásia […] a expôs: Para mais sobre as impostoras de 1918 (por mais que saibamos pouquíssimo sobre elas), ver King e Wilson, *Resurrection*, p. 71.

139 Um mundo desesperado por finais felizes: Ibid., p. 2.

140 Ela tinha antepassados nobres: Ibid., p. 269.

140 Se encolhendo com um livro em algum canto: Ibid., p. 274.

140 Incesto: Ibid., p. 274.

140 "Alguém grandioso, alguém importante": Ibid., p. 287.

141 Ele deixou cicatrizes: Ibid, p. 285.

142 "Meu lado racional não consegue entender": Massie, *Final Chapter*, p. 173.

142 "Vi imediatamente que ela não poderia ser uma de minhas sobrinhas": Ibid., p. 167.

142 Princesa Herdeira Cecília: Trechos de Massie, *Final Chapter*, p. 168.

142 "Não há a mais remota semelhança": King e Wilson, *Resurrection*, p. 162.

142 Ela não se parecia com Anastásia: Isso é observado no livro de Pierre Gilliard, *The False Anastasia*, citado em Massie, *Final Chapter*, p. 175.

142 Missas russas ortodoxas: King e Wilson, *Resurrection*, p. 155.

143 Estudando fotografias: Ibid., p. 95.

143 Continuaram acreditando: De King e Wilson: "A realidade do 'desmascaramento' sumiu diante do desejo, ignorada, distorcida e desprezada por seus apoiadores até ser reduzida a um absurdo, uma simples nota de rodapé em sua história." Ibid., p. 314.

143 "Asfaltaria as ruas": Massie, *Final Chapter*, p. 169.

144 "Era difícil morar com ela": "Former Chicagoan Lays Claim as Grand Duchess Anastasia", *Chicago Tribune*, 26 de agosto de 1963, p. 14, seção 2.

144 Robert Speller and Sons [...] ela era Anastásia: "Despite Skeptics, Newport's Anastasia Clung Quietly to Her Story", *Providence Journal-Bulletin* (Rhode Island), 16 de fevereiro de 1997.

145 Explodiu de raiva: King e Wilson, *Resurrection*, p. 239.

145 A matéria não tinha um tom totalmente positivo: Todos os detalhes do artigo da revista *Life* podem ser encontrados em, bem, "The Case for a New Anastasia", revista *Life*, 18 de outubro de 1963, p. 104ª-112.

145 Alexei tinha sido morto: Massie, *Final Chapter*, p. 159.

145 Estavam cheios de lágrimas: "The Case for a New Anastasia", p. 112.

146 Nikolai Sokolov: Massie, *Final Chapter*, p. 18.

146 A maioria das pessoas: Ibid, p. 11.

146 "Identificamos partes de nada menos do que nove corpos": "Soviet Writer Tracks His Greatest Mystery", *The Philadelphia Inquirer*, 8 de maio de 1989, p. 10-A.

147 "Tão terrivelmente danificados": Massie, *Final Chapter*, p. 41.

147 Reclamação dos vizinhos: King e Wilson, *Resurrection*, p. 244.

147 Em pouco tempo estava transbordando: Ibid., p. 249.

148 "Annie Apple" [...] vinho: "Anastasia: The Mystery Resolved", *The Washington Post*, 6 de outubro de 1994.

148 "Talvez eu não seja eu": King e Wilson, *Resurrection*, p. 248.

148 Ninguém fora assassinado: Ibid., p. 251.

148 "Tenho certeza de que, no fim na vida": "Anastasia: The Mystery Resolved", *The Washington Post*, 6 de outubro de 1994.

148 "Sã, apesar de extremamente tensa": King e Wilson, *Resurrection*, p. 296.

148 "Transtorno de personalidade borderline [...] improvável que ela fosse de fato clinicamente insana": Ibid., p. 283-4.

149 "Ninguém acreditava": "Final Verdict: The Legend of Anastasia Will Not Die", *Chicago Tribune*, 12 de novembro de 1995, seção 7, p. 22.

149 "Uma bobagem sem sentido": "Service Held for Eugenia Smith, Who Said She Was Czar's Daughter", *The Boston Globe*, 17 de fevereiro de 1997, p. F15.

149 Testes de DNA confirmaram que aqueles eram os ossos: Michael D. Coble, Odile M. Loreille, Mark J. Wadhams, et al. "Mystery Solved: The Identification of the Two Missing Romanov Children Using DNA Analysis." *PLoS ONE*, 4, nº 3, 2009, e4838. Disponível em: https://doi.org/10.1371/journal.pone.0004838.

149 Atirou em seu peito: Fontes discordam em alguns detalhes exatos da execução. Por exemplo, alguns dizem que o czar levou um tiro no rosto, ou que Alexei foi a última criança a morrer, ou que Yurovsky leu uma declaração ligeiramente diferente. E, como seria de se esperar, múltiplos homens tentaram reivindicar a honra de ter matado o czar — não só Yurovsky. É claro que a narrativa geral é consistente: sabemos que todos foram mortos, e que o evento foi horrivelmente macabro. Construí essa cena em grande parte a partir de *The Romanovs: 1613–1918*, de Simon Sebag Montefiore (Nova York: Alfred A. Knopf, 2016), p. 647-648.

150 Esmurrar seus rostos: King e Wilson, *Resurrection*, p. 330.

150 Vomitar: Montefiore, *The Romanovs*, p. 649.

151 "Avó filipina": "Filipino's Grandmama Could Be Russia's Anastasia", *Inquirer.net*, 13 de maio de 2012.

151 Franziska fora mesmo Anastásia desde o começo: "Did Grand Duchess Anastasia Survive the Bolshevik Bullets? Explosive New Book Claims Fresh Evidence Shows the Russian Princess Really DID Escape to the West", *Daily Mail*, 2 de março de 2014.

151 "Genealogista amador": "Anastasia Again", *NewportRI.com*, 9 de julho de 2018.

151 "Eugenia também era uma artista de mão cheia": "Anastasia or Imposter? Local Author Digs Deeper", *Times Union* (Albany, NY), 29 de maio de 2018.

151 "As pessoas buscam acontecimentos extraordinários": "Anastasia: The Mystery Resolved", *The Washington Post*, 6 de outubro de 1994.

ROXIE ANN RICE

153 Pseudônimos: Mrs. Kenneth Houston, de tenente Frank Burns, Comandante, Divisão de Assalto e Violação de Domicílio, Departamento de Polícia Metropolitana, Cidade de St. Louis, Relatório Policial, 1º de janeiro de 1975, Queixa #2982. Dr. Andiza Juzang, de "Girl Says She Was Sports Drug Courier", *St. Louis Post-Dispatch*, 22 de janeiro de 1975, p. 1E. Roxie Ann Christian, Roxie Houston e Lara Borga, de "Woman Extradited to Face Charges", *Albuquerque Journal*, 28 de novembro de 1975, p. E-8. Roxanne A. Harris, de "Woman Admits Posing as M.D.", *Buffalo Courier-Express*, 3 de dezembro de 1978.

154 Nem sabia de verdade onde Gana ficava: "Drug Case Shakes

Gridders", *Chicago Defender*, 23 de janeiro de 1975.

155 Não fazia sentido: Todos os detalhes do encontro entre Rick Forzano e "Dra. Andiza Juzang" de "Laughter Dwindles in NFL Over Roxie's Story", *St. Louis Post-Dispatch*, 23 de janeiro de 1975, p. 1C.

155 Roxie nasceu: Data de nascimento do relatório policial do tenente Frank Burns. A não ser que seja indicado algo diferente, todo o passado de Roxie veio de "Roxie Ann Rice a Good Student, Mother Recalls", *St. Louis Post-Dispatch*, 26 de janeiro de 1975.

155 Convencer uma moradora local: "Woman Extradited to Face Charges", *Albuquerque Journal*.

155 Engravidou: "Background of Alleged NFL Drug Courier Obscure", *The Daily Capital News* (Jefferson City, Missouri), 25 de janeiro de 1975, p. 8.

155 Troca de tiros: "Roxie's Mother Saddened by Pro Grid Drug Caper", *Kansas City Star*, 26 de janeiro de 1975, p. 4S.

156 Negros do país quebravam recordes a torto e a direito: "African-American History Timeline: 1970 to 1979", ThoughtCo.com, 2 de julho de 2019, acessado em 4 de novembro de 2019. Disponível em: https://www.thoughtco. com/african-american-history-timeline-1970-1979-45445

156 Fred Christian: História de Fred Christian de "Roxie Regarded as Hollywood Material", *St. Louis Post-Dispatch*, 24 de janeiro de 1975, p. 2C e "No 'French Connection' Here [...]", *Beckley*

Post-Herald e Raleigh Register, edição combinada de domingo, 2 de fevereiro de 1975, p. 24.

159 Pedira demissão: "Roxie Ann Rice a Good Student, Mother Recalls", *St. Louis Post-Dispatch*.

160 Cartão de crédito de Ken Houston: Detalhes do encontro de Roxie com Hugh Robnett do relatório policial do tenente Frank Burns.

160 Seu cartão de crédito: "Houston Player Says Miss Rice Stayed with Him", *Kansas City Star*, 23 de janeiro de 1975, p. 19.

161 Roxie disse a eles que, no mês de setembro anterior: A história de Roxie, como consta do relatório policial de 39 páginas, em "Roxie's Story — Fact or Fiction?", *The Press Democrat* (Santa Rosa, Califórnia), 24 de janeiro de 1975, p. 31, e "19-Year-Old Girl Gives Names, Etc., Tells of NFL Drug Ring", *Mt. Vernon Register-News*, 22 de janeiro de 1975, p. 1-C.

163 A risada morreu: "Laughter Dwindles in NFL Over Roxie's Story," *St. Louis Post-Dispatch*, 23 de janeiro de 1975, p. 1C.

163 "Ela parecia muito interessada em poluentes aquáticos": "Houston Player Says Miss Rice Stayed with Him", *Kansas City Star*, 23 de janeiro de 1975, p. 19.

163 Privilégios de imprensa: "Roxie: From Fat and Unwed to Mysterious and Famous", *Beckley Post-Herald and Raleigh Register*, edição combinada de domingo, 26 de janeiro de 1975, p. 29.

163 "Caí no papo dela": "Roxie Finds No Defense in NFL's Security",

Cumberland Evening Times, 23 de janeiro de 1975, p. 19.

164 **"Material o suficiente para justificar uma investigação em larga escala":** "Government Scrutinizes Drug Story", *New York Times*, 24 de janeiro de 1975, p. 22.

164 **San Diego Chargers:** "Roxie Rice [...] Is She Telling the Truth About NFL?", *Kansas City Star*, 23 de janeiro de 1975, p 17.

164 **"Digna de Hollywood":** "Roxie Regarded as Hollywood Material", *St. Louis Post-Dispatch*, 24 de janeiro de 1975, p. 2C.

164 **Esse mistério sinistro:** "No 'French Connection' Here [...]", *Beckley Post-Herald and Raleigh Register*, edição combinada de domingo, 2 de fevereiro de 1975, p. 24.

164 **"Ela é uma garota inteligente":** "Roxie Ann Rice a Good Student, Mother Recalls", *St. Louis Post-Dispatch*, 26 de janeiro de 1975.

165 **"Histeria sociopata":** "Girl in Drug Quiz Reportedly Cuts Her Wrist„ *Chicago Tribune*, 27 de janeiro de 1975, p. 6.

165 **Fiança:** "Roxie Rice Free on Bail", *The Kansas City Times*, 1º de fevereiro de 1975, p. 1D.

165 **"Foram eles que mandaram":** "No 'French Connection' Here [...]", *Beckley Post-Herald and Raleigh Register*, edição combinada de domingo, 2 de fevereiro de 1975, p. 24.

165 **"Inocentes":** "Players Cleared in Rice Probe", *St. Louis Post-Dispatch*, 7 de fevereiro de 1975.

165 **"Fazendo tudo sozinha":** "Roxie Called 'Con Woman'", *The*

Kansas City Times, 8 de fevereiro de 1975.

166 **"Malícia no País das Maravilhas":** "Overreaction Sets In with Soccer Community", *St. Louis Post-Dispatch*, 10 de fevereiro de 1975.

166 **Uma fonte incomum:** "Roxie Called 'Con Woman'", *The Kansas City Times*.

166 **A revista inteira transbordava com imagens:** Todos os detalhes da revista *Ebony*, edição de novembro de 1974.

167 **"Definitivamente uma decepção":** "Roxie Ann Rice Plea Results in Fine, Probation", *The Pantagraph* (Bloomington, Illinois), 28 de março de 1975, p. B-3.

167 **Extraditada para o Novo México:** "Woman Extradited to Face Charges", *Albuquerque Journal*, 28 de novembro de 1975, p. E-8.

167 **Cumpridas simultaneamente:** "Man in Heroin Case Given Prison Terms", *Albuquerque Journal*, 29 de janeiro de 1976, p. B-6.

167 **Uma de suas mentiras mais antigas:** "Woman Accused of Posing as MD", *Buffalo Courier-Express*, 11 de outubro de 1978.

167 **28 mil dólares:** Ibid.

167 **Fazer o parto com desconto:** "Dec. 1 Trial Set for Roxie Rice", *Buffalo Courier-Express*, 18 de outubro de 1978.

168 **"Ampla variedade de sotaques":** "Woman's Tie to NFL Hoax Solid", *Buffalo Courier-Express*, 14 de outubro de 1978.

168 **"Ela é uma garota esperta":** Ibid.

168 **"Uma mulher com uma imaginação muito fértil":** "Players

Cleared in Rice Probe", *St. Louis Post-Dispatch*, 7 de fevereiro de 1975.

168 "Ela não é burra": "NFL Grass Plot For Real or Just a Pot-On?", *Philadelphia Daily News*, 23 de janeiro de 1975, p. 59.

168 "Não usou nenhum efeito especial": "Roxie Regarded as Hollywood Material", *St. Louis Post-Dispatch*, 24 de janeiro de 1975, p. 2C.

168 "É muito, muito estranho": "No 'French Connection' Here[...]", *Beckley Post-Herald and Raleigh Register*.

AS TRAGEDIENNES

171 Manchetes: "Scots Fraudster's £180,000 Fake Terror Claims: Evil Conwoman Filed Bogus Reports", *Express*, 20 de dezembro de 2018. "GRENFELL VULTURE: £180k Insurance Ghoul Caged for Scamming Spree", *The Sun*, 20 de dezembro de 2018. "Vile Fraudster Claimed Compensation for Grenfell Tower Fire and Manchester Bombings", *Mirror*, 19 de dezembro de 2018. "Callous & Heartless", *Daily Record*, 20 de dezembro de 2018. "'Disgraceful' Edinburgh Woman Jailed over Fraudulent Grenfell Tower and Terror Attack Insurance Claims", *Edinburgh Evening News*, 19 de dezembro de 2018.

171 Paquistão: "'Callous' Scot Jailed over Grenfell Fraud", *Scottish Daily Mail*, 20 de dezembro de 2018.

171 Pai [...] irmã: "Opinion of Lady Wise in the Petition of Her Majesty's Advocate against Mohammed Younas and Farzana Ashraf", Câmera Externa, Tribunal de Sessão, 8 de fevereiro de 2018.

171 Chefões: "Drug Kingpins Duck £4.5m Court Orders", *Evening News* (Edimburgo), 31 de dezembro de 2015.

172 2012: "Nós a acusamos de cometer delitos entre 2012 e 2017. Veja, é bem possível que ela viesse cometendo delitos bem antes de 2012. Na verdade, quando olhei seus registros eletrônicos, encontrei coisas me desagradaram desde 2007, mas eu não tinha como provar que qualquer uma delas era fraudulenta simplesmente porque já havia passado muito tempo." Pete Gartland (detetive, Polícia da Cidade de Londres, IFED), entrevistado por Tori Telfer, 9 de julho de 2019.

172 Uma caverninha: Informações sobre a vida de Ruksana de "'Callous' Scot Jailed over Grenfell Fraud", *Scottish Daily Mail*, 20 de dezembro de 2018, e Pete Gartland (detetive, Polícia da Cidade de Londres, IFED), entrevistado por Tori Telfer, 9 de julho de 2019.

172 Louis Vuitton [...] ouro: E-mail entre autora e Tom Keating, Oficial de Mídia e Comunicações, Media and Communications Officer, Comunicações Corporativas, Polícia da Cidade de Londres, 12 de julho de 2019.

173 Agarrados uns aos outros: "A Year After Grenfell Tower Fire, Pain and Anger Still Resonate", *New York Times*, 13 de junho de 2018.

173 Ruksana aguçou os ouvidos: "Ela vinha usando um método testado e comprovado que vinha funcionando muito bem, mas quase parecia que estava ficando sem desculpas para acionar os seguros, então agarrou essa nova oportunidade que se apresentou." Pete Gartland (detetive, Polícia da Cidade de Londres, IFED), entrevistado por Tori Telfer, 9 de julho de 2019.

173 Manchetes: "Woman Suspected of Fire Donation Scam: O.C. Investigators Say She Possibly Made Up Husband Fighting Holy Blaze to Collect Gifts", *Los Angeles Times*, 11 de setembro de 2018. "Deputies Arrest Woman, Accuse Her of Scam to Collect Money: Fake Pregnancy Part of a Con, Authorities Say", *Orange County Register*, 19 de dezembro de 2018. "California Woman Fabricated Firefighter Husband to Scam Donors: Police", *The Daily Beast*, 19 de dezembro de 2018. "Wedding Planner, 28, Is Jailed for Posing as a Firefighter's Wife to Collect More Than $2K from Good Samaritans during 2018 California Wildfires after Faking Three Pregnancies by Stuffing a CUSHION Up Her Blouse", *Daily Mail*, 4 de março de 2019.

174 Uma chama brutal no Sul da Califórnia: "Holy Fire in Riverside and Orange Counties Is 100 Percent Contained", *The Press-Enterprise* (Riverside, CA), 13 de setembro de 2018.

174 "Shane trabalha para o Cal Fire": "Woman Pleads Guilty to Posing as Firefighter's Wife in Holy Fire Scheme, Gets Jail Time", *Los Angeles Times*, 4 de março de 2019.

174 Seria um prazer receber doadores: "OC Woman Accused of Using Holy Fire to Scam More Than $11K in Donations from People", *ABC7 Eyewitness News*, 10 de setembro de 2018.

174 Lista útil: "San Clemente Woman Suspected of Fabricating Firefighter Husband to Collect Cash, Donations", *The OC Register*, 7 de setembro de 2018.

175 Melhor se retirar da vida real: Informações sobre o início da vida de Ashley foram tiradas de sua participação em *Dr. Phil*, 1º de novembro de 2018.

175 Manchetes: "'America's Darkest Day': See Newspaper Headlines from Around the World 24 Hours after 9/11", *Business Insider*, 10 de setembro de 2019.

177 "Na pele": "In a 9/11 Survival Tale, the Pieces Just Don't Fit", *New York Times*, 27 de setembro de 2007.

177 Intocável: A "história" de Tania Head veio de *The Woman Who Wasn't There*, de Robin Gaby Fisher e Angelo J. Guglielmo (Nova York: Atria Books, 2013).

178 As pessoas doaram tanto sangue: "People Are Lining Up to Donate Blood for the Orlando Shooting Victims", *Buzzfeed News*, 12 de junho de 2016.

178 "Abrem uma janela de oportunidade": Michael Thatcher (Presidente e CEO da Charity Navigator), entrevistado por Tori Telfer, 25 de junho de 2019.

178 Receita Federal precisou divulgar um alerta ao consumidor: "IRS Warns on Charity Scams Following Orlando Tragedy", *Forbes*, 18 de junho de 2016.

179 **"Pensar rápido e agir":** Michael Thatcher (Presidente e CEO da Charity Navigator), entrevistado por Tori Telfer, 25 de junho de 2019.

179 **"Muito bem-feito":** Pete Gartland (detetive, Polícia da Cidade de Londres, IFED), entrevistado por Tori Telfer, 9 de julho de 2019.

180 **"Suspeito que tenhamos poupado indústria de seguros de centenas de milhares de libras":** Este e outros detalhes do ataque vieram de Pete Gartland (detetive, Polícia da Cidade de Londres, IFED), entrevistado por Tori Telfer, 9 de julho de 2019.

180 **Deixando para trás uma variedade de bens de grife caros:** "Insurance Fraud: Another Grenfell Scammer Jailed", *Insurance Edge*, 4 de janeiro de 2019.

181 **"Ela era uma criatura cheia de segredos":** Matt Hussey (sargento, Polícia da Cidade de Londres, IFED), entrevistado por Tori Telfer, 9 de julho de 2019.

182 **Circunstâncias atenuantes:** "Fraudster Who Made £180,000 Bogus Claims Is Jailed for Three Years", *Insurance Fraud News*, Coalition Against Insurance Fraud, 19 de dezembro de 2018.

182 **Nada apareceu:** "Woman Suspected of Fire Donation Scam", *Los Angeles Times*, 11 de setembro de 2018, p. B3.

183 **Ela mesma fizera a barriga, insistia:** Ashley Bemis, participação em *Dr. Phil*, 1º de novembro de 2018.

184 **"Não há palavras para explicar a dor de perder um** filho!":** "San Clemente Woman Wove Tangled 'Web of Lies' in Faking at Least 3 Pregnancies, Victims Say", *Daily Breeze* (Torrance, CA), 13 de setembro de 2018.

184 **Certa vez, Ashley alegou que ele também morrera:** "Woman Suspected of Fire Donation Scam", *Los Angeles Times*.

184 **"Fui enganada":** Esse parágrafo foi retirado da participação de Ashley Bemis em *Dr. Phil*, 1º de novembro de 2018.

185 **"Superestrela do World Trade Center":** Fisher e Guglielmo, *Woman*, p. 241.

186 **Nunca sequer *entrara* no World Trade Center:** "In a 9/11 Survival Tale, the Pieces Just Don't Fit", *New York Times*.

186 **Uma sobrevivente, mas não de terrorismo:** A história real de Tania veio de *Woman*, de Fisher e Guglielmo.

186 **Era provável:** Tecnicamente, 11 de setembro era um feriado escolar na Espanha, então Tania poderia ter subido num avião para Nova York no dia, mas não há qualquer evidência de que ela o tenha feito.

186 **Welles Crowther:** "Saved on 9/11, by the Man in the Red Bandana", *New York Times*, 8 de setembro de 2017.

187 **"Nenhum outro evento inspirou tantas alegações falsas entre meus pacientes":** "Another Dark Side of 9/11: Manipulating Trauma for Sympathy", *Psychology Today*, 24 de setembro de 2017.

188 **"Elas se safam":** Michael Thatcher (Presidente e CEO da Charity Navigator), entrevistado por Tori Telfer, 25 de junho de 2019.

189 **"Um dos piores tipos":** Os comentários sobre Tania foram tirados de "Tania Head: The 9/11 Faker", topdocumentaryfilms. com, acessado em 25 de março de 2020. Disponível em: https://topdocumentaryfilms.com/tania-head-the-911-faker/.

189 **Meu marido morreu naquele navio, disse ela às pessoas:** Hallie Rubenhold, *The Five* (Boston: Houghton Mifflin Harcourt, 2019), p. 170-171.

189 **Implorou por doações:** "Woman Who Posed as Victim's Aunt, Ran Newtown Fundraising Scam Gets 8-Month Sentence", *CBS New York*, 15 de outubro de 2013.

189 **Corpo do menino crivado de balas:** "Newton Fraud Investigation", Anderson Cooper 360, 27 de dezembro de 2012.

189 **"Isso é tão chocante":** Ibid.

BONNY LEE BAKLEY

191 **Pseudônimos:** Dennis McDougal e Mary Murphy, *Blood Cold: Fame, Sex, and Murder in Hollywood* (Nova York: Penguin, 2002), p. 172, 171, 118, 43.

191 **"Gostava de viver no limite":** "Actor's Slain Wife Had Checkered Past", *The News Journal* (Wilmington, DE), 8 de maio de 2001, p. A8.

191 **"Não era nenhuma Madre Teresa":** "In Cold Blood", *People*, 21 de maio de 2001.

191 **Perseguindo estrelas do rock:** "Blake's Wife Had Spotty Past", *The San Francisco Examiner*, 7 de maio de 2001, p. 5.

191 **Os detetives que trabalhavam no caso dela não puderam deixar de notar:** "Todos os detetives comentaram sobre como ele se esforçou para manchar a vida e a reputação da esposa morta apenas horas depois de seu brutal assassinato." McDougal e Murphy, *Blood Cold*, p. 251.

192 **"É meio injusto":** "Actor's Slain Wife Linked to Sex Scam", *Santa Cruz Sentinel*, 9 de maio de 2001, p. A6.

192 **Deu três de seus filhos para adoção:** McDougal e Murphy, *Blood Cold*, p. 83.

192 **O pai dela tentou molestá-la:** David Grann, "To Die For", *The New Republic*, 13 de agosto de 2001.

193 **Os caras durões pelos quais sua mãe e sua avó também eram obcecadas:** Deanne Stillman, "The Strange Collision of Bonny Bakley and Christian Brando", *LA Observed*, 27 de janeiro de 2008.

193 **"Vou mostrar pra essa gente, vou ser uma estrela do cinema":** David Grann, "To Die For", *The New Republic*.

193 **Como se estivesse usando roupas de brechó:** O gerente de turnê de Jerry Lee Lewis disse: "Ela sempre estava com o penteado ruim. E se vestia de maneira meio antiquada, como se tivesse comprado suas roupas num brechó." McDougal e Murphy, *Blood Cold*, p. 144.

193 **Bonny achou o máximo:** Ibid., p. 85.

193 **Escalou os muros da propriedade de Elvis, Graceland:** Ibid., p. 119.

194 **"Ex-namorada":** Bonny tinha uma foto falsa dela com Elvis Presley com a legenda: "Miss Leebonny — ex-namorada de Elvis — a aparecer em filme iminente." "Actor's Slain Wife Linked to Sex Scam," *Santa Cruz Sentinel.*

194 **Nenhuma das informações era verdadeira:** "Blake's Wife Had Spotty Past", *The San Francisco Examiner*, 7 de maio de 2001, p. 5.

194 **"Um insulto à inteligência do espectador":** Crítica de Robert Ebert a *Turk 182!*, 15 de fevereiro de 1985, acessado em 8 de novembro de 2019.

194 **Ela mandou deportá-lo:** McDougal e Murphy, *Blood Cold*, p. 118.

194 **"Bakley teve entre nove e mais de cem maridos":** Deanne Stillman, "A Murder in Hollywood: The Robert Blake Affair", *Rolling Stone*, 23 de maio de 2002, p. 55-61.

196 **"Não tenho com quem passar as festas de fim de ano, você tem?":** "Actor's Slain Wife Linked to Sex Scam", *Santa Cruz Sentinel.*

196 **Era capaz de ir mais longe e se casar com ele:** Alguns exemplos dos muitos maridos de Bonny podem ser encontrados em McDougal e Murphy, *Blood Cold*, p. 191.

196 **Chocados ao descobrir que ele tinha uma "noiva":** Ibid., p. 137.

196 **Oito níveis:** Ibid., p. 176.

196 **"Tudo o que ela fazia era desonesto":** Ibid., p. 16.

197 **Sua ficha criminal estava** crescendo: "'Groupie' Lifestyle Ended in Death", *The Gazette* (Montreal, Quebec, Canadá), 12 de maio de 2001, p. B4.

197 **Duas de suas esposas tinham morrido em circunstâncias suspeitas:** "The Sudden Death of Wife No. 5 Confronts Jerry Lee Lewis with Tragedy — and Troubling Questions", *People*, 12 de setembro de 1983.

198 **"Não dá pra engravidar de um boquete":** McDougal e Murphy, *Blood Cold*, p. 190.

198 **"Gosto de estar rodeada de celebridades":** "Blake Adds Top Lawyer to His Dream Team", *New York Post*, 16 de maio de 2001.

198 **Colocou um homem no telefone:** "'Groupie' Lifestyle Ended in Death", *The Gazette* (Montreal, Quebec, Canadá).

200 **"Você tem sorte, sabia?":** "Blake Defense Has Tape of Phone Conversation", *CNN Live Today*, transmitido em 2 de agosto de 2002, 13:30 ET.

201 **"Com quem você ficaria? Blake or Christian?":** McDougal e Murphy, *Blood Cold*, p. 52.

201 **Blake às vezes a estrangulava ou tentava arrancar seu cabelo:** Ibid., p. 48.

201 **"Nunca vou me esquecer disso":** Transcrição de uma conversa telefônica de 1999 entre Robert Blake e Bonny Lee Bakley, incluída nos arquivos de tribunal pelos promotores. Fita nº 270936, p. 9, acessada em 8 de novembro de 2019. Disponível em: http://www.thesmokinggun.com/file/transcript-blakebakley-telephone-talk?page=0.

202 "Consigo me imaginar matando alguém": Lawrence Linderman, "Robert Blake: The Playboy Interview", *Playboy*, junho de 1977.

202 Cartões de Natal: McDougal e Murphy, *Blood Cold*, p. 220.

203 "Vou arrumar outra pessoa": Ibid., p. 239.

203 2 pás, trenó pequeno: De um bilhete encontrado no Jeep de Caldwell, usado durante o julgamento de Robert Blake, acessado em 8 de novembro de 2019. Disponível em: http://www.thesmokinggun.com/file/caldwells-laundry-list-murder?page=0.

203 "Blake vai te pegar": McDougal e Murphy, *Blood Cold*, p. 60.

203 "Garota, é melhor você lembrar com quem está mexendo! Eu mato você, caralho!": Ibid., p. 244.

203 "Vocês acham que ele vai me matar?": Ibid., p. 222.

203 "Eu sei que ele vai me matar": De *WDBJ 7 News* at 11, 22 de abril de 2002, acessado em 8 de novembro de 2019. Disponível em: https://scholar.lib.vt.edu/VA-news/WDBJ-7/script_archives/02/0402/042202/042202.11.htm.

204 Seus olhos reviraram para trás: "Actor Robert Blake's Wife Is Shot to Death", *Los Angeles Times*, 6 de maio de 2001, p. 11.

204 "Bonny não morreu na hora.": McDougal e Murphy, *Blood Cold*, p. 250.

204 Conhecia seu assassino: "The People *v.* Robert Blake: How DA Team May Raise the Curtain on a Vicious Slay Plot", *New York Post*, 21 de abril de 2002.

205 Documentos particulares [...] "A vigarista brega": "Show and Tell", *Los Angeles Times*, 11 de maio de 2001, p. E2.

205 Comparações com o(s) julgamento(s) de O.J. Simpson: "Why Robert Blake Isn't O.J. Material", *New York Post*, 23 de abril de 2002.

205 "Ainda estou aqui, seus malditos": "Robert Blake #2", *20/20*, Temporada 42, Episódio 20, 11 de janeiro de 2019.

206 A irmã aceitou [...] a mãe assinou: McDougal e Murphy, *Blood Cold*, p. 254.

LAURETTA J. WILLIAMS

211 Pseudônimos: Loreta Janeta Velasquez ou Velazquez; de acordo com o historiador William C. Davis, Lauretta preferia a primeira versão, mas usou a segunda em seu livro de memórias *The Woman in Battle* (Madison: The University of Wisconsin Press, 2003). Tenente Harry T. Buford, também de suas memórias (assim como de muitas entrevistas de jornal). Ann ou Mary Ann Williams, de William C. Davis, *Inventing Loreta Velasquez: Confederate Soldier Impersonator, Media Celebrity, and Con Artist* (Carbondale: Southern Illinois University Press, 2016), p. 8. Mary Ann Keith, de Davis, *Inventing*, p. 18. Sra. M.M. Arnold, de Davis, *Inventing*, p. 25. Sra. L.J.V. Beard, de "A Woman's Glorious Dream", *Times-Picayune*, Nova Orleans, 25 de outubro de 1900. Señora Beard, de "Many Friends Await Senora

Beard's Return", *The Times*, Filadélfia, 10 de dezembro de 1901. Loretta J. Wasson, de Davis, *Inventing*, p. 124. Sra. Bonner, de "The Exploits of Mrs. Bonner", *Atlanta Constitution*, 15 de janeiro de 1875. Clapp até Roche, de Davis, *Inventing*, p. 5.

211 Adolescente profissional do sexo: Davis, *Inventing*, p. 8-9, também 266, nota 11.

212 "Velazquex": Ibid., p. 142.

212 Ann ou Mary Ann Williams: O historiador William C. Davis faz a ligação entre Lauretta e Ann/Mary Ann Williams durante sua adolescência. Quando Lauretta foi presa em Nova Orleans, em 1862, mais ou menos aos vinte anos, os jornais se refeririam a ela como Ann Williams, e ela também se identificou dessa forma. Ibid., p. 5, 8 e 29.

212 "Latina": Por exemplo, em janeiro de 1878, um jornalista de Washington D.C. a descreveu como "do tipo moreno, espanhol". Ibid., p. 181.

212 A verdadeira Lauretta [...] uma revelação: Para mais sobre o que sabemos (ou melhor, não sabemos) a respeito da infância de Lauretta, ver Ibid., p. 5-8. O ano 1842 foi o que ela mais usava como seu ano de nascimento.

213 Estupro: Julie Beck, "Gender, Race, and Rape During the Civil War", *The Atlantic*, 20 de fevereiro de 2014. Disponível em: https://www.theatlantic.com/health/archive/2014/02/gender-race-and-rape-during-the-civil-war/283754/.

213 "Song of the Southern Women": Julia Mildred, "Song of the Southern Women", em *Personal and Political Ballads: Arranged and Ed. by Frank Moore* (Nova York: G. P. Putnam, 1864), p. 98-99.

213 Certidão de nascimento: De Anne Blanton e Lauren M. Cook, *They Fought Like Demons: Women Soldiers in the Civil War* (Baton Rouge: LSU Press, 2002), p. 27.

214 "Seus modos intrépidos": "A Lady, of Romantic Turn [...]", *Richmond Dispatch*, 27 de setembro de 1861, p. 2.

214 Mary Ann Keith: Davis, *Inventing*, p. 16-19.

214 Reverência feminina: John B. Jones, *A Rebel War Clerk's Diary at the Confederate States Capital*, 1:94, 20 de novembro de 1861.

215 "Primeira celebridade": Davis, *Inventing*, p. 21.

215 Cadeia: Ibid., p. 31.

215 Uma "heroína astuta": "The Heroine Again", *New Orleans Daily Delta*, 15 de novembro de 1862, p. 3.

215 "Essa ilustre ligeirinha": Davis, *Inventing*, p. 32.

216 "O altar de seu país": "Adventures of a Young Lady in the Army", *The Mississippian*, 6 de junho de 1863, republicado em *Natchez Daily Courier*, 13 de junho de 1863.

217 "A tenente": Lauretta J. Williams para Samuel Cooper, 20 de julho de 1863, Letters Received by Confederate Adjutant-General, July-October 1863, Record Group 109, M474, rolo 88, quadro 0101, arquivo W1310, NA. Fonte encontrada em Davis, *Inventing* — foi ele que caçou essa pérola, não eu!

217 Monte de cartas: Davis, *Inventing*, p. 49, 225.

217 Thomas C. DeCaulp: Ibid., p. 52-54.

217 Explodir o lugar inteiro: Velasquez, *The Woman in Battle*, p. 447.

218 "No serviço secreto": Passagem, 26 de janeiro de 1864, Arquivo do Carcereiro de DeCaulp, e Davis, *Inventing*, p. 64-63.

218 Teve seu bebê: Davis, *Inventing*, p. 72, 75.

218 "Órgãos e Vidas": Folheto, sem data [julho de 1864], Arquivo do Carcereiro de DeCaulp.

218 Anúncios pessoais falsos: Davis, *Inventing*, p. 91 e 192.

219 Caroline Wilson: Kerry Segrave, *Women Swindlers in America, 1860–1920* (Jefferson, NC: McFarland, 2007), p. 50.

219 Miami: Davis, *Inventing*, p. 99-100, e "Terrible Explosion", *New York Times*, 31 de janeiro de 1866.

219 "Cabelo louro-claro": Velasquez, *The Woman in Battle*, p. 539.

221 "Vulgar e sem princípios": "The Exploits of Mrs. Bonner", *Atlanta Constitution*, 15 de janeiro de 1875.

221 Faca: Davis, *Inventing*, p. 173.

222 "Problemas mentais incipientes": Ibid., p. 154.

222 Checar os fatos: Para saber mais sobre as contradições e os erros no livro de memórias de Lauretta, ver Davis, *Inventing*, Capítulo 12.

222 "Cebolas": Velasquez, *The Woman in Battle*, p. 550.

223 Duvidou de sua veracidade: John William Jones, "Book Notices", *Southern Historical Society Papers*, 2 de outubro de 1876, p. 208.

223 Jubal Early: Sylvia D. Hoffert, "Heroine or Hoaxer?", *Civil War Times*, agosto de 1999.

223 "No mínimo, uma oportunista.": Ibid.

223 "Até esta data não há qualquer": Davis, *Inventing*, p. 256.

224 Hotel californiano [...] ferrovia: Para aprender mais sobre esses esquemas de Lauretta, ver Davis, *Inventing*, p. 216-218.

224 Agências de notícias: Ibid., p. 224.

224 Comentários: Ibid., p. 49, 225.

224 "Críveis e fluentes": "Many Friends Await Senora Beard's Return", *The Times* (Filadélfia), 10 de dezembro de 1901.

224-225 Government Hospital for the Insane [...] obiturário: Davis, *Inventing*, p. 233-237.

225 Um dos personagens centrais: American Battlefield Trust, "Biographies", battlefields. org, acessado em 11 de junho de 2019. Disponível em: https://www. battlefields.org/learn/biographies.

225 "Era ficcional": Velasquez, *The Woman in Battle*, p. 92.

225 "A natureza humana tem uma grande tendência a confiar": Ibid., p. 363.

MARGARET LYDIA BURTON

227 Pseudônimos: Alguns dos muitos pseudônimos de Margaret podem ser encontrados em "FBI Reveals Story of Mrs. Gray: 18 Years of Crime and 22 Aliases", *The Atlanta Constitution*, 17 de agosto de 1957, p. 1 e 12.

227 Ambos seus filhos também não estavam mais entre nós: "'Salvation' of Jail Asked for Mrs. Gray", *The Atlanta Constitution*, 11 de dezembro de 1957, p. 1.

227 Circulassem boatos: "She's in $100G Doghouse", *Daily News* (Nova York, NY), 25 de agosto de 1957, p. 78.

228 "Puramente arrogante" [...] "só trabalhava para se divertir": As citações de fofocas de Atlanta foram todas tiradas de "A Look at Mrs. Gray, Woman Who Got Away", *The Atlanta Constitution*, 21 de agosto de 1957, p. 14.

229 Aeroporto [...] problema com o carro: "$100,000 Missing at Decatur Clinic; FBI, DeKalb Police Hunt Woman", *The Atlanta Constitution*, 31 de julho de 1957, p. 1.

229 Instável: Detalhes sobre as muitas migrações da família McGlashan podem ser encontrados em "FBI Reveals Story of Mrs. Gray: 18 Years of Crime and 22 Aliases", *The Atlanta Constitution*, 17 de agosto de 1957, p. 1 e 12.

229 Nascida: Estado da Califórnia, *California Death Index, 1940–1997* (Sacramento, CA: State of California Department of Health Services, Center for Health Statistics).

229 Pai escocês aparentemente morreu cedo: Censo Federal dos Estados Unidos de 1930, Nova Jersey, Essex, East Orange, Distrito 0411, Distrito de Enumeração Nº 7-411, Distrito de Supervisor Nº 4, Planilha Nº 9B.

229 Provavelmente foi para a faculdade: No Censo dos EUA de 1940, ela alegou ter completado quatro anos de faculdade, e seu ex-marido mais tarde se referiria a ela como "bem-educada". "'Don't Know the Man', Candy's Mother Says", *The Atlanta Constitution*, 23 de agosto de 1957, p. 10.

229 Tesoureira: Censo Federal dos Estados Unidos de1930, Nova Jersey, Essex, East Orange, Distrito 0411, Distrito de Enumeração Nº 7-411, Distrito de Supervisor Nº 4, Planilha Nº 9B.

230 Morando no Panamá: "FBI Reveals Story of Mrs. Gray: 18 Years of Crime and 22 Aliases", *The Atlanta Constitution*, 17 de agosto de 1957, p. 1 e 12.

230 Jasper W. Burton: Para informação sobre o casamento deles, ver "Candy's Father, Living in Athens All This Time, Vows to Help Her", *The Atlanta Constitution*, 22 de agosto de 1957, p. 1, 14.

230 Grande júri: "FBI Reveals Story of Mrs. Gray: 18 Years of Crime and 22 Aliases", *The Atlanta Constitution*, 17 de agosto de 1957, p. 1 e 12.

231 Depois pulou fora: "Mrs. Burton Is Given 240 Days in Jail for Los Angeles Thefts", *The Atlanta Constitution*, 27 de outubro de 1959, p. 17.

231 Vancouver [...] Norfolk: "FBI Reveals Story of Mrs. Gray: 18 Years of Crime and 22 Aliases", *The Atlanta Constitution*, 17 de agosto de 1957, p. 1 e 12.

231 "Numerosos": Ibid.

231 Johns Hopkins Hospital: "Skill as 'Actress' Fools Doctors Out of $186,000", *Valley Morning Star* (Harlingen, Texas), 20 de abril de 1958, p. A11.

231 Caso: "Mrs. Gray Seized in Tulsa at Job in Doctors' Office", *The Atlanta Constitution*, 22 de agosto de 1957, p. 8.

231 Se ele ainda estava vivo: "Mrs. Gray, Candy Return, Check Into Fulton Tower", *The Atlanta Constitution*, 29 de agosto de 1957, p. 1.

232 Donos de cachorros furiosos: "She's in $100G Doghouse", *Daily News* (Nova York, NY), 25 de agosto de 1957, p. 78.

232 Exposição de cachorros do Westminster Kennel Club em 1954: "Cocker Spaniel Wins Title in Westminster", *Chicago Tribune*, 10 de fevereiro de 1954.

233 "Shiney": "Candy Freed, Leaves in Few Days to Live With Uncle in California", *The Atlanta Constitution*, 31 de agosto de 1957, p. 8.

233 Ausente pela maior parte do ano: "FBI Reveals Story of Mrs. Gray: 18 Years of Crime and 22 Aliases", *The Atlanta Constitution*, 17 de agosto de 1957, p. 1 e 12.

233 Parecia meio solitária: "Cocker Club Holds a 'Wake' to Swap Views on Mrs. Gray", *The Atlanta Constitution*, 22 de agosto de 1957, p. 24.

233 Jeito ágil e eficiente: "She's in $100G Doghouse", *Daily News* (Nova York, NY), 25 de agosto de 1957, p. 78.

233 Deu o fora do estado: Um dos motoristas de fuga de Margaret falou com a imprensa. Para toda a história da fuga, ver "Atlantan Admits Driving Mrs. Gray's Getaway Van", *The Atlanta Constitution*, 21 de agosto de 1957, p. 8.

234 "Um elefante num monte de neve": "Suspect, Caravan of Dogs Hunted", *Independent* (Long Beach, Califórnia), 1º de agosto de 1957, p. B-5.

234 Rastreou os cachorros obsessivamente: "Woman Flees, Leaving Accounts $100,000 Shy: FBI Reveals Thousands in Unpaid Bills as It Presses Search for Bookkeeper", *Los Angeles Times*, 18 de agosto de 1957, p. A3.

235 "Incrível": "Amazing 'Mrs. Gray' Is Mystery No Longer", *The Atlanta Constitution*, 17 de agosto de 1957.

235 "Audaciosa": Ibid.

235 "Extravagante": "Merry Chase for Mrs. Gray", *The Atlanta Constitution*, 19 de agosto de 1957, p. 14.

235 "Fascinante": "Hundreds of Visitors Find Mrs. Gray 'Out'", *The Atlanta Constitution*, 26 de agosto de 1957, p. 1.

235 Peru: "Merry Chase for Mrs. Gray", *The Atlanta Constitution*, 19 de agosto de 1957, p. 14.

235 "Ela se tornara uma heroína do tipo Jesse James": "Amazing 'Mrs. Gray' Is Mystery No Longer", *The Atlanta Constitution*, 17 de agosto de 1957.

235 "Veja bem, eu espero que o FBI não nos interprete como pouco patrióticos": "Merry Chase for Mrs. Gray", *The Atlanta Constitution*, 19 de agosto de 1957, p. 14.

235 O Cocker Spaniel Club organizou uma reunião soturna: "Cocker Club Holds a 'Wake' to Swap Views on Mrs. Gray", *The Atlanta Constitution*, 22 de agosto de 1957, p. 24.

236 Sua maratona acabara: "Mrs. Gray Seized in Tulsa at Job in Doctors' Office", *The Atlanta Constitution*, 22 de agosto de 1957, p. 1.

236 Motorista do seu carro de fuga: "Atlantan Admits Driving Mrs. Gray's Getaway Van", *The Atlanta Constitution*, 21 de agosto de 1957, p. 8.

236 Loja de roupas em Atlanta: "Hundreds of Visitors Find Mrs. Gray 'Out'", *The Atlanta Constitution*.

236 Chapéu [...] fotógrafo: "Conwoman 'Vanishes' from Ga.", *Daily Press* (Newport News, VA), 18 de agosto de 1957, p. 5A.

236 Dois buquês misteriosos: "2 Bouquets, Note Sent to Accused Pair", *The Austin Statesman*, 23 de agosto de 1957, p. 5.

236 40 mil dólares: "Mrs. Gray Left Assets Put at Only $40,000", *The Atlanta Constitution*, 2 de agosto de 1957, p. 3.

236 Tudo o que ela possuía foi leiloado: "Mrs. Burton's Belongings Go on Sale", *The Atlanta Constitution*, 2 de novembro de 1957, p. 1.

236 O American Spaniel Club angariou 1.555 dólares: "Shepherd Wins Best in Show at Central Indiana Trials", *Muncie Evening Press* (Muncie, Indiana), 11 de novembro de 1965, p. 32.

236 Passaram de carro pela antiga casa de Margaret: "Hundreds of Visitors Find Mrs. Gray 'Out'", *The Atlanta Constitution*.

237 Jasper Burton: "Candy's Father, Living in Athens All This Time, Vows to Help Her", *The Atlanta Constitution*, 22 de agosto de 1957, p. 1.

237 "Tranquila, refinada e intelectual": "The Burtons United Here After 18 Years", *The Atlanta Constitution*, 30 de agosto de 1957, p. 13.

237 "Pessoa gentil e delicada que desmaia": "Candy Freed, Leaves in Few Days to Live with Uncle in California", *The Atlanta Constitution*, 31 de agosto de 1957, p. 8.

237 Reduzidas em razão de um detalhe técnico: "U.S. Drops Charges, Hands Over Mrs. Burton to DeKalb Today", *The Atlanta Constitution*, 30 de outubro de 1957, p. 1.

237 Enfrentava acusações: "Freckles Betray Hunted Woman", *The Miami News*, 22 de agosto de 1957, p. 8B.

238 "Perdera a fé na humanidade": "'Salvation' of Jail Asked for Mrs. Gray", *The Atlanta Constitution*, 11 de dezembro de 1957, p. 1.

238 Falando de Margaret no púlpito: "Medical Examination Ordered for Mrs. Gray", *The Atlanta Constitution*, 1º de janeiro de 1958, p. 20.

238 História jornalística do ano: "Adventures of 'Mrs. Gray' Was Top State News of '57", *The Atlanta Constitution*, 1º de janeiro de 1958, p. 16.

238 Encolhida num cato com um pijama de cetim azul-claro: "Pale, Tired Mrs. Gray Brightens Cell with Books, Basket of Fruit", *The Atlanta Constitution*, 30 de dezembro de 1957, p. 2.

238 "Levemente pálida, porém mais animada": "Mrs. Burton Likened to Oil Swindler", *The Atlanta Constitution*, 4 de fevereiro de 1958, p. 1.

238 Ela disse ao tribunal: "Skill as 'Actress' Fools Doctors Out of

$186,000", *Valley Morning Star* (Harlingen, Texas), 20 de abril de 1958, p. A11.

238 Sofria de desmaios: "Medical Examination Ordered for Mrs. Gray", *The Atlanta Constitution*, 1º de janeiro de 1958, p. 1.

238 "Golpista texano de uma frade do combustível": "Mrs. Burton Likened to Oil Swindler", *The Atlanta Constitution*.

238-239 Desmaiou [...] "atriz até o fim": "Skill as 'Actress' Fools Doctors Out of $186,000", *Valley Morning Star.*

239 Era a primeira vez [...] que ela não conseguira escapar: "Woman's Record Cited in Missing Fund Case", *The Hartford Courant* (Hartford, CT), 25 de agosto de 1957, p. 14D1.

239 240 dias numa penitenciária: "Mrs. Burton Is Given 240 Days in Jail for Los Angeles Thefts", *The Atlanta Constitution*, 27 de outubro de 1959, p. 17.

239 Autoridades a colocaram num transatlântico chamado Bremen: "Deported After 2 Jail Terms, Mrs. Burton Sails to Britain", *The Atlanta Constitution*, 13 de maio de 1960, p. 10.

239 "Dona de casa": Os Arquivos Nacionais do Reino Unido; Kew, Surrey, Inglaterra, *Board of Trade: Commercial and Statistical Department and Successors: Inwards Passenger Lists*, Class: BT26, Piece, p. 1.452.

239 "A grande mascarada": "Mrs. Burton Is Given 240 Days in Jail for Los Angeles Thefts," *The Atlanta Constitution*.

239 "A notável Sra. Burton": "FBI Pictures 'Janet Gray' as Con

Artist", *The Austin Statesman*, 17 de agosto de 1957, p. 14.

240 "Sonhador norte--americano heroico e demoníaco": "American Pseudo", *New York Times Magazine*, 12 de dezembro de 1999, seção 6, página 80.

240 Uma entrevista breve: "Mrs. Gray, Candy Return, Check Into Fulton Tower", *The Atlanta Constitution*, 29 de agosto de 1957, p. 1 e 16.

240 "Ela sempre fazia questão de não aparecer nas fotos": "Oh, How She Fooled Them", *The Everyday Magazine (St. Louis Post-Dispatch)*, 1º de setembro de 1957, p. 1.

240 "O que aconteceu com a sra. Gray que tinha todos aqueles cachorros": "The Mysterious Mrs. Gray", *The Atlanta Constitution*, 19 de janeiro de 1972, p. 2.

241 Morreu em 1992: Estado da Califórnia, *California Death Index, 1940–1997* (Sacramento, CA: Departamento de Serviços de Saúde do Estado da Califórnia, Centro de Estatísticas de Saúde).

241 "Quero me tornar a 'Srta. Anônima'": "Candy Freed, Leaves in Few Days to Live with Uncle in California", *The Atlanta Constitution*, 31 de agosto de 1957, p. 8.

SANTE KIMES

243 Pseudônimos: Esses são apenas alguns dos muitos pseudônimos de Sante. De "Blood Ties: The Dark Transformation of Sandy Chambers: Partial List of Aliases", *Reno Gazette-Journal*, 29 de outubro de 2000, p. 14A.

243 "Filho alma gêmea" [...] "pãozinho de mel": "A Look at Notorious Mother-Son Killers 20 Years Later", *New York Post*, 4 de julho de 2018.

243 Ao menos, foi isso que a irmã alegou: Cena introdutória foi tirada de "Kenneth Kimes Tells Jurors His Mother Put Him Up to Murder", *CNN Court TV*, 18 de junho de 2004, e "Son Describes Mother's Orders in Her Murder Trial", *The Signal* (Santa Clarita, CA), 18 de junho de 2004, p. A10.

244 Prame Singhrs: O obituário de Prame é cheio de histórias coloridas inacreditáveis. "Story of Missed Rajah's Throne Taken to Grave", *The Daily Oklahoman*, 27 de junho de 1940, p. 21.

244 Ao menos, foi isso que a irmã alegou: Kent Walker com Mark Schone, *Son of a Grifter* (Nova York: William Morrow, 2001), p. 492.

245 Implicavam com ela pelo seu nome [...] passar pó no rosto: Ibid., p. 18, 22.

245 Se fechou: Jeanne King, *Dead End: The Crime Story of the Decade — Murder, Incest and High-Tech Thievery* (Nova York York: M. Evans & Company, 2002), p. 39.

245 "Situação de término": Ibid., p. 37-38.

246 "Absoluta paranoia de ser pobre": Ibid., p. 40.

246 Arranjar um milionário para chamar de seu: Para mais sobre o período, hum, colorido de Sante em Palm Springs, ver Walker, *Son*, p. 40, 53.

247 A semelhança era tão forte: Ibid., p. 14.

247 "Nada era tão bom quanto se deleitar no calor do seu amor": Ibid., p. 30.

247 Ele conseguira se registrar como nativo-americano: Ibid., p. 60.

247 Ela pavoneou ao redor dele: Ibid., p. 41-43.

248 Uma década depois: Ancestry.com, *Nevada, Marriage Index, 1956–2005* [banco de dados on-line] (Provo, UT: Ancestry.com Operations, Inc., 2007).

248 Comprando casas em Honolulu: "A Family Portrait: A Twisted Tale of Deceit, Fraud and Violence", *New York Times*, 14 de julho de 1998, p. A1.

248 Colou um brilhante na orelha: Walker, *Son*, p. 74.

248 Investigados pelo FBI: "Ambassador [...] ? Who Is That Man?", *The Atlanta Constitution*, 21 de março de 1974, p. 1-C.

248 Mordeu-o no pulso: É preciso ler essa cena apavorante na íntegra para acreditar nela; implantes capilares, urina e tudo o mais. Encontre-a em Walker, *Son*, p. 129-130.

249 No dia seguinte, ele estaria perfeitamente bem: "The Story of Sante Kimes: Mother, Murderer, and Criminal Mastermind", *Vanity Fair*, março de 2000.

249 Sante o deixou tomar banho com ela: "Kimes and Punishment", *Details*, novembro de 2000, p. 133.

250 Conseguiu arrastar o caso: Walker, *Son*, p. 167.

250 "Privação de paz": Kenneth Kimes, como dito a Jonna Ivin-

Patton, "My Mother Taught Me to Kill", *Narratively*, 26 de novembro de 2018.

250 **"PARA: KENNETH K. KIMES e SANTE KIMES":** "Legal Notice", *The Honolulu Adviser*, 16 de outubro de 1979, p. 15.

251 **"CASAL ACUSADO DE ESCRAVIDÃO":** "Couple Charged with Slavery", *The Californian* (Salinas, CA), 6 de agosto de 1985.

251 **Passou o caso para o FBI:** Gilbert M. Pieper, agente do FBI, em uma matéria para a Society of Former Special Agents of the FBI, agosto de 2015.

251 **Cabide [...] ferro:** "Killer Women", *Daily News* (Nova York, NY), 27 de janeiro de 2000, p. 52.

251 **Água fervente:** Alice McQuillan, *They Call Them Grifters: The True Story of Sante and Kenneth Kimes* (Nova York: Onyx Books, 2000), p. 78.

252 **"VAI SER UM INFERNO, UM INFERNO PARA VOCÊ":** Walker, *Son*, p. 213.

252 **"CONTROLE!":** McQuillan, *They Call*, p. 85.

252 **"Clinicamente falando, é uma pessoa que 'explode' de tempos em tempos":** Ibid., p. 105.

252 **"Sante Kimes era a mais cruel e autocentrada":** Gilbert M. Pieper, agente do FBI, em uma matéria para a Society of Former Special Agents of the FBI, agosto de 2015.

252 **"A melhor gospista que eu já vira":** McQuillan, *They Call*, p. 108.

252 **Maléfica ex-esposa:** "'Dragon Lady' Leaves a Legacy of Mystery", *Las Vegas Review-Journal*, 23 de agosto de 1998, p. 5B.

252 **Considerada culpada de:** Ibid.

253 **Mais do que ela jamais pagara para suas empregadas:** McQuillan, *They Call*, p. 96.

253 **Conseguiu fazer sua companhia de seguros pagar:** "Las Vegas Criminal Defense Attorney Douglas Crawford Represents Dangerous Defendant Sante Kimes", *The Daily Moss*, 25 de março de 2018.

253 **E uma multa de dez dólares:** McQuillan, *They Call*, p. 130.

253 **Assombrando abrigos de sem-teto:** Walker, *Son*, p. 11, 276.

254 **Estrangular a mãe [...] um exemplar de *The Anarchist Cookbook* sobre o balcão:** Ibid., p. 291, 293.

254 **Não violentos:** "Anna Sorokin: Why Do Con Artists and Fraudsters Fascinate Us?", *BBC News*, 11 de maio de 2019.

255 **A polícia forçou Holmgren a se tornar agente duplo:** "Kimeses' Informant Has Disappeared", *The Honolulu Advertiser*, 16 de julho de 1998, p. A11.

255 **Se ele não entrasse em contato em três dias:** Adrian Havill, *The Mother, the Son, and the Socialite* (Nova York: St. Martin's Paperbacks, 1999), p. 170.

255 **Kent teve certeza de que eles estavam falando sobre o coitado do Elmer Holmgren:** Walker, *Son*, p. 285.

255 **Sua fortuna tinha sido torrada:** Ibid., p. 338.

255 **Às vezes ela criava uma cena:** Ibid., p. 355.

256 "Nosso incrível caso de amor viverá para sempre": King, *Dead End*, p. 106.

257 Disse ao detetive: Walker, *Son*, p. 3.

257 Ele achou que dois eram suspeitos depois para fazer negócios: Kenneth Kimes, como dito a Jonna Ivin-Patton, "My Mother Taught Me to Kill", *Narratively*.

257 Jogou o corpo dele no oceano: Detalhes sobre a morte de Ahmed tirados de "Banker's Body Down for Counts", *Daily News* (Nov York), 23 de junho de 2004, p. 4.

257 Mãe e filho davam longos passeios de carro à meia-noite: Dos trechos do diário de Kenny em "Kimes and Punishment", *Details*, novembro de 2000, p. 130, 132.

257 Em janeiro de 1998: Walker, *Son*, p. 388-389.

258 "Comida boa, drinques e falsa amizade": "Kenneth Kimes Tells Jurors His Mother Put Him Up to Murder", *CNN Court TV*, 18 de junho de 2004.

258 Flores: Detalhes do assassinato de David Kazdin em Ibid.

259 "Mamãe e Clyde": "Kimes Turns on Mom; Killer Grifter to Rat Her Out in Slay", *New York Post*, 19 de novembro de 2003.

259 Quase 8 milhões de dólares: "Arguments End in Murder Trial of Mother and Son", *The New York Times*, 13 de maio de 2000.

260 Ela recebeu uma ligação de uma mulher se apresentando como "Eva Guerrerro": People *v.* Kimes, 2006 NY Slip Op 09134 [37 AD3d 1], 7 de dezembro de 2006.

260 Como se ele tivesse acabado de sair da cadeia: "Trouble in Apt. 1-B", *People*, 17 de abril de 2000.

260 Convencia um tabelião a assinar: People *v.* Kimes, 2006 NY Slip Op 09134 [37 AD3d 1], 7 de dezembro de 2006.

261 "Mais mórbidos ficavam nossos pensamentos": "Murderer Reveals New Details in Slaying of Socialite in 1998", *The New York Times*, 24 de junho de 2004.

261 Planejava despejar "Manny" na segunda-feira: People *v.* Kimes, 2006 NY Slip Op 09134 [37 AD3d 1], 7 de dezembro de 2006.

261 Um súbito e aterrador ar de maldade: "The Lady Vanishes", *The Sydney Morning Herald* (Sydney, New South Wales, Australia), 8 de janeiro de 2000, p. 16.

261 Começou a apertar: Assassinato de Irene tirado de Kimes, "My Mother Taught Me to Kill" e "'Mom Hit Her in the Head with the Stun Gun. Then Mom Said, 'Do It!'", *Daily News* (Nova York, NY), 23 de junho de 2004, p. 5.

262 Foram comer doces e tomar café: Kenneth Kimes, como dito a Jonna Ivin-Patton, "My Mother Taught Me to Kill", *Narratively*.

262 Ele se ofereceu para pagar um drique aos policiais: "'Mommie and Clyde' Blaze Trail of Deceit and Death Lies Leads to Murder", *The Guardian*, 13 de maio de 2000.

262 O "Kenny Kimes" que já estava sob sua custódia: "The Story of Sante Kimes: Mother, Murderer, and Criminal Mastermind", *Vanity Fair*, março de 2000.

262 Seu diminuto corpo nunca apareceu: "Search Finds No Trace of Missing Widow", *The New York Times*, 28 de agosto de 1998, p. B5.

263 "Acho que [minha mãe] é uma pessoa linda": "The Story of Sante Kimes: Mother, Murderer, and Criminal Mastermind", *Vanity Fair*.

263 "O que eu deveria dizer?": "Kimes and Punishment", *Details*.

263 Também foram acusados do assassinato de David Kazdin: "California Killing Is Added to Charges Against a Mother and Son", *The New York Times*, 16 de setembro de 1999, p. B7.

263 125 testemunhas e 350 evidências [...] "Vossa Excelência, como podemos alcançar a justiça?": "Jury Hears a Murder Defendant's Outburst", *The New York Times*, 29 de abril de 2000, p. B8.

263 "Estou com medo de vocês, estou com medo desse sistema corrupto": "Agitated Murder Defendant Declines to Testify", *The New York Times*, 6 de maio de 2000, p. B2.

264 "Somos inocentes! Pelo amor de Deus, nos ajudem!": Ibid.

264 "Encenação [...] quer dizer, declaração": "Kooky Kimes Killers Each Get 120+ Years in Prison", *New York Post*, 28 de junho de 2000.

264 A montanha de evidência circunstancial contra ela e Kenny era condenatória: People v. Kimes, 2006 NY Slip Op 09134 [37 AD3d 1], 7 de dezembro de 2006.

264 Um folheto sinistro: "Mother and Son Guilty of Killing a Socialite Who Vanished in '98", *The New York Times*, 19 de maio de 2000, p. A1.

264 "Basicamente um guia": People v. Kimes, 2006 NY Slip Op 09134 [37 AD3d 1], 7 de dezembro de 2006.

265 "Mãe, vai ficar tudo bem": "Mother and Son Guilty of Killing a Socialite Who Vanished in '98", *The New York Times*.

265 "Bizarras, desconexas e às vezes vulgares": "Mother and Son Are Given Life Sentences", *The New York Times*, 28 de junho de 2000, p. B6.

265 "Desconexas, amargas e às vezes cômicas": "Kooky Kimes Killers Each Get 120+ Years in Prison", *New York Post*, 28 de junho de 2000.

265 "Mãe, pare de falar!": "Grifters get 245 years", *Daily News* (Nova York, NY), 28 de junho de 2000, p. 5.

265 "Pior e mais injusto erro da história dos Estados Unidos": "Convicted Murderers Sante and Kenneth Kimes Profess Their Innocence", *Larry King Live Weekend*, transmitido em 25 de março de 2001, 21h ET.

266 Exigindo que Sante não fosse extraditada: "Kenneth Kimes Takes Reporter as a Hostage", *The New York Times*, 11 de outubro de 2000, p. B1.

266 Kenny chorou enquanto testemunhava contra a mãe: "Son Describes Mom's Orders in Her State Murder Trial", *The Desert Sun* (Palm Springs, CA), 18 de junho de 2004, p. A12.

266 "Mexera com a cabeça dele": "Sante Kimes Denies 1998 Slaying", *The Los Angeles Times*, 22 de junho de 2004, p. B4.

266 **"Tortura e coersão":** "'Mom hit her in the head with the stun gun. Then Mom said, 'Do it!'", *Daily News* (Nova York, NY), 23 de junho de 2004, p. 5.

266-267 **"Acabei de passar os últimos dez minutos vomitando":** Kenneth Kimes, como dito a Jonna Ivin-Patton, "My Mother Taught Me to Kill," *Narratively*.

267 **"Minha aparência na entrevista é importante":** "Killers' Motto: 'No Body, No Crime'," *The Los Angeles Times*, 22 de maio de 2014, p. A5.

267 **"Senso de ética":** Kenneth Kimes, como dito a Jonna Ivin-Patton, "My Mother Taught Me to Kill," *Narratively*.

267 **Livro de memórias completo:** Correspondência por e-mail entre autora e Ivin-Patton, 25 de março de 2019.

267 **O obituário da filha estava repleto de elogios mais sombrios:** "Sante Kimes Dies in Prison at 79; Killed and Swindled with Her Son", *New York Times*, 21 de maio de 2014.

268 **Quando estava de bom humor:** Walker, *Son*, p. 13-15, 112.

268 **"O que era e o que não era real":** "'Dragon Lady' Leaves a Legacy of Mystery", *Las Vegas Review-Journal*, 23 de agosto de 1998, p. 5B.

268 **"Ela era conhecida por todos os nomes imagináveis":** "Suspects in a Disappearance Have Been Running for Years", *The New York Times*, 10 de julho de 1998, p. A1.

CONCLUSÃO: CONFIANTE

269 **Listada como assassina em série na Wikipedia:** Da Wikipedia, "List of Serial Killers in the United States", acessado em 30 de março de 2020. Disponível em: https://en.wikipedia.org/wiki/List_of_serial_killers_in_the_United_States.

270 **Nem mesmo se pronunciam:** "The Mind of the Mark", *NPR*, 7 de agosto de 2019.

TORI TELFER é autora de *Lady Killer: assassinas em série* e apresentadora dos podcasts *Criminal Broads*, *Why Women Kill: Truth, Lies, ans Labels* (CBS All Access) e *Red Flags* (Investigation Discovery). Ela mora na cidade de Nova York com o marido e o filho.